数字化
时代
大客户管理

杨峻 —— 著

CRM3.0
销售转型创新之道

中国科学技术出版社
· 北 京 ·

图书在版编目（CIP）数据

数字化时代大客户管理：CRM3.0 销售转型创新之道 / 杨峻著 . -- 北京：中国科学技术出版社，2025.1.
ISBN 978-7-5236-0603-2

Ⅰ．F274

中国国家版本馆 CIP 数据核字第 2024AM1830 号

策划编辑	申永刚　何英娇
执行策划	王碧玉
责任编辑	何英娇
执行编辑	何涛
封面设计	潜龙大有
版式设计	蚂蚁设计
责任校对	张晓莉
责任印制	李晓霖

出　　版	中国科学技术出版社
发　　行	中国科学技术出版社有限公司
地　　址	北京市海淀区中关村南大街 16 号
邮　　编	100081
发行电话	010-62173865
传　　真	010-62173081
网　　址	http://www.cspbooks.com.cn

开　　本	710mm×1000mm 1/16
字　　数	245 千字
印　　张	18
版　　次	2025 年 1 月第 1 版
印　　次	2025 年 1 月第 1 次印刷
印　　刷	北京盛通印刷股份有限公司
书　　号	ISBN 978-7-5236-0603-2/F·1335
定　　价	79.00 元

（凡购买本社图书，如有缺页、倒页、脱页现象，本社销售中心负责调换）

前言

20多年前我刚回国开公司时，经常找前辈学习。有一次去拜会一位北京大学计算机研究所的前同事，请教如何经营公司。他当时是国内一家互联网公司的高管，我们交流中他说的一段话让我记忆犹新。他说："我不愿意做B2B（Business to Business，是指企业与企业之间开展交易活动的商业模式）生意。因为B2B生意每年都是从年初的0做到年底的1，第二年又是从0开始做起，这是个死循环，永远都是特别累，看不到未来的出路。"

之后20多年我一直在做B2B销售。不是自己亲自做，就是带团队做，或者辅导客户去做。我也一直在求解这个问题的答案：难道做大客户销售真的无法积累，永远在重复从0到1的一个销售过程？

进入了数字化时代，经历了20多年思考、尝试和总结，我逐渐找到了自己的答案。大客户销售想要摆脱每年从0到1，再从1到0的困局，走可持续发展之路需要两类创新：大客户销售理论体系创新和数字化创新。

大客户销售理论体系创新

一直以来大客户销售普遍采用的方法就是L2C（Leads To Cash，线索到现金）的销售方法。L2C的销售方法本身就是以一个商机为中心的交易型的方法。它聚焦的就是收获，而不重视播种和耕耘，也就是猎人模式，而不是农夫模式。按这种模式管理大客户，是不可能实现可持续发展的。所以我们需要大客户销售理论体系的创新。

数字化创新

企业一直以来没有最核心的数据资产，即企业人脉资源数据资产和项目行为数据资产。没有这两类数据资产，致使销售无法利用企业人脉关系和项目行为来大幅降低大客户销售的难度和工作量。所以，构建企业核心数据资产平台来赋能大客户销售是当务之急。

接下来我将从上述两方面进行全面介绍。如图 1 所示。

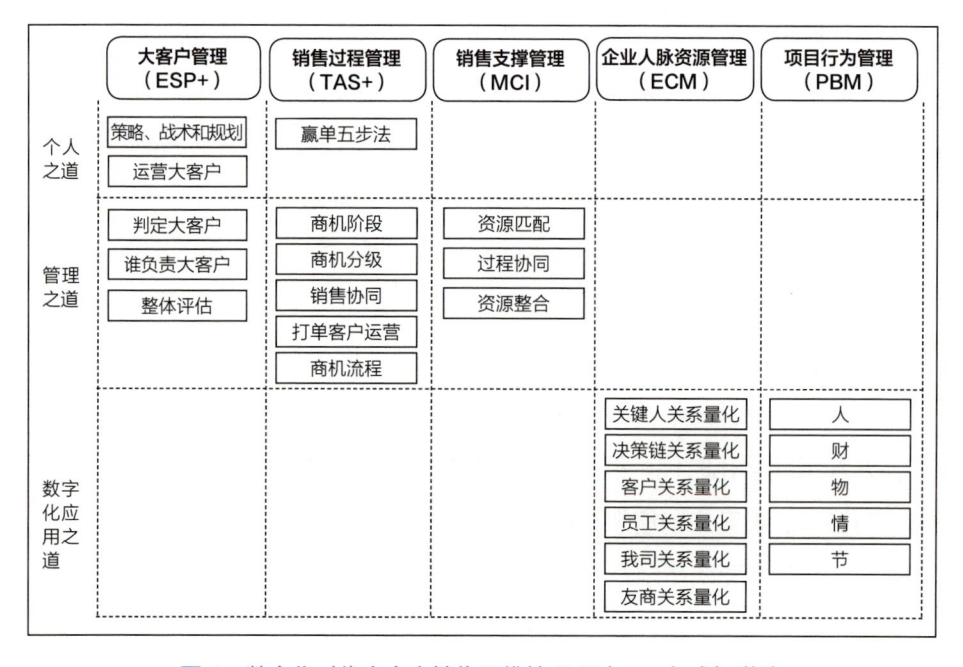

	大客户管理 （ESP+）	销售过程管理 （TAS+）	销售支撑管理 （MCI）	企业人脉资源管理 （ECM）	项目行为管理 （PBM）
个人之道	策略、战术和规划 运营大客户	赢单五步法			
管理之道	判定大客户 谁负责大客户 整体评估	商机阶段 商机分级 销售协同 打单客户运营 商机流程	资源匹配 过程协同 资源整合		
数字化应用之道				关键人关系量化 决策链关系量化 客户关系量化 员工关系量化 我司关系量化 友商关系量化	人 财 物 情 节

图 1 数字化时代大客户销售五维管理理论和三条成长道路

本书将通过大客户销售五维管理理论和三条成长道路，进行理论体系创新。①五维管理理论：在传统的只管理销售过程一条主线的基础上，扩充其他四条主线的管理：大客户管理、销售支撑管理、企业人脉资源管理和项目行为管理。②三条成长道路：把五维管理理论分别按照销售个人能力成长之道、企业销售管理成长之道和企业数字化建设成长之道这三条成长之道进行阐述。

通过企业人脉资源管理和项目行为管理把企业人脉关系和项目行为可视化、量化和货币化，形成企业的核心数字化资产，并详细介绍在大客户销售和管理中如何应用这些数字化资产。

掌握和应用大客户销售五维管理理论，并经过三条道路的成长，有以下两个方面的益处。

对个人来说，大客户销售的尽头是老师，也就是给大客户传道、授业和解惑。最终发展成四大自由的成功大销售：公司自由，年龄自由，客户自由，心情自由。

对企业来说，会长治久安。完善的管理制度、精准的资源投放和核心数据化资产的积累应用，会使企业会站在上一年的基础上，更快、更好、更轻松地发展，规避核心销售人员变动带来的业绩滑坡。

目录

第 1 章
数字化时代大客户销售的素质要求 > 001

数字化时代谁适合成为大客户销售 > 003
数字化时代大客户销售的量化分级 > 005
数字化时代大客户销售关系经营七要素 > 009
数字化时代大客户销售的类型 > 013
数字化时代大客户销售应具备的性格 > 018
数字化时代成功大客户销售的衡量标准 > 020
数字化时代大客户销售五维管理模型 > 022
数字化时代大客户销售的六大核心任务 > 026

第 2 章
数字化手段高效管理大客户 > 029

第一步：如何数字化判定大客户 > 034
第二步：构建数字化客户覆盖体系 > 039
第三步：策略、战术和规划数字化 > 053
第四步：大客户数字化运营 > 060
第五步：大客户状态数字化整体评估 > 067
数字化时代大客户管理步骤总结 > 069

案例分析：数字化赋能大客户管理五步法 > 074

第 3 章
数字化手段高效管理复杂销售过程 > 083

数字化销售过程管理概览 > 085

公司层面：管理和汇报、打通业务流程、遵循规则 > 087

个人层面：赢单五步法 > 096

数字化销售过程管理模型 > 111

案例分析：数字化赋能赢单五步法 > 114

第 4 章
数字化匹配、协同、整合售前资源 > 127

数字化销售支撑管理概览 > 130

售前支持数字化公司之道 > 132

售前资源获取个人发展之道 > 145

数字化赋能售前资源降本增效 > 150

案例分析：售前资源与项目类型匹配数字化 > 158

第 5 章
企业人脉资源数字化资产管理 > 161

企业人脉资源管理数字化概览 > 164

关键人关系数字化管理 > 166

决策链关系数字化管理 > 171

客户关系数字化管理 > 176

| 目录 |

员工关系数字化管理 > 182
我司关系数字化管理 > 191
私域人脉数字化管理 > 197
企业人脉资源管理数字化赋能降本增效 > 201

第 6 章
项目行为规律数字化资产管理 > 207

项目行为管理概览 > 209
项目行为管理五要素 > 211

第 7 章
大客户运营数字化价值评估体系 > 219

大客户管理——客户线价值数字化评估指标 > 222
销售过程管理——打单线数字化价值评估指标 > 226
销售支持管理——支撑线数字化价值评估指标 > 228

第 8 章
数字化时代大客户销售和管理最佳实践 > 231

销售数字化战略如何落地及常见问题 > 232
兵无常势，销售策略和数字化应用随市场而变 > 237
客户服务转型和数字化创新 > 243
三轮驱动体系助力数字化系统赋能销售人员 > 254
数字化驱动的销售组织建设 > 259
案例分析：用APPFI五步规划法规划大客户销售和管理 > 262

III

第1章
数字化时代大客户销售的素质要求

说到大客户销售，很多人脑海里都会浮现像电视剧《魔方》中惊心动魄地打印客户订单的场面。但作为大客户销售，赢大单是需要沉淀和底蕴的。你当前赢得订单是果，因可能是多年之前种下的。所以在投标前，打造好自己的护城河，不战而屈人之兵才是顶级大客户销售所追求的。

要想成为一个顶级大客户销售，三分天注定，七分靠打拼。先天无法改变的要素包括家庭、城市、学校、机遇等。本书内容主要聚焦在"七分靠打拼"的部分，也就是在这个数字化时代，通过后天努力可以达到的：需要专注和持久，用 10 年或 20 年时间沉淀和打磨你的能力和资源，之后可以享用一生，也就是后面章节中要介绍的大客户销售的五维能力。

五维能力就是大客户销售可以量化的数字化能力提升体系，既有个人能力层面的、团队管理层面的，也有数字化应用层面的。通过量化的能力提升体系，大客户销售知道差距在哪、如何提升，也可以看到通过自己不断地努力，在能力数值上的改进。

本章介绍：在数字时代，什么样的人适合成为大客户销售，大客户销售如何量化分级，大客户销售关系经营七要素，大客户销售的类型，大客户销售的性格，成功大客户销售衡量标准，大客户销售五大管理能力，大客户销售六大核心任务，以及个人感悟分享。

| 第 1 章 |
数字化时代大客户销售的素质要求

数字化时代谁适合成为大客户销售

很多读者会问:"我是否适合做大客户销售?我现在转行做大客户销售还来得及吗?"我的回答是:"如果想做大客户销售,只要你喜欢,专业、工作背景和经历、年龄都不是障碍,反而会是加分项,但一定要专注和坚守赛道!"

如图 1-1 所示,我学的是计算机应用专业,在从事大客户销售之前在北京大学计算机研究所、摩托罗拉(Motorola)、Siebel[①] 加拿大公司做了 7 年研发,之后做了 20 多年大客户销售。所以说,只要你喜欢,专业、工作背景和经历、年龄都不是障碍。

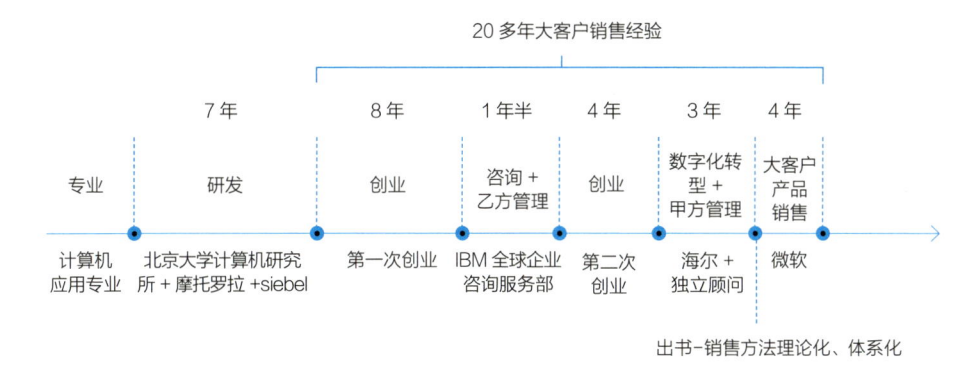

图 1-1 作者的职业经历

我建议你选好赛道和行业后一定要专注,可以选不同类型的公司,担任

---

① Siebel 是电子商务软件的突出供应商,其客户关系管理(CRM)、企业资源管理(ERM)以及合作关系管理(PRM)应用设计,用于实现企业这些方面的自动化以及允许企业在互联网和零售或电话中心网络等其他渠道来执行和调节相关任务。2006 年,被甲骨文公司收购。

不同的角色，但别轻易更换赛道和行业。

在 Siebel 加拿大公司做研发时，我就是开发客户关系管理系统，而后虽然在不同类型的公司做大客户销售，出售不同类型的产品，但一直都是和客户关系管理相关：在自己创业公司销售自研的客户关系管理产品；在 IBM 全球企业咨询服务部（GBS）销售客户关系管理咨询和 Siebel 客户关系管理交付；在微软销售微软客户关系管理产品；做独立顾问销售和参与客户关系管理咨询和交付；在海尔公司负责国内和海外所有跟服务相关的数字化转型和信息技术系统，其实就是甲方客户关系管理；出了一本书名为《营销和服务数字化转型：CRM3.0 时代的来临》的书，写的也是客户关系管理。

所以，别管是研发还是销售，是销售产品还是销售咨询和交付，是甲方还是乙方，是创业还是独立顾问，是咨询还是交付和出书，都是和客户关系管理相关的。这样才能做到专业、工作背景和经历、年龄等不是障碍，而是加分项。

小结 自我 2002 年回国这 20 多年，在客户关系管理领域出现过不少知名专家和大销售，但如今，绝大多数人都退出这个领域了。做大客户销售，专注和坚持在一个赛道上，需要时间沉淀和打磨你的能力和资源，才能最终取得回报。

第 1 章
数字化时代大客户销售的素质要求

数字化时代大客户销售的量化分级

如图 1-2 所示，关于大客户销售分级，我根据自己的经验，定义了一个可以量化的标准，标准的具体数量可以根据所在行业和客户情况调整。

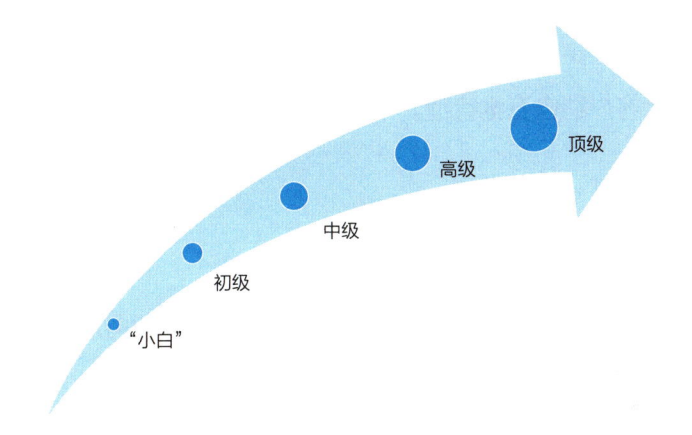

图 1-2 大客户销售分级

大客户销售分为五级：

1. "小白"

- 没有大客户关系，没有客户管理和销售方法。

2. 初级

- 有几家初级关系大客户（能影响客户中一些与生意相关但非关键的联系人）。
- 了解大客户销售五维管理。

3. 中级

- 有 5~10 家初级关系大客户，有 3~5 家中级关系大客户（能影响客户中一些与生意相关的关键部门中的关键决策人）。
- 熟练使用大客户销售五维管理。

4. 高级

- 有 5~10 家初级关系大客户，有 3~5 家中级关系大客户，有 1~2 家强关系大客户（能影响客户中与生意相关的所有关键部门中的绝大多数关键决策人，且关键决策人中没有强反对者）。
- 精通大客户销售五维管理。

5. 顶级

- 掌握高级大客户销售所需资源和技能。
- 成为"赛道 + 行业"大专家（给客户高层带来业务启迪，得到认可，可以成为朋友或导师）。

以上大客户销售分级定义中用到了大客户的数量，下面定义大客户的标准。大客户必须满足以下两个条件：

1. 出大单

潜力大、规模大，这个客户有可能助力完成 30% 以上销售业绩。

2. 可持续

持续产生大单，比如每一两年都能产生。

至于如何通过打分量化我们和大客户之间的关系强度（初级、中级、强关系），会在后面章节中去介绍。

如图1-3所示，针对不同等级的大客户销售，在选择工作公司时，我提供以下建议：

```
"小白"    初级         中级         高级         顶级
  └─ 公司选你 ─┘      双向选择      你选公司     与赛道行业共存
```

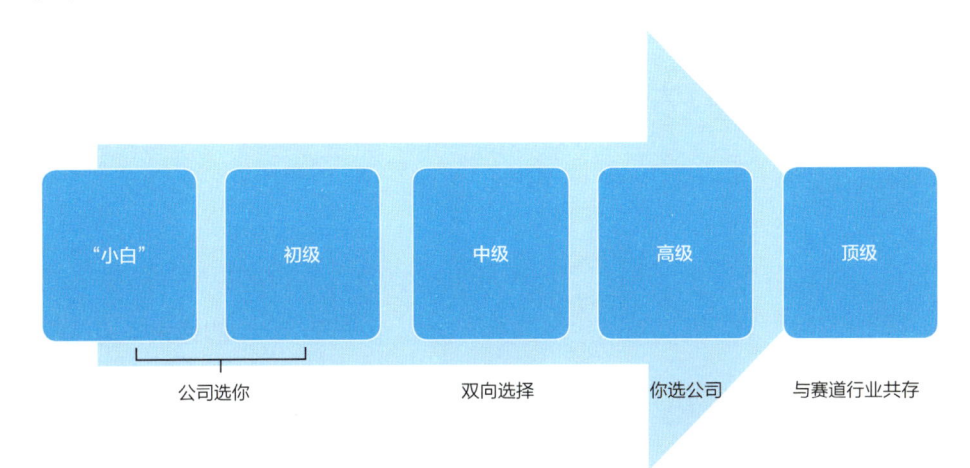

图1-3　不同等级的大客户销售职业建议

"小白"。平台依赖型。是公司选你，你给公司带来的价值有限。尽量找个好平台，也就是拥有众多行业头部大客户、业界主流或领先产品和方案的公司，好好学习方案并积累关系。

初级。平台加持型。是公司选你，你给公司带来的价值不足够大。尽量找个好平台，也就是拥有众多行业头部大客户、业界主流或领先产品和方案的公司。给自己5年时间，把关系和方案做深、做透，提升自己到中级大客户销售。

中级。双赢型。双向选择，公司选你，你也选公司，因为你的加入会为公司获得订单。在收入、公司品牌、大客户质量和产品方案主导性等多个因素中综合选择公司。多打单多赢单，项目做出价值，建立好口碑，扩展外部资源。

高级。非平台依赖型。你选公司，因为你的到来会为公司带来重要大客户。多拿大单，多关注售后，保持好口碑，维系住强关系大客户，提升自己的行业和方案深度，提升圈内知名度。

顶级。赛道行业依赖型。与赛道和行业共存，就算不做销售，你也能在赛道和行业中找到很多机会，比如给甲方做咨询顾问。只要行业和赛道在，你就可以生存。多在一线，多思考创新，多发表文章和出书，保持好口碑，身体第一，干到不想干为止。

> **小结** 本节介绍了大客户销售的五个级别："小白"、初级、中级、高级、顶级。

第 1 章
数字化时代大客户销售的素质要求

数字化时代大客户销售关系经营七要素

关系经营是一切大客户销售技巧的根本，只有和关键人建立信任关系，一切销售活动才得以展开。这里的关系是指有效关系。有效关系是指该对象在选择产品和方案时，更倾向于希望你代表的公司赢；如果你代表的公司和友商的产品和方案整体相差不大的话，会更倾向于选择你代表的公司。有效关系的外在表现是客户和你的关系紧密度、方案认可度和价格接受度高。

如图 1-4 所示，下面着重介绍关系经营的七要素：价值，情面，体面，场面，频度，长度，深度。

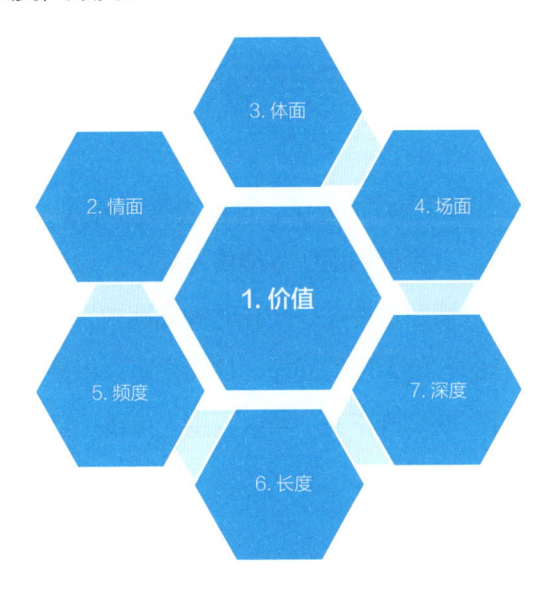

图 1-4 关系经营七要素

一、价值

客户和你建立有效关系，都基于你对其能产生价值的评估。千万不要把平台价值当成个人价值。平台价值不是你个人的，其他人到这个平台就可以取代你。所以你必须有个人价值，比如：

亲情价值。你对父母、兄妹、伴侣等具有亲情价值，这是由人类基因和潜意识决定的。

情感价值。双方有共同的经历，比如是同学、战友、同事等；具有情感上的依赖，比如你和粉丝，你和朋友、学生或导师；有着共同的信仰和爱好等。

实物价值。你能帮助对方、使其在事业上和生活上更成功。

一个销售跟你说我认识 A，和这个销售能与 A 能建立有效关系完全是两码事。所以很多销售见过企业高层，也加过其联系方式，但其实建立不了有效关系，根源就在于该销售无法给企业高层带来价值。

二、情面

情面就是私人之间的情分和面子，针对大客户关键人一定要先舍后得。只有叫别人欠你情分，以后你的面子才能算是面子。过于注重短期回报，关系一定很难持久。所以情面是指在一个长时间周期内，持续提升关系的质和量，从而产生可持续的、最大化的回报。情面是可以积攒和累加的，有句话这样说："钱财用得完，交情吃不光。所以，别人存钱，我存交情。"

三、体面

体面就是做事恰如其分，不可失了身份。不要为了一个订单的得失影响你在客户心中的形象。我认为体面是自己对自己的约束，使别人认为你可交往。你做好下面这两件事，就能赢得自己的体面，别人也会认为你可以结交：

得志时有所不为。 一个人在成功后无法克制住自己，得意忘形，忘乎所以，什么都敢说，都敢做，那别人是不敢结交你的。花要半开，酒要半醉。全开时就要谢了，全醉时就要丢脸了。所以得志时，仍能约束自己，不肆意而为，会为自己赢得体面。比如，哪怕你在公司职位再高，见到客户的一般员工也要客气，表示出诚意和关注，因为你不知道哪天这名员工就会成为客户的高层领导。

落魄时有所为。 失意时，天天抱怨，怨天尤人，什么都不做，那别人是不敢结交你的。失意时，仍能恪守本分，尽自己应尽的义务，这也会为自己赢得体面。比如，哪怕你在公司就是一个普通员工，见了最高层的客户也要体现出自己的平等和自信，对方才有可能尊重你和认可你。

四、场面

场面指的是你在客户眼中的内外部资源和形象。别人认为你行，有面子，能协调内外部资源，才会跟你建立有效关系，客户关键人也才愿意帮你做事，帮你介绍其他关系。所以，和客户交往过程中不要只关注如何推销你的产品。你有资源帮客户解决问题，客户自然会投桃报李。比如，你能帮客户对接其他客户资源，找到客户的客户，客户自然会对你更加信任。

五、频度

保持适度的问候和沟通频率有助销售保持在客户心中的印象。千万别等到有事求别人再去联系。数字化时代各种通信工具也正在改变着人们的交往方式。通信工具和交通工具如此便利，为什么不用呢？一定要和关键客户保持一定频率的沟通：节日问候、上门拜访、生日问候、朋友圈点赞都可以。

六、长度

信任需要时间的沉淀，很多有效关系需要多年后才起作用。中国文化强调知根知底，是熟人社会，很多时候信任需要认识和沟通几年后才能逐渐产生。开始和人交往时不要目的性太强，很多有效关系需要 5 年甚至 10 年才起作用。所以，从现在起就开始联系，建立关系，增进信任，这是为 5 年后甚至 10 年后做准备和铺垫。

七、深度

深度是指交往中不要只停留在日常问候、点赞等浅层次互动上。如果客户关键人向你咨询业务和技术问题，那证明是对你的能力的信任，如果他向你咨询家庭和职业发展问题，那是对你的为人和阅历的信任。你能升级成客户关键人的朋友甚至导师，那恭喜你，你们已经建立起了可靠的有效关系。

小结 要想和建立客户有效关系，一定要先找到你对客户的价值，并通过持续运营情面、体面、场面、频度、长度和深度来强化这种价值。

数字化时代大客户销售的类型

一、大客户销售类型

我们一般笼统地称负责大客户的销售都为大客户销售，但大客户销售有哪些类型呢？

大客户销售分成客户型、方案型和项目型三种（图1-5）。

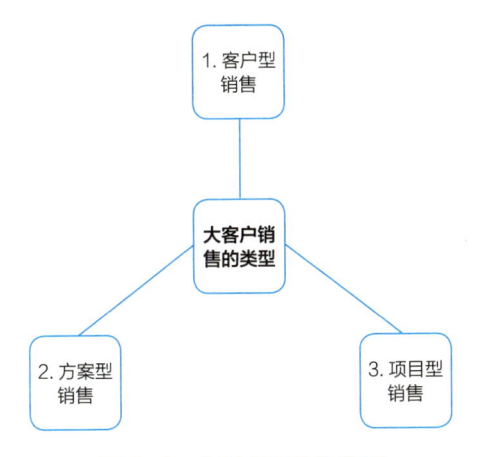

图1-5 大客户销售的类型

1. 客户型销售

负责指定的客户，一般指定客户所有产品和方案的销售金额都归其考核业绩。一般是先按行业后按地区构建团队等，有的公司把该岗位叫客户执行（Account Executive，AE）。客户型销售最重要的是获得客户的信任，也就是信。其次需要和负责的大客户建立深、广、透的关系，对公司产品和方案了解得要广，但不一定要对每个产品和方案的掌握都要深。深、广、透的关系是指：

深。每个部门接触的人要多，不要只接触最上面的领导，而忽视了使用或评估产品的一线人员。也就是，要深入接触关键部门的每一个对项目有影响的人。

广。关系要涉及与项目相关的多个部门，比如业务、信息技术人员、采购等。

透。不要只和客户关键人认识，而要建立有效关系，也就是，要让客户关键人在关系紧密度、方案认可度和价格接受度上支持你。

2. 方案型销售

负责指定大客户的具体某些产品和方案的销售。只有当指定客户购买该产品和方案时，该金额才归属其考核业绩。有的公司把该岗位叫方案销售专家（Solution Selling Professional，SSP）。方案型销售往往也是先按行业后按地区构建团队，但往往其负责的大客户数量要远远多于客户型销售负责的客户数量，并且一个方案型销售需要和多个客户型销售配合。方案型销售的业务能力和大局观非常重要，既需要自己能冲锋陷阵，能打单，也需要激发和赋能其对应的客户型销售和合作伙伴，帮助他们成功，也就是要构建其负责的区域内该方案共创共赢的生态。方案销售的成功在慧，即大局观。方案型销售必须坚持以下三原则：

公平透明。因为对应很多客户型销售和合作伙伴，如果有太多偏向性和私利性，会使很多客户型销售、合伙伙伴不愿继续与你合作。

舍弃小我。全力帮助合作伙伴和客户型销售成功，而不要过度控制。只有这样，合作伙伴和客户型销售才会认为这是自己的事，才愿意主动和全力以赴去做，才能衍生出很多新的机会和方案。

第 1 章
数字化时代大客户销售的素质要求

服务及时到位。尽全力去协调资源帮助合作伙伴和客户型销售,不要使自己成为堵点,而要使自己成为加速和推进的引擎。

3. 项目型销售

有的企业不指定谁负责哪些大客户,而是不论哪有项目谁都可以抢,这是项目型销售。只有该项目赢得订单时,这个订单金额才归属其考核业绩。另一种情况是,在跟进一个订单时,谁负责主导这个项目的销售,不管他是客户型销售,还是方案型销售,此时也承担了项目型销售的责任。项目型销售以赢单为主,成功在智,需要集中一切精力与资源打赢这场战役。

二、大客户销售"武魂"

在一个大项目中,客户型销售、方案型销售和项目型销售的岗位可能都会存在,这需要各种类型的大客户销售相互配合,才能更好地赢单。此外每种类型的大客户销售都会有自己的"制胜基因",类似于斗罗大陆中的"武魂"。

如图 1-6 所示,客户型销售是控制系"武魂",方案型销售是辅助系"武魂",项目型销售是强攻系"武魂"。

客户型销售	控制系"武魂"
方案型销售	辅助系"武魂"
项目型销售	强攻系"武魂"

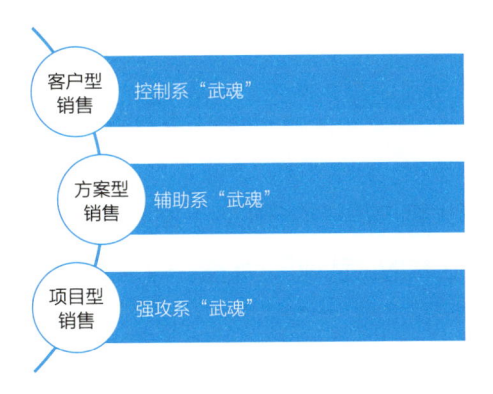

图 1-6 大客户销售的"武魂"

1. 客户型销售：控制系"武魂"

对客户、对项目、对团队进行有效控制。最重要的是信，和客户建立深、广、透的关系，做到把控整个节奏。

2. 方案型销售：辅助系"武魂"

成功在慧，利用掌握的产品和方案的深度知识，影响客户，赋能客户型销售和合作伙伴。

3. 项目型销售：强攻系"武魂"

善于攻坚，精于谋略，成功在智，虚虚实实，克敌制胜，项目赢了，销售也就成功了。

销售人员的岗位是动态变化的，项目中存在一人多岗的情况。例如，方案型销售如果主导一个项目，那就会成为项目型销售，那他就得从辅助系"武魂"转变为强攻系"武魂"，即双生"武魂"，适应角色的转换对销售来说是个很大的挑战。

各种类型的大客户销售经常共同参与一个项目，这就需要各类销售的"武魂"完美配合，有的控盘，有的强攻，有的提供弹药辅助，才能形成一个像"史莱克七怪"[①]一样的最强战队，走上"封神"之路。

三、大客户销售等级与"武魂"的匹配

我在前面介绍了大客户销售的分级，下面我将介绍中级、高级和顶级大客户销售需要具备什么样的"武魂"。如图 1-7 所示。

---

① 唐家三少创作的《斗罗大陆》系列小说中的团队，由唐三、小舞、戴沐白、朱竹清、奥斯卡、宁荣荣、马红俊组成。他们是史莱克学院的顶尖魂师团队。——编者注

| 第1章 |
数字化时代大客户销售的素质要求

图 1-7　大客户销售等级与"武魂"的匹配

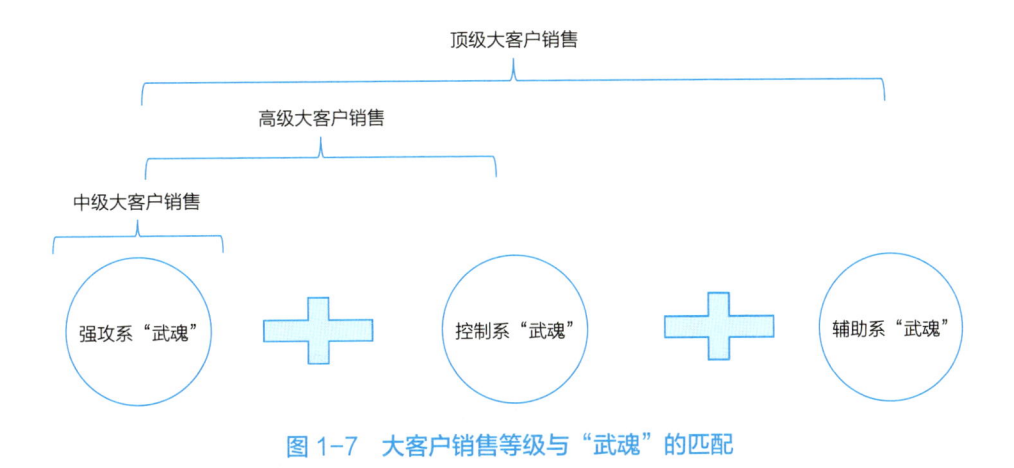

1. 中级大客户销售：强攻系"武魂"

只要会销售、能赢单，做好项目型销售就可以，就像唐三拥有昊天锤"武魂"。

2. 高级大客户销售：强攻系"武魂"+ 控制系"武魂"

除了会销售、能赢单，还需要对重要客户有控制力，所以需要同时做好项目型销售和客户型销售。就像唐三拥有昊天锤和蓝银皇双"武魂"。

3. 顶级大客户销售：强攻系"武魂"+ 控制系"武魂"+ 辅助系"武魂"

除了会销售、能赢单、对重要客户有控制力，还需要成为行业和方案顶尖专家，赋能整个团队并压制对手，所以需要同时做好项目型销售、客户型销售和方案型销售。就像唐三除了拥有昊天锤和蓝银皇双"武魂"，还需要具备"蓝银领域"和"杀神领域"这两大领域技能，能够给自己的伙伴提供帮助和削弱敌人的战斗力。

小结 本节介绍了大客户销售类型、大客户销售"武魂"，以及大客户销售等级与"武魂"的匹配。

数字化时代大客户销售应具备的性格

数字化时代，世界是平的，知识的获取变得非常容易，所以性格对大客户销售成长就变得日益重要，是大客户销售与众不同的特质之一。性格决定命运，要想成长为优秀的大客户销售，需要具备的性格是真诚、专一、深度和洒脱。如图 1-8 所示。

真诚	专一	深度	洒脱
真心，不要表演，换位思考，急客户所急	保持赛道和行业不变	多学习，多思考，要有行业知识、业务知识、方案知识深度，以及独立见解	尽人事，听天命，心态一定乐观

图 1-8 大客户销售应具备的性格

1. 真诚

客户的关键人每天都在和不同厂商交流沟通，阅历和经验不比你差。所以在客户面前不要表演，不要尽搞些虚的，一定要真心，要换位思考和急客户所急。

2. 专一

优秀大客户销售需要 10~20 年的沉淀和磨炼，所以尽量保持赛道和行业不变，否则原先积累的人脉和经验可能就会大打折扣。

3. 深度

从高级大客户销售跨越到顶级大客户销售的最大障碍,是不具备行业和赛道知识的深度。所以一定要多学习,多思考,掌握有深度的行业知识、业务知识和方案知识,而且要有自己的独立见解。

4. 洒脱

做大客户销售这一行,失败是常事,打击随时发生,工作压力很大。所以心态一定乐观,尽人事,听天命,输单也不要影响自己的心情,大不了从头再来。没有洒脱的心态,你的心理和身体很难支撑得住,也就很难在这一行一直坚持下去。

小结 数字化时代大客户销售应具备的性格:真诚、专一、深度、洒脱。

数字化时代成功大客户销售的衡量标准

花 10 年、20 年时间努力成为一个成功的大客户销售，为了什么？不仅仅是为了实现经济自由，也为了精神上的自由和愉悦。所以，衡量成功大客户销售的标准是四个"自由"（图 1-9）。

图 1-9 成功大客户销售衡量标准

只有实现了四个"自由"，即公司自由、年龄自由、客户自由和心情自由，才算是成功大客户销售。

1. 公司自由

你在自己所聚焦的赛道内有众多可选公司，甚至甲方公司，去哪都能给公司带来独特价值。当你可以挑选公司时，你就实现了公司自由。

2. 年龄自由

大多数人都有年龄焦虑，比如"35岁年龄门槛""40岁职业危机"等文章标题，打开社交媒体，就会铺天盖地地推送过来。如果你不再为年龄焦虑，年龄不再是你得到高薪好工作的阻碍，你能给公司带来的价值是别人实现不了的，也就是你有独特的价值让别人选择你，那你就实现了年龄自由。

3. 客户自由

你不必一味迎合客户，你在业内知名度高，桃李满门，有不少铁杆客户。不缺客户，这家客户不是你的菜，还有其他客户信任你，给你订单，此时你就实现了客户自由。

4. 心情自由

你要是一个顶级大客户销售，你一定可以实现公司自由、年龄自由和客户自由，但如果你不喜欢这行，也不算一个成功的大客户销售。不要为了工作而工作，如果你天天不开心，那会严重影响健康，非常不值。你干大客户销售这行，是因为你喜欢大客户销售的工作，心情愉悦轻松，不内卷，这样你就实现了心情自由。

小结 数字化时代成功大客户销售的衡量标准：公司自由、年龄自由、客户自由、心情自由。

数字化时代大客户销售五维管理模型

在大客户销售和管理过程中有五维：道、术、势、本、律。如果这五维无法得到有效关注、均衡发展，那企业发展就会遇到阻碍，难获成功。

下面就对大客户销售五维管理模型做个简介（图1-10），在CRM3.0理论体系中，大客户销售五维管理模型是由三条明线和两条暗线组成。

三条明线：管理大客户销售的模式、方法、流程和技巧等，是外在表象

两条暗线：管理人脉关系和项目规律，可以数字化、可视化和量化，用以实现数据和AI驱动，是内在本质和规律

道 客户线 — 大客户管理（ESP+）-守正

术 打单线 — 销售过程管理（TAS+）-出奇

势 支撑线 — 销售支撑管理（MCI）-蓄势

本 人脉线 — 企业人脉资源管理（ECM）-固本

律 规律线 — 项目行为管理（PBM）-知微

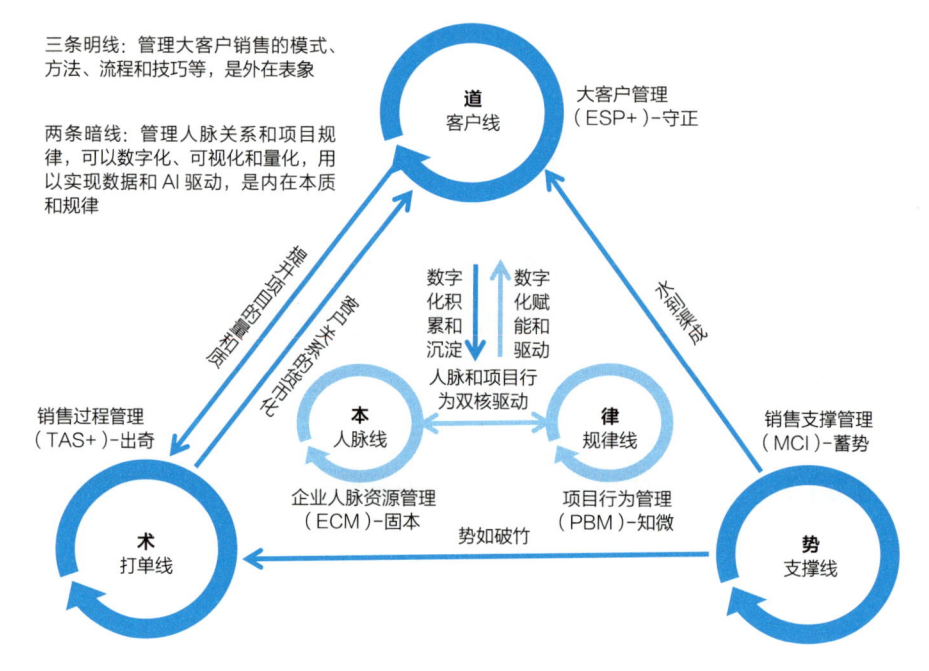

数字化积累和沉淀 / 数字化赋能和驱动

人脉和项目行为双核驱动

势如破竹

图1-10 大客户销售五维管理模型

三条明线是客户线-大客户管理、打单线-销售过程管理和支撑线-销售支持管理。明线管理大客户销售的模式、方法、流程和技巧等，是外在表

象，也就是冰山在水面以上的部分。

两条暗线是人脉线-企业人脉资源管理和规律线-项目行为管理，合起来也叫商业关系管理。暗线管理人脉关系和项目规律，可以数字化、可视化和量化人脉关系和项目规律，用以实现数据和 AI 驱动，是内在本质和规律，也就是冰山在水面以下的部分。

1. 道——大客户管理

道是大客户管理，也就是客户线管理。在 CRM3.0 里使用的管理方法是大客户管理。

大客户管理更注重方向性、战略性，不追求短期目的。讲究的是守正、惠人达己、先舍后得。如果在大客户管理中过于注重短期回报，关系一定很难持久，生意也会起起落落。所以大客户管理的目的是在一个长时间周期内，持续提升项目的质和量，从而产生可持续的、最大化的回报。

大客户管理五要素是：谁是大客户（Who），谁来负责大客户（Coverage），如何管理大客户（How），策略和战术（Strategy），动态评估（Evaluate）。

2. 术——销售过程管理

术是销售过程管理，也就是销售线管理，也是我们常讨论的 LTC（Leads To Cash，从线索到现金的企业运营管理思想）。在 CRM3.0 里使用的管理方法是销售过程管理。

销售过程管理更注重短期效果，以是否赢单作为衡量标准。这需要在销售过程中出奇谋，所谓的"兵无常势，水无常形"，因敌变化而取胜。销售过程管理就是把大客户管理中我们建立的人脉关系优势和销售支撑管理中我们建立的方案优势货币化的过程。

销售过程管理分为明线和暗线两条线进行。明线属于公司管理层面，分为商机阶段管理、商机分级管理、销售协同管理、客户运营管理和商机流程管理；暗线属于个人技能层面，是赢单五步法，将在第 3 章介绍。

3. 势——销售支撑管理

势是销售支撑管理，也就是支撑线管理。在 CRM3.0 里使用的管理方法是销售支撑管理。

销售支撑管理是管理企业内部如何调用最优质的资源，最合理地投向最有价值项目的机制。构建合理高效的销售支撑体系可以为企业建立系统性的优势，搭建企业的护城河。

销售支撑管理分为公司之道和个人之道。公司之道是：资源匹配、最大化产出；过程协同、同舟共济；资源整合、形成合力。个人之道是如何与自己团队协作、如何与其他公司团队合作、如何与合作伙伴合作。

4. 本——企业人脉资源管理

本是企业人脉资源管理，也就是人脉线管理，是 CRM3.0 中商业关系管理的重要领域。

做生意就是处理关系，人脉资源的传承和利用是 B2B 生意的根本。再好的方案，再高的销售技巧，没有人脉作为根本，就会成为无源之水、无本之木。

企业人脉资源管理就是量化和运营企业人脉关系。包括六类关系的量化、分析和提升建议：关键人关系量化、决策链关系量化、客户关系量化、员工关系量化、我司关系量化、友商关系量化，以及如何管理和运营私域人脉。

5. 律——项目行为管理

律是项目关系管理，也就是规律线管理。在 CRM3.0 里使用的管理方法是项目行为管理。

行百里者半九十。客户关系、技术方案和销售技巧再好，如果我们不掌握项目赢单的规律，很可能一个小失误就导致一两年的努力付诸东流。项目关系管理是用来解决赢单临门一脚的问题，用来保证销售过程中不出失误，我方更加完美地发挥。

项目行为管理就是洞察客户类似项目的行为规律，分成人、财、物、情、节等五方面。

小结 本节介绍了大客户销售五维管理模型：道——大客户管理、术——销售过程管理、势——销售支撑管理、本——企业人脉资源管理和律——项目行为管理。

数字化时代大客户销售的六大核心任务

大客户销售和管理需要解决的六大核心任务分别是：管理和汇报，打通业务流程，提升赢单技巧，孵化捕捉商机，提升关系，掌握项目行为（图1-11）。其中"管理和汇报"和"打通业务流程"是传统客户关系管理重点解决的，一般是通过流程驱动实现。而"提升赢单技巧""孵化捕捉商机""提升关系"和"掌握项目行为"是大客户销售五维管理模型重点解决的，一般通过数据驱动来实现。

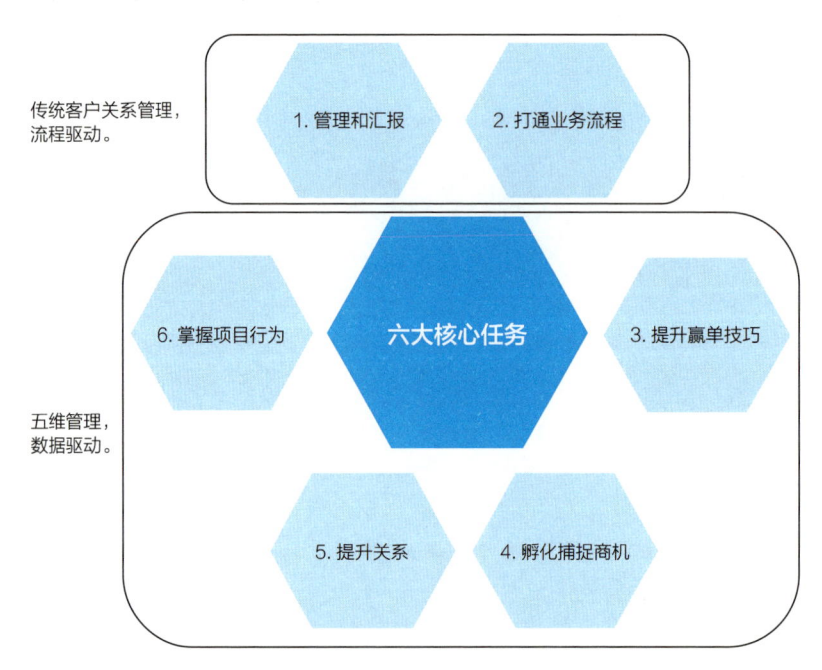

图 1-11　大客户销售和管理的六大核心任务

1. 管理和汇报

这是最普遍的一种做法，就是把销售过程标准化，对销售过程和关键节点进行管理，同时对销售漏斗进行分析和汇总上报，从而使企业高层了解销售情况，采取必要的调整措施。

2. 打通业务流程

就是通过数字化工具把售前、售中和售后连接起来。比如，把市场活动和商机打通来了解线索转换情况；把商机和办公自动化（OA）系统打通，执行内部审批；把商机和财务系统，打通获得回款信息；把商机和物流、财流、信息流（ERP）系统打通，了解产品交付情况等。

3. 提升赢单技巧

把公司内部的赢单经验和技巧分享给每一个销售，例如赢单五步法，从而有效提升赢单率；也可以通过优化售前资源调度机制，使最好的资源适配最合适的项目。从公司层面上来说，投入获得最大的产出，也就是提升了公司整体的销售技巧。

4. 孵化捕捉商机

包括孵化商机和捕捉商机两部分。

孵化商机。这是从无到有的过程，就是通过一系列工作，在客户内部酝酿出新的商机。

捕捉商机。这是全方位精准捕捉已有商机的过程，就是洞察客户所有立项的项目，发现与我司相关的商机，随时跟进。

5. 提升关系

分为提升关系紧密度、方案认可度和价格接受度三部分。

提升关系紧密度。首先是定位客户所有与我司生意相关的关键人，提升关键人关系紧密度；其次是提升客户与我司生意相关的关键部门的关系紧密度；最后是提升客户整体与我司的关系紧密度。

提升方案认可度。仅与客户关系好还不足够，还需要客户认可我们的产品和方案。首先是定位客户所有与我司生意相关的关键人，提升关键人方案认可度；其次是提升客户与我司生意相关的关键部门的方案认可度；最后是提升客户整体对我司的方案认可度。

提升价格接受度。光是关系好和认可方案还不足够，还需要客户接受我们的价格。首先是定位客户所有与我司生意相关的关键人，提升关键人价格接受度；其次是提升客户与我司生意相关的关键部门的价格接受度；最后是提升客户整体对我司的价格接受度。

6. 掌握项目行为

仅与客户关系好、方案获得认可和价格被接受还不够，必须了解和掌控整个项目。比如，你得了解客户项目招投标的关键节点、相关流程和评标标准等。这样才能顺势而为，赢得有把握。

小结 数字化时代大客户销售的六大核心任务：管理和汇报、打通业务流程、提升赢单技巧、孵化捕捉商机、提升关系、掌握项目行为。

第 2 章
数字化手段高效管理大客户

大客户销售和管理的十二字秘诀是：守正、出奇、蓄势、固本、培元、见微。这对应的就是大客户销售管理的五条主线加上客户服务。大客户管理是"守正"，销售过程管理是"出奇"，销售支撑体系是"蓄势"，企业人脉资源管理是"固本"，客户服务管理是"培元"，项目行为管理是"见微"。

作为大客户销售，我们必须首先学会如何管理大客户。大客户管理一直是一个比较模糊的概念。什么算大客户管理？大客户管理要管什么？销售过程、售后服务过程算不算大客户管理？下面我介绍一下自己对大客户管理的理解。ESP 是 Enterprise Selling Process 的缩写，原来是一种管理大客户的方法。根据数字化时代的要求，我重新设计了大客户管理方法，我称它为大客户管理。

一、大客户管理的范围

如图 2-1 所示，大客户管理是对大客户整个生命周期的管理，由时间、场景、人物、任务和主线五大要素组成。

图 2-1　大客户管理的范围

时间。贯穿大客户全生命周期，包括：客户获取、客户提升、客户成熟、客户衰退、客户流失。

场景。贯穿客户运营的所有场景，包括：新客户孵化和捕捉商机的运营场景、打单过程中的客户运营场景、售后服务的客户运营场景。

人物。与我司业务相关的我方、客户方和第三方任务。我方：与客户和项目相关的所有人员，如售前专家、销售人员、交付工程师、售后服务工程师等；客户方：所有与我司业务相关的直接关键人和间接关键人；第三方：所有对我司业务起到关键作用的第三方人员，如外部知名行业专家、第三方评估机构等。

任务。需要完成六大核心任务。管理和汇报、完成业务流程闭环、提升赢单技巧、孵化捕捉商机、提升关系，掌握项目行为规律。

主线。大客户管理这条主线是主轴，大客户销售和管理其他四条主线，再加上客户服务管理这条主线都是围绕它展开：销售过程管理、销售支持管理、企业人脉管理、项目行为管理、客户服务管理。

二、大客户管理的核心要义

大客户管理是道，也叫客户线管理，是更注重方向性、战略性，不追求短期目的。他讲究的是守正、惠人达己、先舍后得。大客户管理是客户整个生命周期管理，如果过于注重短期回报，关系一定很难持久，生意也会起起落落。所以大客户管理的目的是在一个长时间周期内，持续提升项目的质和量，从而产生可持续的、最大化的回报。

三、大客户管理五步法

如图 2-2 所示，大客户管理五步法分别是：

图 2-2　大客户管理五步法

1. 如何判定大客户

就是大客户的判定标准是什么。针对有历史和当前数据的，我们可以采用综合积分法去判定；针对没有历史数据的，我们可以采用经验推算法。此外，大客户的数量要基于销售的大客户管理半径。

2. 谁负责大客户

就是谁来负责管理这个大客户，以及当多个销售同时负责一个客户时如何分工，比如，大客户销售和方案销售同时负责同一批客户时可以考虑采用分层分利管理模型。

3. 策略、战术和规划

就是大客户的资源投入策略、管理策略和战术，以及大客户账户规划。

4. 如何运营大客户

就是在新客户无单阶段、销售过程和交付售后这三个不同生命周期的大客户运营方法。

5. 整体评估

每个年末去做整体评估，以便新财年做出调整：是否合理评估大客户定义，是否合理评估客户覆盖，是否合理评估策略和战术。

下面就对大客户管理五步法做详细介绍。

第一步：如何数字化判定大客户

◇

在大客户管理中我们能投入的资源是有限的，所以需要我们能准确识别出哪些客户是大客户，才能在投入固定的情况下，使产出最大化。这是大客户管理的第一步，也是至关重要的一步，目标受众选错了，将会事倍功半。

一、有历史和当前数据做支撑：综合评分法

很多企业对大客户的判定主要是看销售额：客户去年产出很多项目，今年就把该客户定位成大客户，给了更高的销售指标，致使负责该客户的销售因无法完成任务而被迫离职。而很多有潜力的客户，由于去年没有产出，没有被判定成大客户，没有销售去跟进，浪费了大好机会。

大客户管理不能追求短期利益，进行大客户管理的初衷是：在持续足够长的时间里，即客户的整个生命周期，这些客户将会对我司业绩产生举足轻重的影响。所以我们需要从更长生命周期、更多维度去判断。销售额仅代表着昨天，而不是未来，仅以此为依据，会使资源错配，业绩起起伏伏，销售人员不停更换。

如图 2-3 所示，在有历史和当前数据做支撑前提下，判定大客户时，建议采用综合评分法：根据客户在销售额、潜力、示范作用和能赢能做四个维度得分乘以权重（权重之和为 1），相加累计之和，计算客户总得分，再根据积分排名，取前 $X\%$ 作为大客户。

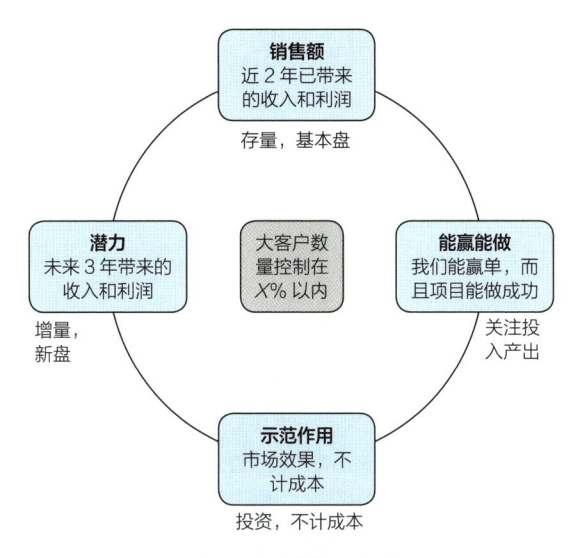

第 2 章
数字化手段高效管理大客户

```
          销售额
      近 2 年已带来
       的收入和利润
        存量，基本盘

  潜力                        能赢能做
未来 3 年带来的   大客户数量     我们能赢单，而
 收入和利润     控制在 X% 以内   且项目能做成功
增量，                          关注投
新盘                            入产出

         示范作用
      市场效果，不计成本
       投资，不计成本
```

图 2-3　综合评分法

销售额： 近 2 年已带来的收入和利润，这是在评估我司的存量盘。

潜力： 未来 3 年带来的收入和利润，这是在评估我司的增量盘。

示范作用： 这是为了市场效果，不计成本，这属于市场投入类型。

能赢能做： 考虑我们能赢单且项目能做成功的客户，这属于关注投入产出，以赢利为目标。

前 X%： 根据客户的总数量，再根据我们销售团队能承接的数量（也就是客户的管理半径），设置一个比例，去选取大客户。可以允许手动特批一些客户成为大客户。由于不同行业客户差别很大，需要针对不同行业客户、销售额和潜力区间阈值进行设置，尽量做到相对公平。

另外，选取四个要素中哪几个要素去评估，以及权重多少，取决于我们的市场策略。示例如下：

新进入市场： 开拓市场，立标杆为主。示范作用 + 潜力权重为主。

平稳上升市场： 保住基本盘，扩展新客户为主。销售额 + 潜力权重为主。

成熟饱和市场： 保住市场份额，利润最大化为主。能赢能做 + 销售额权重为主。

二、无历史和当前数据做支撑：经验推算法

当你有了新产品或方案，想进入新的市场，又没有历史和当前数据，那如何去选择和定位大客户呢？用经验推算法。

如图 2-4 所示，经验推算法就是在你没有数据支持的前提下，通过行业基因和客户基因去寻找和定位大客户。

图 2-4　经验推算法

寻找行业基因。行业是有遗传基因的，找出在哪些行业我司产品和方案的目标大客户和大订单多。

匹配目标行业。找到了有"金矿"的行业，但不代表我们有能力去挖。一定要看看自身的实力和我司方案与该行业的匹配程度，从初选目标行业中选出几个重点行业去跟进。

寻找客户基因。当我们选中重点行业以后，我们需要在行业中找到我司产品和方案对应的目标客户。客户也是有遗传基因的，如果客户经常出该类产品和方案的大订单，就是我们需要重点关注的。

匹配目标客户。客户选择产品和方案也是有遗传基因的，也就是有固定套路的。当关注的客户确定后，我们去看该客户历史项目中选择产品和方案的标准与我司本身是否匹配，如果匹配，这就是我们的重点目标大客户。

三、通过客户管理半径来确定大客户的大致数量

客户管理半径就是一个大客户销售有能力全面管理的大客户数量（图2-5）。

企业人脉资源管理（ECM）
数字化工具赋能
100个

10个
传统

企业人脉资源管理（ECM）
数字化能力越强，
大客户管理半径越大

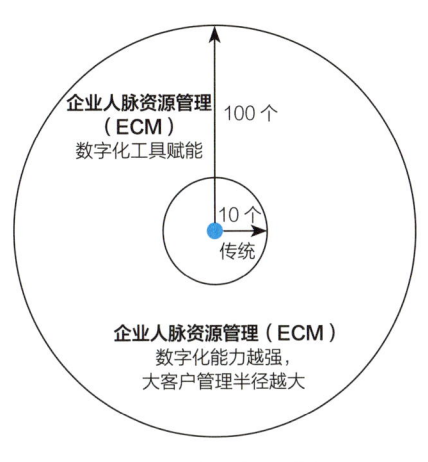

图 2-5　客户管理半径

通过传统销售方法，假设一个大客户有20个关键人，通过接触初步了解一个关键人需要一天，那么初步摸清一个大客户需要20天，一个大客户销售一年最多负责10个大客户，也就是大客户管理半径是10个。如果有了数字化工具，比如，应用企业人脉资源管理工具，则可以全面了解客户关键部门关键人对我们的关系紧密度、方案人认可度和价格接受度，以及谁对客户关键人有影响力。这样只需一天就可以对客户有个全面了解，并且和重点关键人建立联系。这样可以把初步摸清一个大客户20个关键人的时间缩短到1天，也就是客户管理半径提升了20倍，到达200个。客户管理半径越大，客户覆盖面积越大，客户产出潜力自然就越多。在企业人脉资源管理中人脉数据越全、越准确，客户的管理半径也就越大。企业人脉资源管理会在后面章节中介绍。

平均客户的管理半径数量乘以大客户销售的数量就是一个企业应该管理

的大客户的大致数量。

小结 本节介绍了判定大客户的综合评分法和经验推算法，以及什么是客户管理半径。

练习1 企业A是国内一家网络安全公司，网络安全是一个平稳上升的市场。在销售组织中，企业A已有制造本部、金融行业本部和运营商本部来管理三个行业大客户。这三个本部需要按什么标准以及如何定权重判定大客户？

_____

_____

_____

_____

练习2 企业A进入新市场推广自己的新的SaaS（软件即服务）客户关系管理方案，主要聚焦在大客户。它应该如何找到目标大客户？

_____

_____

_____

_____

第 2 章
数字化手段高效管理大客户

第二步：构建数字化客户覆盖体系

谁来负责大客户就是指客户覆盖关系。如何建立客户覆盖关系体系是一个非常复杂和困难的问题。如果客户覆盖关系体系建立得不完善，常常会引起大客户做不好、中小客户没人做的后果，极大地制约了企业市场能力的扩展。

一、客户覆盖模型

如图 2-6 所示，是客户覆盖模型（Customer Coverage Model，CCM）概览。

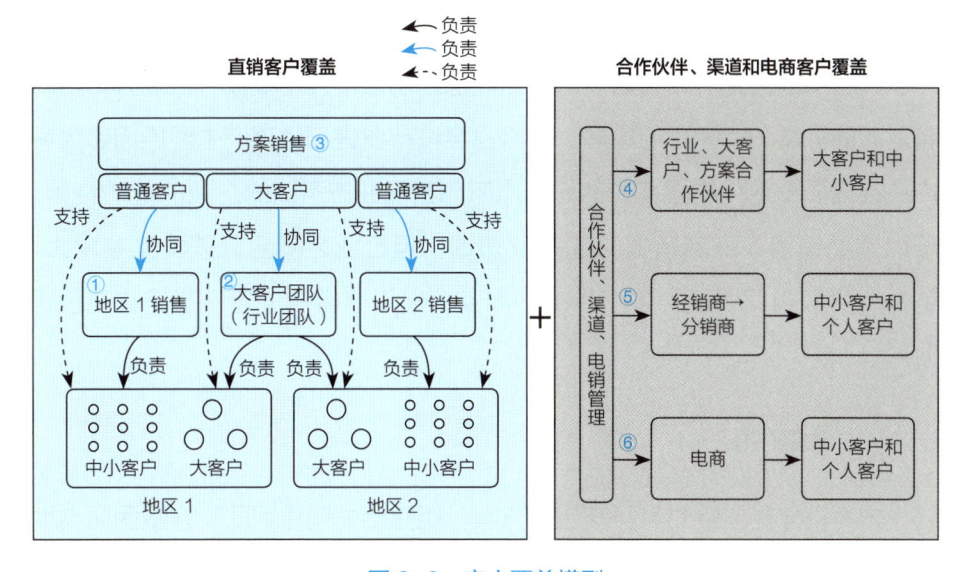

图 2-6 客户覆盖模型

这个模型介绍了大企业客户、中小企业客户和个人客户的覆盖方式。针对以上客户覆盖模型，不同企业会根据企业实际情况有所调整，比如，有的复杂化，有的简化；有的把组织合并了，有的分得更细了，或派生出一些新组织。但不管怎么变，最基本的管理要素和模型是不变的。比如，中企业小客户一般是按地区管的；大企业客户一般是指定客户负责人的，一般按行业划分；如果公司产品多样和复杂度增加，是需要方案型销售的。客户覆盖模型介绍如下：

1. 地区销售

地区销售是指在某一地区内，如省或市，管理企业客户的销售团队。一般来说，他们管理的是中小企业客户。因为一般大客户不仅给企业带来的收益大，而且自身规模也大，往往是跨地区的，所以在一个地区内很难全面管理。

2. 大客户销售

大客户销售人员往往是按行业组队的，哪怕一开始没按行业划分，但随着业务的扩展和大客户的增多，最终也会按行业进行管理。主要原因是大客户往往需要个性化的方案，他们不愿听和自己业态不同的企业的成功经验，所以需要销售人员具备很深的行业知识，但行业之间业务差异又非常大，销售人员很难同时成为多个行业的专家，所以大客户的管理最终往往按行业进行。

3. 方案销售

方案销售是指针对某类产品和方案，组建相关销售团队。方案团队与地区销售团队和大客户销售团队一起合作销售其所负责的产品方案，业绩与地区销售团队和大客户销售团队双算[①]。从某种意义上来说，方案销售人员最大的任务就是赋能地区销售团队和大客户销售团队，使他们知道方案是什么，卖给谁和如何卖，起到该方案催化剂的作用。一些企业削弱了方案销售团队，把方案团队放进产品团队、地区销售团队或大客户销售团队。如果方案比较复杂，而且方案有平台性，即该方案的基本功能可以跨行业和地区，并且该方案市场容量很大，建议建立独立的方案销售团队。因为只有独立的方案团队才有可能从整体市场前景、销售策略和方法、方案的完善性和先进性以及合作伙伴体系等多个维度去全面规划和推进。

4. 合作伙伴、经销商和电销

本节主要介绍企业客户的直接覆盖，即 B2B 的直销，合作伙伴、经销商和电销在此就不做详细介绍。

二、直销企业客户覆盖

下面将详细介绍"客户的覆盖模式"中 B 端直销客户是如何覆盖和管理的。

大客户可以分成战略客户和大客户，由行业团队负责；中小客户由地区团队负责。行业团队和地区团队背后有 N 个方案团队支撑。

如图 2-7 所示，我把 B 端客户分成战略客户、大客户、中小客户三类。左边一列是这三类客户如何划分，中间一列是销售团队如何覆盖，右边一列是重点使用什么销售管理方法。

[①] A 产品借用 B 产品的成熟的销售网络，快速打开局面，其销售额给 A、B 产品的销售部门都记销售额，此为双算。

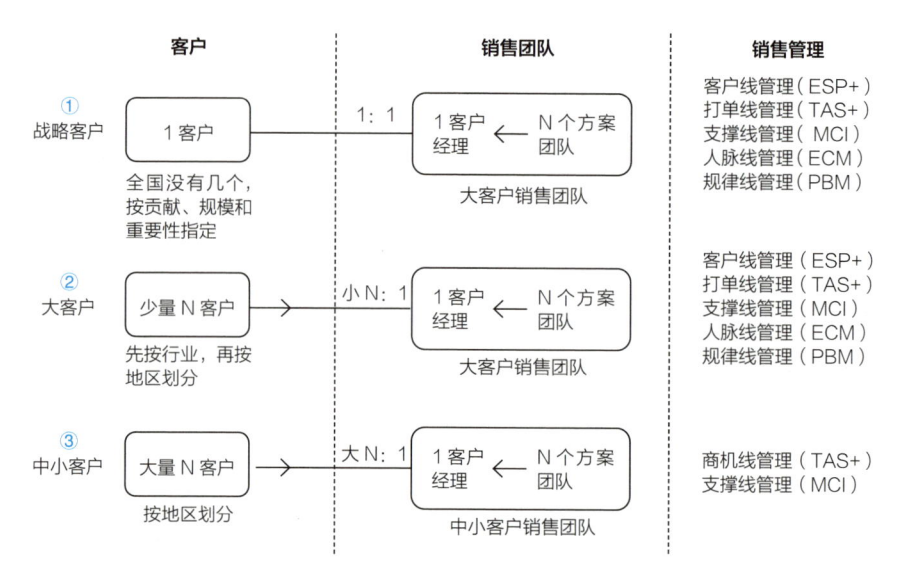

图 2-7 直销企业客户的覆盖和管理

客户		销售团队	销售管理
① 战略客户	1 客户（全国没有几个，按贡献、规模和重要性指定）	1:1 — 1 客户经理 ← N 个方案团队（大客户销售团队）	客户线管理（ESP+） 打单线管理（TAS+） 支撑线管理（MCI） 人脉线管理（ECM） 规律线管理（PBM）
② 大客户	少量 N 客户（先按行业，再按地区划分）	小 N:1 — 1 客户经理 ← N 个方案团队（大客户销售团队）	客户线管理（ESP+） 打单线管理（TAS+） 支撑线管理（MCI） 人脉线管理（ECM） 规律线管理（PBM）
③ 中小客户	大量 N 客户（按地区划分）	大 N:1 — 1 客户经理 ← N 个方案团队（中小客户销售团队）	商机线管理（TAS+） 支撑线管理（MCI）

1. 战略客户

客户定义： 战略客户往往是全球战略客户，分到一个国家，可能也就几家。所以，按贡献、规模和重要性指定就行，因为数量有限，在一个国家内也不按行业和地区分了，就是全球指定的几家。

销售团队： 战略客户往往会分配一个全职的客户销售，属于大客户销售团队，全职负责该客户，也就是 1 对 1 的服务。因为就负责这一个客户，这个客户销售的业绩考核也都指望这一个战略客户的产出。一般会有能力全面的方案专家与该客户经理配对，在技术上进行支持。同时客户销售背后有 N 个方案团队进行支撑。每个方案团队的方案销售一般也会全职只负责一个战略客户，多的情况下也就两三个。至于如何推进每个方案，以及各个方案团队如何协同配合，一般由客户经理统筹协调。

销售管理： 因为大客户销售只负责一个客户，所以一定要做深、做透。大客户销售和管理的五条主线：客户线管理、打单线管理、支撑线管理、人脉线管理和规律线管理都要重视。

2. 大客户

客户定义： 大客户是一个国家内在销售额和利润上有重要贡献的，或行业内有重要示范作用的客户。往往是每个国家独立管理，一个国家有上百家或几百家大客户。一般是先按行业划分，比如，按制造、汽车、零售、金融、高科技、健康等行业划分，每个行业中再按地区划分。

销售团队： 大客户由大客户销售团队负责。一个大客户销售往往属于一个行业销售团队，负责一个大区内的部分大客户。每个大客户销售负责的客户要根据客户的管理半径，一般负责 5~10 家大客户，即"小 N∶1"的管理。每个财年内，会选择几个客户重点发力，投入主要资源和时间。同战略客户销售团队一样，一般会有能力全面的方案专家与该客户经理配对，在技术上进行支持。同时大客户销售背后有 N 个方案团队进行支撑。每个方案团队的方案销售负责的大客户数量要远远大于大客户销售负责的数量，几十、上百甚至几百个。至于如何推进每个方案，以及各个方案如何协同配合，一般由大客户销售统筹协调。

销售管理： 因为大客户销售只负责几个客户，所以一定要做深、做透。大客户销售和管理的五条主线：客户线管理、支撑线管理、打单线管理、人脉线管理和规律线管理都要重视。

3. 中小客户

客户定义： 除了以上两种，剩下的是中小客户。这些客户往往是每个国家独立管理，一个国家有几十万、上百万家。这些中小客户行业特征不是那么明显，内部业务也不是很复杂，所以往往按地区进行管理。

销售团队： 中小客户往往由地区的中小客户销售团队管理。一个客户销售往往负责一个地区部分或全部的成千上万家中小客户，属于"大 N∶1"管理。主要通过市场活动、线上宣传、品牌宣传等手段来创造销售机会。有需求的客户通过市场宣传或口碑传播进行咨询，并生成销售线索。线索转给中小客户销售，由其跟进。如果方案复杂，会有能力全面的方案专家与该客户经理配对，在技术上进行支持，会有 N 个方案团队进行支撑。至于如何推进每个方案，以及各个方案如何协同配合，一般由客户销售统筹协调。

销售管理： 负责成千上万家客户，而且交易过程一般相对简单，交易节奏快，所以最重要的是销售效率和成功率。客户销售管理的五条主线中主要关注打单线管理和支撑线管理。

三、销售团队构建的前提条件和建议

我在前文介绍了地区销售团队（中小客户销售团队）、大客户销售团队和方案销售团队。地区销售比较好理解，当地有生意时，就可以建分公司和办事处的地区销售团队。什么情况下需要建立大客户销售团队和方案销售团队呢？

1. 构建大客户销售团队的前提条件

- 大客户和中小客户在产品、方案和打单过程差异很大。
- 大客户带来或预计带来的收入和利润占比很大。
- 公司下决心投入很大资源进行大客户销售团队建设，而且做好了需要等待一定时间才能见效的心理预期。

2. 构建方案销售团队的前提条件

- 产品和方案非常复杂，需要专家型的团队负责销售。
- 产品和方案是平台性的，各个行业都有需求，只是行业化特征不一样。
- 该产品和方案对公司当前收入或未来发展非常重要，需要独立的方案团队才有可能从整体市场定位、销售策略和方法、方案的完善性和先进性以及合作伙伴体系等多个维度去全面规划和推进。

3. 销售团队的构建原则

中小客户销售团队、大客户销售团队、方案销售团队、合作伙伴团队、交付团队、服务团队各自的定位和需要掌握的技能不一样，为了更好地协调和利用内部资源，以及管理大客户和大单，最好各自独立建设和管理，而不要让一个分公司和办事处承担所有职责。

四、分层分利大客户管理模型

大客户销售和方案销售共同负责大客户，但大客户销售往往一个人负责5~10个大客户，而方案销售负责的客户要多很多，几十甚至几百个大客户。如果没有数字化工具（企业人脉资源管理）的话，大客户管理半径也就是10个左右，这就会出现以下问题：

- 错失销售机会。方案销售团队往往销售人数不多，一个方案销售要管理几十甚至几百个大客户，由于管理不过来，错失了很多销售机会。

- 浪费方案销售资源和精力。大客户销售团队往往按总贡献度和潜力去评估客户，而方案销售团队是根据所负责方案客户的贡献度和潜力去评估的。比如，该客户每年贡献度是2000万元，但针对方案A产品，该客户是自主研发，几年内不会购买，贡献度是0元。虽然该客户整体评估是大客户，但针对方案A来说，却是一个没有价值的客户。如果把该客户也分给方案A销售，会浪费该销售的资源和精力。

- 错失方案大单。很多客户从整体来说不是大客户，针对某种方案来说却是大客户。但因为没有被评为大客户，方案销售无法跟进，错失了很多大单机会。

- 业绩考核不合理。很多企业采用大客户销售团队和方案销售团队业绩双算的方法。这种管理方法无法激发销售的主观能动性，因为大客户销售或方案销售，不管谁投资源和精力推进方案和赢单，另一方也会得到同样的销售业绩。这样就成了吃大锅饭，很难激发销售的积极主动性。

基于以下三原则，我设计了分层分利的大客户管理模型：

- 客户管理半径合理。
- 销售业绩按劳分配。
- 不遗漏方案、大单。

如图 2-8 所示，假设大客户数量是 200+，有 20 个大客户销售，每个大客户销售负责 10 个左右的大客户。有一个方案销售，负责所有 200+ 大客户，方案销售所负责的大客户分为 2 层：

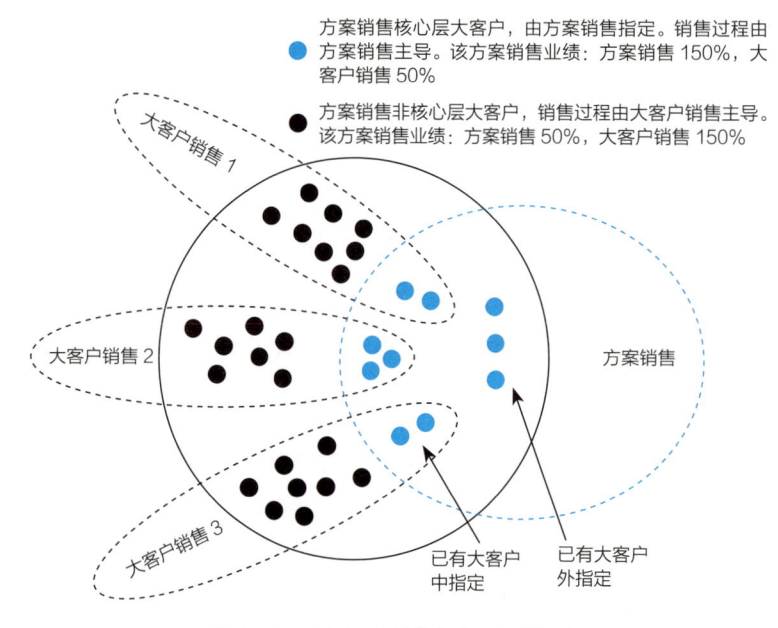

图 2-8 分层分利大客户管理模型

- 核心层：该层大客户由方案销售指定，满足该方案销售的管理半径，比如有 10 个大客户，这 10 个大客户大部分在 200+ 大客户里选择；小部分允许方案销售在 200+ 客户外自选。由方案销售主导核心层客户的方案销售，大客户销售辅助。销售业绩方案销售分 150%，大客户销售分 50%。

- 非核心层：该层是由 200+ 大客户中剔除方案销售指定的核心大客户组成。由大客户销售主导非核心层客户的方案销售，方案销售辅助。销售业绩大客户销售分 150%，方案销售分 50%。

五、案例分析

公司 A 是一家有近万人规模的 B2B 大型企业，其中企业客户销售团队有两三千人。大中小企业客户都有涉及，其中来自大客户的销售占比很大，而且大客户方案需要很深的定制化。方案是标准化方案，但根据行业特征有行业定制化方案。

那么，公司 A 应该如何调整销售组织架构来有效布局和充分发挥地区销售、大客户销售和方案销售的作用？

图 2-9 是公司 A 的销售组织的示例，下面我们将进行分析。

区域 29 省级单元可以认为是地区销售，但不区分大客户和中小客户，都可以管。

大客户销售组织：矩阵行业、垂直行业和政府客户都可以认为是大客户销售团队。这是按行业划分的，人员不足，销售时需要依赖地区销售组织。同时没有明确该行业中哪些客户归大客户销售组织，哪些归地区销售组织。

方案销售：在这个组织架构里方案销售比较弱化，很多人员分散在解决方案中心、行业矩阵、垂直行业和政府客户等组织中。

合作伙伴管理：在渠道管理部，但很多人员分散在矩阵行业、垂直行业和政府客户等组织中。

交付管理：交付能力分散，人员散落在解决方案中心、项目管理、区域 29 省级单元、矩阵行业、垂直行业和政府客户等各个组织中。

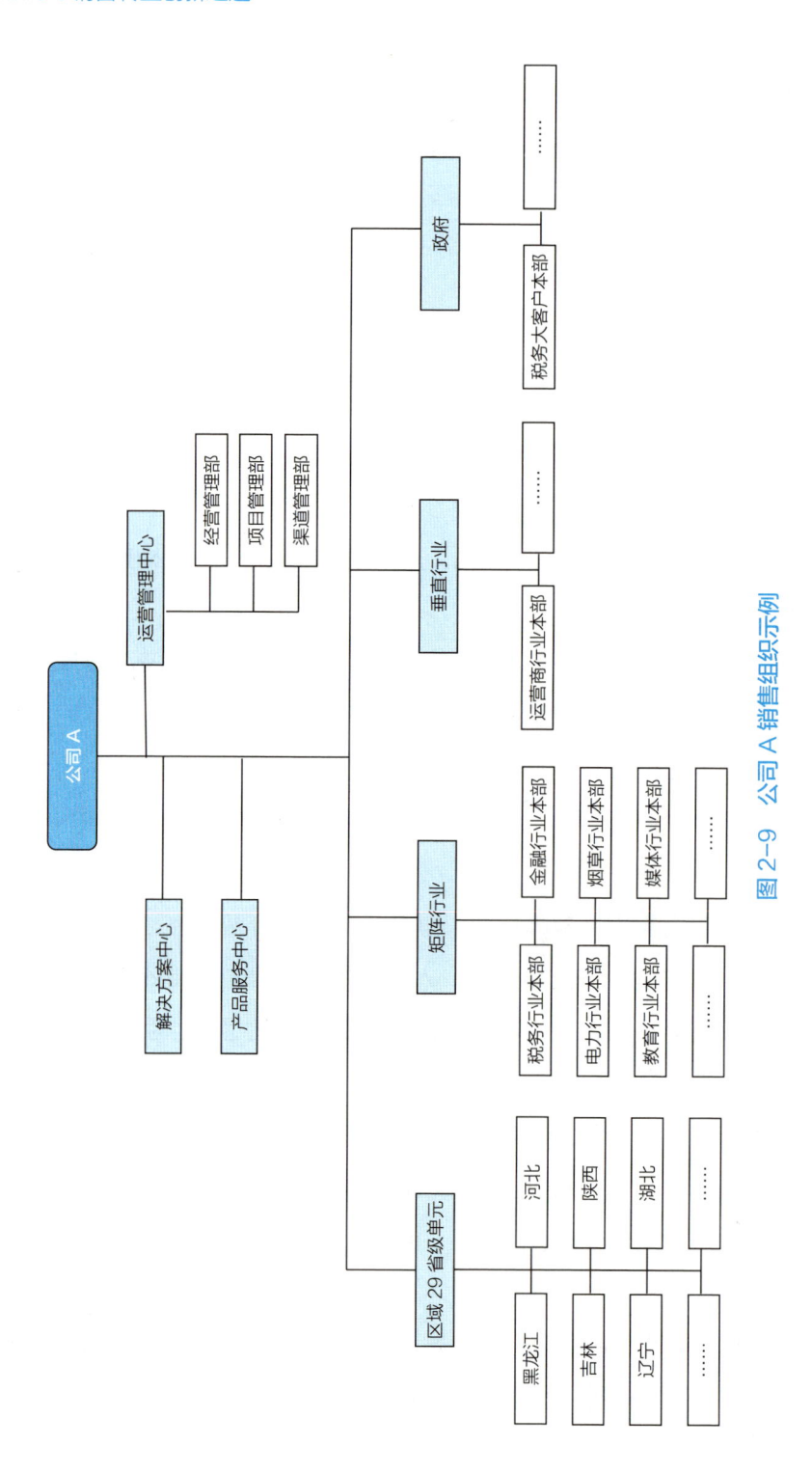

数字化时代大客户管理
CRM3.0 销售转型创新之道

图 2-9 公司 A 销售组织示例

公司 A
- 运营管理中心
  - 经营管理部
  - 项目管理部
  - 渠道管理部
- 解决方案中心
- 产品服务中心
- 垂直行业
  - 运营商行业本部
  - ……
- 政府
  - 税务大客户本部
  - ……
- 矩阵行业
  - 税务行业本部
  - 电力行业本部
  - 教育行业本部
  - ……
  - 金融行业本部
  - 烟草行业本部
  - 媒体行业本部
  - ……
- 区域 29 省级单元
  - 黑龙江
  - 吉林
  - 辽宁
  - ……
  - 河北
  - 陕西
  - 湖北
  - ……

048

第 2 章
数字化手段高效管理大客户

以上销售组织架构的特点是：区域销售组织大（29 个省级公司），但大客户销售组织、方案销售组织和销售支撑组织（交付管理和合作伙伴管理组织）小。

这样的销售组织适合传统的产品销售，即销售产品的方案功能和过程比较简单，销售周期比较短。但如果要做大单和运营大客户，就会存在很大的短板。分析如下：

客户覆盖出现空白和内耗： 以上销售组织是根据行业和地区划分覆盖客户的，并没有按大客户和中小客户去划分。这样在行业和地区的客户就会出现交叉管理，交叉处就会出现有的客户没人管，有的客户相互争的局面。比如，在某地区有一个小的信用社，地区销售认为方案复杂不愿跟进，金融行业销售团队认为规模太小也不愿出差到当地跟进；但如果是一个股份制银行，地区销售和行业销售又相互抢，就算是业绩双算，那客户控制权也得抢。所以，我建议先根据客户规模和重要性定义其是大客户还是中小客户，分别由不同团队管理。如果是中小客户，就由区域 29 省级单元管理；如果是大客户，就根据所在行业，分配到不同大客户团队。

大客户销售和支撑体系不够强大： 大客户销售团队、产品方案团队、交付方案团队和合作伙伴团队规模不足够大，很多功能和人力资源被放进了地区销售组织。因为没有一个强大和资源集中的组织，复杂方案的开发推广、大项目的实施、公司售前能力的快速提升都会受到很大限制。大客户销售和支撑组织不够强大的直接后果就是无法有效运营大客户、赢取和交付大项目。

因为公司 A 是一个大型企业，有大量销售人员，大客户销售占比很大，方案也很复杂。方案是平台型标准化方案，各个行业的客户都会用到，只是需要行业定制化。所以公司 A 是满足构建大客户销售团队和方案销售团队前提条件的。

如图 2-10 所示，我建议公司 A 销售组织做如下调整：

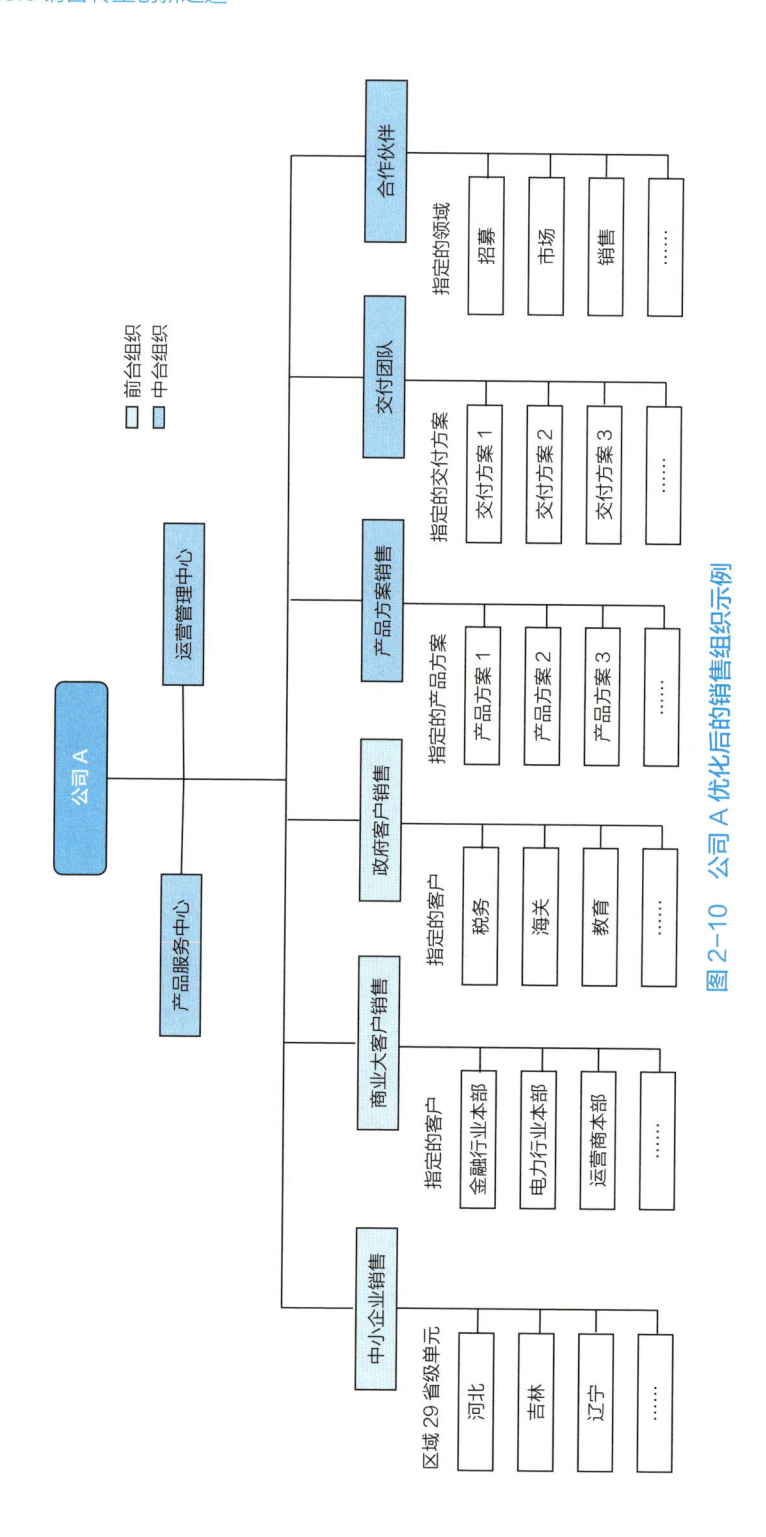

图 2-10 公司 A 优化后的销售组织示例

第 2 章
数字化手段高效管理大客户

1. 客户划分和分配清楚

按客户规模和贡献度区分大客户和中小客户，中小客户分配给区域 29 省级单元，大客户按行业分配给不同的大客户销售团队。客户要么属于大客户销售团队，要么属于地区销售团队，明确两个销售团队的边界，不会出现模糊地带。

地区销售团队：是原来分布在各个省级行政区划的 29 个地区销售单元，负责中小企业客户。该组织的客户不用指定，只要属于该地区且不是指定给大客户销售团队的企业，都属于该团队。比如之前说的农信社，虽然行业属性是金融，但只要不是金融大客户团队指定的客户，就属于地区销售团队。另外，把复杂方案售前、交付的能力和合作伙伴培养和管理的能力从地区销售团队抽走，放入大客户销售团队、方案销售团队、交付方案和合作伙伴团队。

商业大客户销售团队：就是原来的矩阵行业和垂直行业，属于大客户销售团队。商业大客户销售团队里会明确指定客户和销售的负责关系，也就是把大客户直接分给指定的销售。每个大客户销售人员一般负责 5~10 个大客户。大客户销售团队不用到省一级，全国分成几个大区管理即可。因为大客户需要的方案要有行业特征，复杂度和差异性很大，所以大客户销售团队一般会按行业细分。

政府客户销售团队：就是原来政府大客户本部，其实也属于大客户销售团队。因为政府客户在决策机制和合规性上有特殊考虑，所以一般都单独抽出来管理。政府客户又分成税务、海关、教育等领域。

2. 针对复杂方案和大客户大单，可以建立独立的中台[①] 团队

产品方案销售团队：公司的主要产品线可以建立产品方案团队，要配

[①] 中台，互联网术语，一般应用于大型企业。是指搭建一个灵活快速应对变化的架构，快速实现前端提的需求，避免重复建设，达到提高工作效率目的。

有产品方案销售专家和方案技术专家，一般会在售前阶段起到至关重要的作用。产品方案团队可以先按产品和方案划分，再按中小客户和大客户团队（商业大客户团队和政府客户团队）细分；再往下可以按行业进行细分。企业 A 因为大客户销售占比很大，所以再按方案划分后，可以先为大客户（商业大客户和政府客户）搭建产品方案销售团队。

交付团队： 针对重点行业和复杂项目的交付方案，可以建立独立的交付团队。交付团队也可以有自己的销售，对盈利进行考核，这样才容易控制交付的成本，不会导致越大的项目亏得越多。

合作伙伴团队： 合作伙伴团队的重要性怎么说都不为过。要想让公司销售规模呈几何级数成长，要想建立公司产品和方案的生态体系，合作伙伴是必不可少的。所以，需要建立独立的合作伙伴团队。

上述只是一个示例，在销售组织优化过程中，针对客户、行业、方案、交付和合作伙伴等要素，如何组合、细化和聚焦，还得根据公司规模、业务、产品、方案和竞争态势等量身定制。

小结 本节介绍了客户覆盖模型、直销企业客户覆盖方法、销售团队构建的前提条件和建议、分层分利大客户管理模型和案例分析。

练习 贵司企业客户是如何分布的？贵司目前的销售组织是什么样的？针对地区销售、大客户销售和方案销售这三类销售组织，我们有哪些可以采纳、改进和提升的地方？

第三步：策略、战术和规划数字化

当我们确定谁是大客户和谁来管理这些客户后，大客户销售就要针对分配给自己的客户制定**资源投入策略**、**管理策略和战术**，以及针对最重要的大客户做**账户规划**。

一、资源投入策略

如图 2-11 所示，横轴是潜力值，这个一般是我司估算的该客户最大能给我司带来多少收入，一般考虑绝对值就行；竖轴是对我司的贡献度，这个还要考虑相对值。贡献度 = 客户自身贡献值 / 客户自身潜力值，例如，在 30% 以内的算低；在 30%～60% 的算中；在 60% 以上的算高。以客户 A 示例，该客户每年给我司带来的贡献值是 2000 万元，但该客户每年的潜力值是 5000 万元，则贡献度 = 2000 / 5000 = 40%，为中贡献度，也就是还有很大挖掘潜力。

A 类客户： 属于潜力值大、贡献度也大的客户（相对来说基本上挖掘到位了），这类客户往往是战略客户的候选人。

B 类客户： 属于潜力值中或低、贡献度大的客户，也就是基本把该公司的潜力透支了，没有太大增长空间了。

C 类客户： 属于潜力值大或中、中低贡献度的客户，也就是那些还有很大可挖掘空间的客户。

D 类客户： 就是潜力值低、中低贡献度的客户，也就是再怎么投入提

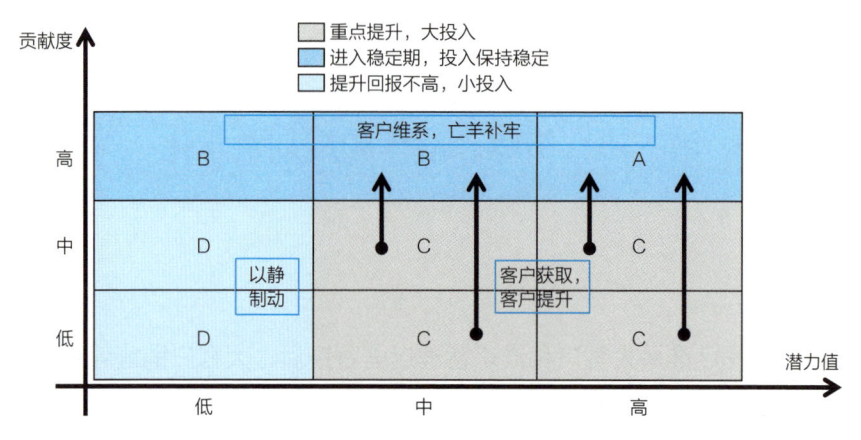

图 2-11　大客户资源投入策略

升，都不会带来太大生意的客户。

针对 A、B、C、D 类客户，我们资源投入策略如下。

● 重点提升和重点资源投入的客户是 C 类客户，即那些潜力值大，但贡献度还有很大提升空间的，要把他们提升成 A、B 类。

● 对 A、B 类在成熟期的客户，我们保持合理的资源投入。合理的投入并不是指总额少，是指投入金额与该客户带来的贡献度的比例稳定。

● 对 D 类这些潜力值不大、贡献度也不大的客户，我们不必有太大投入。

二、管理策略和战术

针对 A、B、C、D 类客户，我们的管理策略如下。

● A、B 类客户潜力基本挖掘到位，就到了客户生命周期中的稳定期和衰退期，我们采取的管理策略一般是客户维系和亡羊补牢。

● C 类客户是拥有很大提升空间的客户，还处在客户生命周期的获取期和提升期，是我们需要重点投入的客户，我们采取的管理策略一般是客户获取和客户提升。

● D 类客户是属于没有什么潜力、贡献度也不高的客户，也就是再投入，也不会产生高回报的客户。需要我们评估他们是否会成为大客户，需要采取的管理策略是以静制动。

下面我介绍一下大客户的管理策略和战术。

1. 客户获取策略

把我司重要潜在客户转变为正式客户的策略。该策略需要首先定位重要的潜在客户，通过相应的战术，使该客户购买我司产品。战术示例：

- 带领客户参观成功项目案例和公司，使客户相信我司的实力。
- 进行技术交流，使客户了解我司的产品。
- 通过各种渠道，建立和客户高层关系。
- 多交流互动和进行与其他产品的差异性分析，得到客户基层的支持。
- 给出优惠条件，比如资本运作（能否给出账期[①]，能否为政府引入资金），提升我司对客户的吸引力。
- ……

2. 客户提升策略

把对我司贡献度不高的客户提升为高贡献度客户的策略。该策略需要了解客户的业务状况和需求，提早布局，引导客户，加强互动，前期加大售前和方案投入，参与年内项目招投标，并全力赢得项目。战术示例：

- 充分引入我司各种解决方案，多交流互动，引导客户的需求和短期、长期规划内容。
- 了解客户的需求和年度预算，提早布局。
- 充分了解客户内在需求（个人和组织），协助客户获得最大价值。
- ……

---

① 账期是指从生产商、批发商向零售商供货后，直至零售商付款的这段时间周期。

3. 客户维系

把我司高贡献度的客户维系住，使他们为我司产生持续收入的策略。该策略需要跟客户保持密切接触，有能力为客户提供整体规划和建议，有能力为客户提供高性价比的运维服务，防止竞争对手进入，同时加强售后服务，提升客户满意度。战术示例：

- 不断有新的解决方案来维系客户，不断发掘客户的新需求。
- 提高服务标准和提供个性化服务，使客户产生依赖。
- 为客户提供一些免费的或高性价比的产品和服务，取悦客户。
- 建立商务和技术护城河，防止竞争对手介入。
- 消除客户中的敌对者，尽可能联合更多的支持者。
- ……

4. 亡羊补牢

把正在逐渐疏远我们的高价值用户逐渐挽回的策略。该策略需要了解客户疏远我们的真实原因，制订挽回计划，投入相应的资源让客户感到我们的诚意，并提供更优惠的价格、更个性化的服务。战术示例：

- 挖掘客户疏远我们的深层原因，投入资源，逐个解决。
- 找客户内部新的支持者，结成同盟。
- 寻找化解反对势力的方法，并采取相应行动。
- 引入我司新的产品和解决方案，转移焦点。
- ……

5. 以静制动

针对我们潜力值不大、贡献度不高的客户采取的一种观望等待策略。该策略不是被动等待，而是和客户保持一定接触频率，了解客户内部变动，等待时机。战术示例：

- 与客户保持联系，多了解客户今后的项目规划。
- 分析潜力不大、贡献度不高的原因，等待机会。
- 为客户提供力所能及的建议和服务。
- ……

三、大客户账户规划

当销售针对自己所负责的大客户制定好资源投入策略、管理策略和战术后，下一步需要针对其中最重要的客户，如 A 类客户和重要 C 类客户，做大客户账户规划。大客户账户规划一般每个新财年开始时制作，可以每隔三个月评估账户规划的执行和落地情况，以便制订下一步的行动计划。

很多企业的账户规划会做行业和客户分析、客户优先级分析等。但这些内容很难对结果量化和持续跟踪，以验证业务价值。所以，我的账户规划只做三方面：企业人脉资源规划、捕捉和孵化商机规划、洞察项目行为规划（图 2-12）。

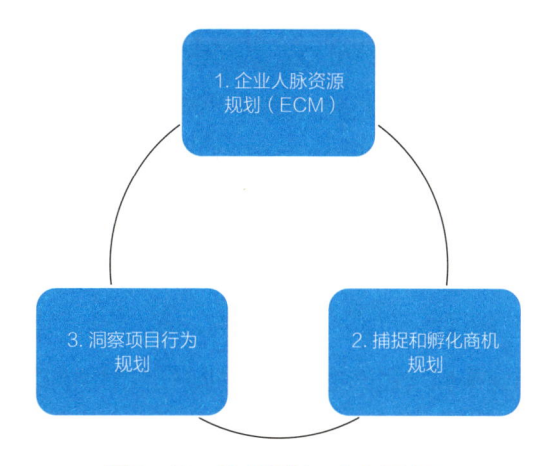

图 2-12　账户规划三个主要方面

1. 企业人脉资源分析和目标

就是通过企业人脉管理，排查出所有关键人，勾画上下级汇报关系和影响力关系，分析和计算关键人、部门和客户的关系紧密度、方案认可度、价格接受度和综合紧密度，并制定提升目标。比如：

- 企业关键人洞察得分要达到多少。也就是要求我们接触和摸透多少个客户关键人。
- 企业关键人整体关系平均得分。也就是要求客户多大比例关键人是支持我们，至少是保持中立的。

2. 捕捉和孵化商机规划

要捕捉和孵化多少可靠的商机，以及要赢多少金额的商机。比如：

- 进入立项阶段的商机总金额（未关单＋已关单）数量。也就是要求一年内我们至少在该客户身上捕捉或孵化通过商机验证阶段的商机总额，这表明至少挖掘了多少靠谱商机。
- 立项成功商机总金额（未关单＋已关单）数量。也就是要求一年内我们至少在该客户身上捕捉或孵化通过商机立项阶段的商机总额。表明至少挖掘了多少金额我们才能投入资源全力去赢得商机。
- 商机赢单总金额数量。也就是要求一年内我们在该客户身上捕捉或孵化的商机中至少有多少金额赢单。

3. 洞察项目行为规划

就是要了解客户的项目行为的人、财、物、情、节，尤其是财和物。比如：

- 财：获得历史类似项目的金额。我们好在今后类似项目投标阶段做好相应报价准备。
- 物：获得历史类似项目评分标准和报价过程。我们好在今后类似项目

第 2 章
数字化手段高效管理大客户

投标前对评分标准提早布局，以及在投标阶段做好报价策略。

小结 本节介绍了大客户资源投入策略、大客户管理策略和战术及大客户账户规划。

练习1 请针对你目前负责的大客户，分析投入资源策略。

_____
_____
_____
_____

练习2 请针对投入资源分析后的客户，制定管理策略。根据管理策略，基于你所在行业和公司特性，定制战术，并细化战术如何落地。

_____
_____
_____
_____
_____

练习3 请针对你目前负责的最重要的大客户，进行账户规划。

_____
_____
_____
_____

第四步：大客户数字化运营

当大客户资源投入策略、管理策略和战术以及账户规划完成制定后，下一步就需要进行大客户运营。大客户运营分为运营模型、运营阶段管理和运营状态评估三部分。

一、运营模型

大客户运营模型是：一个中心，一个引领，三个阶段。

如图 2-13 所示，大客户运营模型存在于客户全生命周期中。

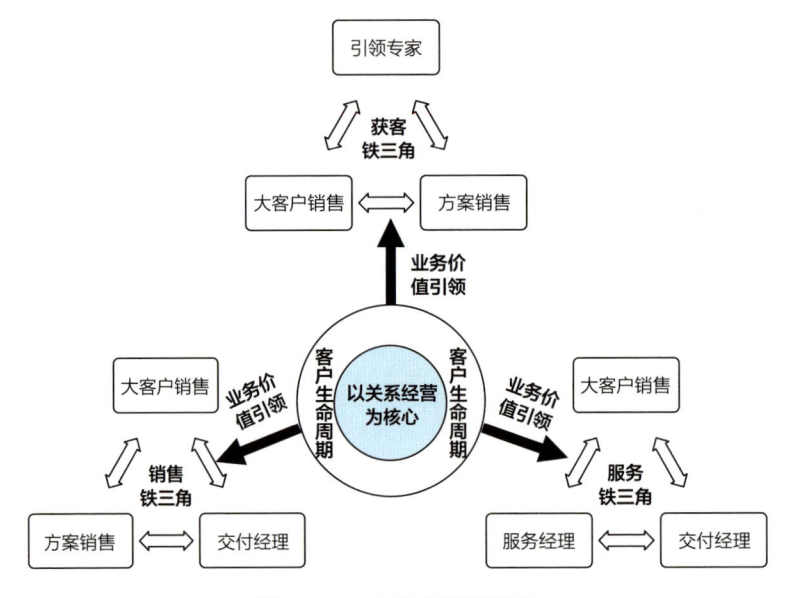

图 2-13　大客户运营模型

以关系经营为核心： 关系经营不是指简单的个人关系密切，而是经营和提升与企业客户中每一个关键人的关系紧密度、方案认可度和价格接受度。关系经营将在企业人脉资源管理中做详细介绍。

业务价值引领： 在设计客户生命周期每个阶段的运营团队组成时，以业务价值作为衡量标准，看看什么角色参与、多少人参与，而不要固化地去设计"铁三角"。只要能满足最大业务价值，也可以是"铁四角""铁五角"。

三个阶段最佳组合： 根据客户生命周期三个阶段的核心任务，也就是业务价值引领组成最佳团队。比如，获取客户阶段（新客户无订单）的核心任务是获客，由引领专家、大客户销售和方案销售组成铁三角；销售阶段的核心任务是赢得订单以及赢单后能交付，由大客户销售、方案销售和交付经理组成铁三角；交付和售后服务阶段的核心任务是提升客户满意度和挖掘更多机会，由服务经理、交付经理和大客户销售组成铁三角。

综上所述，大客户销售在客户生命中各个阶段中都扮演了关键角色，所以，大客户销售对客户经理自身的关系能力、方案能力、交付和服务能力和资源调度能力都会有非常高的要求。

二、运营阶段管理

如图 2-14 所示，大客户运营阶段管理是指大客户全生命周期的运营管理。包括三个阶段。

全生命周期运营

新客户无单阶段　销售阶段　交付售后服务阶段

图 2-14　大客户运营阶段管理

- 新客户还没有订单的阶段。
- 有订单在谈的阶段。

- 为已有客户提供交付或售后服务的阶段。

本节主要介绍新客户还没有订单阶段的客户运营。在销售过程中的客户运营会在销售过程管理中介绍，在交付和售后过程中的客户运营会在客户服务管理中介绍，在此就不赘述。

新客户还没有订单的阶段的客户运营是指针对我们要重点突破的新客户，目前还没有商机在跟的情况下，我们如何运营客户。在这个阶段，我们既不了解客户，客户也不了解我们，我们最重要的是需要打动客户，建立客户对我们的信任和信心。也就是我们需要有专家能逐渐成为客户关键人的朋友甚至导师。由此，我们需要引入客户引领专家这个关键角色。

1. 设立客户引领专家岗

做 B2B 生意，企业中的大客户销售和方案销售大多是交易驱动型的，每个季度都要完成规定的销售额，下一年不知道是否还负责该客户，所以无论是从主观意愿上，还是从客观能力上，都不可能很好地运营客户，完成提前布局和客户引领的任务。

如图 2-15 所示，针对大客户管理，我们一直欠缺客户引领专家这样的岗位。客户引领专家既可以是内部的专家，也可以是外部的专家；既可以是一个人，也可以是一个团队。他们的主要定位是在方案上影响大客户关键人，这需要较长的时间沉淀才能达到，所以他们的考核周期可以以年为单位，考核指标可以是：

- 是否对大客户高层提供建议并得到对方认可。
- 是否参与客户短期和中长期规划。
- 是否引导规划中的内容与我方匹配。
- 每年孵化的商机数量和销售额等。

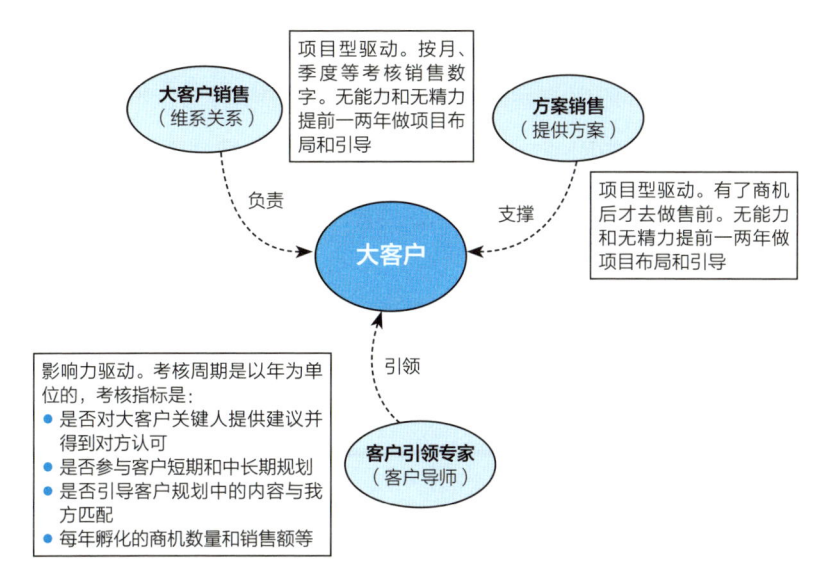

图 2-15　设立客户引领专家岗

2. 客户引领专家、大客户销售和方案销售形成新客户运营铁三角

如图 2-16 所示，原来针对新客户，只有客户经理和方案销售，双方的基本工作就是围绕销售进行，如果没有商机，一般不愿意投入太多精力。

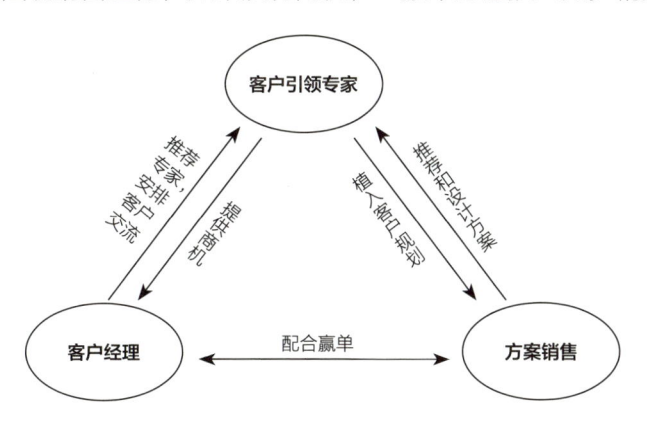

图 2-16　新客户无单阶段运营铁三角

有了客户引领专家后，便形成了新客户无单阶段运营铁三角。通过客户引领专家的提前布局，帮助方案销售植入方案，也帮客户经理孵化商机。客

063

户经理的主要任务就是向客户推荐引领专家，安排双方交流。客户引领专家往往更偏业务方向，所以方案销售的任务是向客户引领专家推荐和设计自己负责的方案，以便客户引领专家把这个方案植入客户规划中。

3. 铁三角相互配合，共创共赢

如图 2-17 所示，客户引领专家是为引领客户规划的岗位，目的是提前布局，抢占先机，完成客户获取和提升的运营任务。

	新客户接触前期		新客户接触中期
客户引领专家	头脑风暴，给客户高层植入概念	参与规划，植入内容	定期接触，分享经验，评判现状，孵化和捕捉商机
客户经理	推荐引领专家，安排交流		加深感情和信任，安排接触，提升关系紧密度、价格接受度，收集项目行为规律，孵化和捕捉商机
方案销售	推荐方案		撰写方案，准备演示，提升方案认可度，孵化和捕捉商机

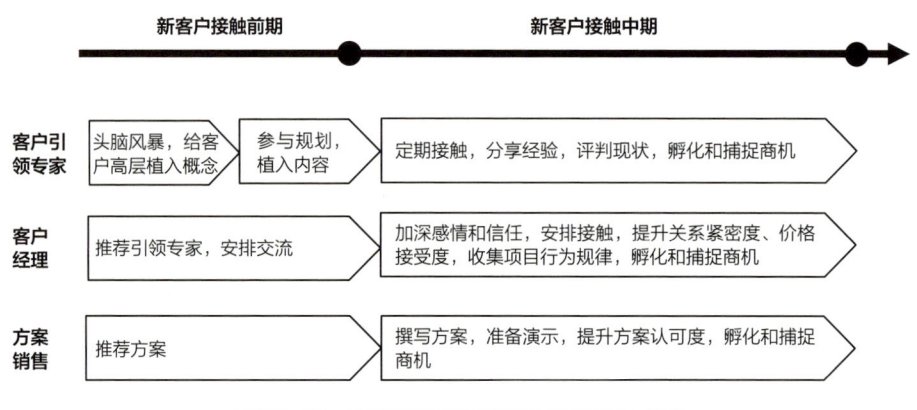

图 2-17 新客户售前铁三角协同配合示例

客户引领专家：

● 新客户接触前期，通过头脑风暴、案例分享等给客户高层植入概念。

● 新客户接触前期，参与客户内部规划，植入内容。

● 新客户接触中期，定期与客户接触，分享经验，评判客户现状，孵化和捕捉商机。

客户经理：

● 新客户接触前期，推荐引领专家，安排交流。

● 新客户接触中期，加深感情和信任，安排定期接触，提升客户关系紧密度和价格接受度，收集项目行为规律，孵化和捕捉商机。

方案销售：

- 新客户接触前期，向客户、客户经理、客户引领专家推荐方案。
- 新客户接触中期，撰写方案，准备演示文稿，提升方案认可度，孵化和捕捉商机。

三、运营状态评估

在设计好运营大客户的方法后，如何评估大客户的运营状态？

如图 2-18 所示，大客户运营三状态分别是：起势、蓄势、破势。

全生命周期运营

起势：分析现状，找出方向　　蓄势：持续优化，形成优势　　破势：破局赢单，收获满满

图 2-18　大客户运营三状态

起势： 发现问题，找出方向。一般是新财年开始前，针对该客户做现状分析和行动计划。

蓄势： 持续优化，形成优势。一般贯穿整个新财年，在该客户企业人脉关系、捕捉和孵化商机、洞察项目行为等三方面进行大幅提升。

破势： 破局赢单，收获满满。一般发生在财年末，对比该客户在企业人脉关系、捕捉和孵化商机、洞察项目行为三方面的成果，以及之前账户规划目标的完成情况。

下面介绍大客户运营状态评估的方法和步骤。

如图 2-19 所示，大客户运营状态的评估步骤是承上启下的，账户规划定目标，来自大客户管理五步法中"第三步：策略、战术和规划"中的账户规划；新财年末做整体评估，属于大客户管理五步法中"第五步：整体评估"。大客户运营状态评估方法介绍如下。

账户规划定目标： 就是大客户管理五步法中"第三步：策略、战术和

图 2-19　大客户运营状态评估五步法

规划"中的账户规划，给出该大客户在新财年企业人脉资源、捕捉和孵化商机、项目行为洞察等三方面预期达到的目标。

新财年前做起势分析和行动计划： 针对该大客户在企业人脉资源、捕捉和孵化商机、项目行为洞察这三方面做一个全面的现状分析，并制订下一步阶段目标和行动计划。

新财年中第一到第三季度每个季度末做蓄势分析和行动计划： 每个季度末，针对该大客户在企业人脉资源、捕捉和孵化商机、项目行为洞察这三方面进行提升状态分析，并制订下一步行动计划。

新财年中第四季度末做破势分析： 在新财年末，针对该大客户在企业人脉资源、捕捉和孵化商机、项目行为洞察这三方面与账户规划里定的目标进行差异分析，并做总结。

新财年末做整体评估： 就是大客户管理五步法中"第五步：整体评估"，对大客户管理五步法中的前面四步做一个整体评估和总结。

小结 本节介绍了大客户运营模型、运营阶段管理（着重介绍新客户还没有订单阶段）和运营状态评估（大客户运营三状态和五步法）。

第五步：大客户状态数字化整体评估

到了年底，我们要进行大客户状态数字化整体评估，用以确定客户的管理方法是否正确，客户运营状态是否健康，以便制订和执行下一步提升和改进计划。

如图 2-20 所示，大客户状态数字化整体评估分为四个部分。

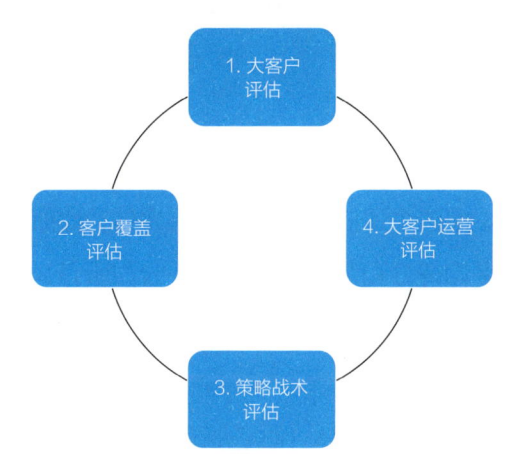

图 2-20　大客户状态数字化整体评估

1. 大客户评估

就是对大客户平均产出增长、客户平均投资回报率（ROI）增长和客户总产出增长等做整体评估，判断这个大客户是否选得正确；然后再通过综合积分法或经验推算法等对客户进行再评估，用以选出下个财年的大客户。

2. 客户覆盖评估

就是对每个大客户销售平均产出增长、销售平均投资回报率增长和销售总产出增长做评估，用以判断客户的分配方法是否正确。以此为基础，对明年的客户分配做出调整。

3. 策略战术评估

就是对 C 类客户平均产出增长、C 类客户平均投资回报率增长、C 类客户总产出增长，以及 A、B 类客户平均产出稳定和 A、B 类客户平均投资回报率稳定做评估。用以确认资源投入策略、管理策略和战术的执行情况，以及是否需要调整。以此为基础，做明年的策略和战术制定。

4. 大客户运营评估

针对企业人脉资源、捕捉和孵化商机、项目行为洞察这三方面做一个差异分析，并做总结。但这个评估注重整体运营评估，比如，整个公司所有大企业客户人脉关系平均得分和洞察得分，整个公司所有大企业客户捕捉和孵化商机的提升、整个公司所有大企业客户项目行为洞察提升。

小结 大客户状态数字化整体评估包括四部分：大客户评估、客户覆盖评估、策略战术评估、大客户运营评估。

数字化时代大客户管理步骤总结

图 2-21 对数字化时代大客户管理步骤做了总结。

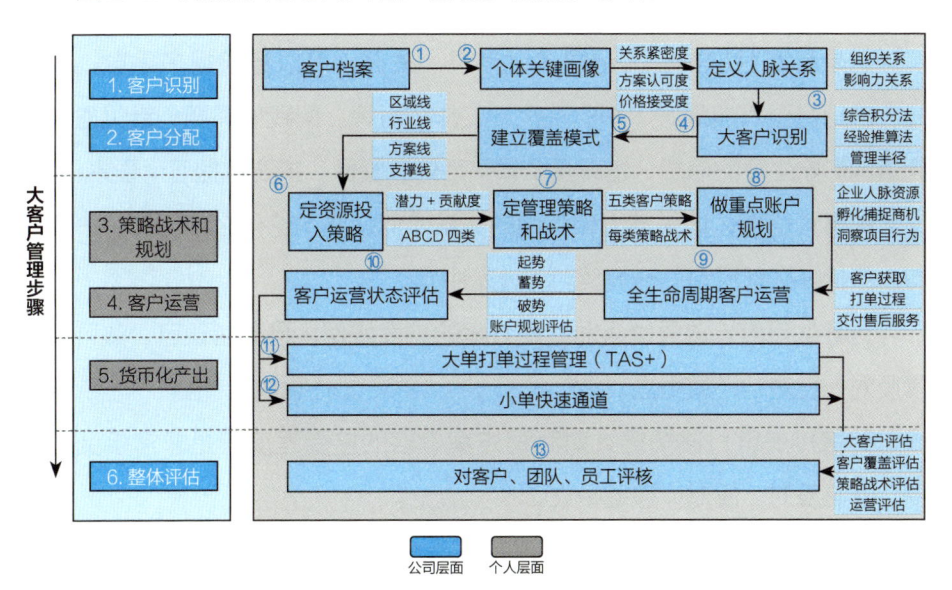

图 2-21　大客户管理（ESP+）步骤

数字化时代大客户管理分为七个主要步骤：客户识别、客户分配、策略战术和规划、客户运营、货币化产出、整体评估。其中客户识别、客户分配、整体评估是在公司层面上需要完成的任务，策略战术和规划、客户运营、货币化产出是在销售个人层面上要完成的任务。

一、客户识别

1. 客户档案

企业档案包含企业客户的 360 度全方位信息描述，这部分信息根据不同行业和不同客户需求而定，不做详细讨论。

2. 个体关键画像

这是针对客户关键人记录关键信息。关键人可以记录很多信息，如岗位、部门甚至兴趣爱好、毕业院校、工作经历等。但我们需要一针见血，找到最能影响生意的信息，也就是个体关系信息画像，主要包括五个要素：

关系紧密度： 该关键人和我司的关系如何，是不论什么都支持、一般支持、不论什么都反对、一般反对，还是中立。

方案认可度： 该关键人对我司方案的态度如何，是非常认可、认可、非常反对、反对，还是中立。

价格接受度： 该关键人对我司方案价格的接受程度，是非常接受、接受、非常反对、反对，还是中立。

一票批准人： 该关键人如果支持我司，那客户基本就会选择我司。

一票否决人： 该关键人如果反对我司，那客户基本就不会选择我司。

综上所述，关系紧密度、方案认可度和价格接受度最终决定了该关键人是否会选择我司；是不是一票批准人或一票否决人显示了该关键人的重要程度。

3. 定义人脉关系

当定义了个体关键画像后，我们需要建立个体和个体之间的关系，即人脉关系。人脉关系包括两个关系，即汇报关系和影响力关系。

汇报关系： 客户中关键人的上下级汇报关系。这和商机决策链中上下级汇报关系不一定一致，因为一个具体项目可能会重构汇报关系。客户中关键人的汇报关系是显性的关系，比较好识别。

影响力关系： 客户关键人内外部的影响力关系，就是谁能影响关键人。影响力关系分成内部影响力关系和外部影响力关系两种。内部影响力是客户内部谁能影响关键人。客户内部能影响关键人的联系人，我们称之为间接关键人。外部影响力关系是指在客户企业外部谁能影响关键人，比如，我司或友商的员工可以影响该关键人。影响力关系是隐性关系，需要花大量时间和精力去识别，但往往也是克敌制胜的"杀手锏"。

4. 大客户识别

就是前面介绍的通过综合积分法和经验推算法识别目标大客户，以及通过客户管理半径决定大客户数量，此处不再重复论述。

二、客户分配

就是建立覆盖模式。有关区域线、行业线和方案线覆盖，以及当大客户销售和方案销售共同负责大客户时采用分层分利的方法，在前面"构建数字化覆盖体系"做了介绍，因此不再赘述。

支撑线管理将会在"销售支撑体管理"中的"分层的售前资源调度机制"中做介绍。

三、策略战术和规划

1. 定资源投入策略

就是前面介绍的通过潜力和贡献度两个轴，把客户分成 A、B、C、D 四类，针对不同类别客户制定不同的资源投入策略。

2. 定管理策略和战术

就是前面介绍的针对 A、B、C、D 四类客户制定五类管理策略：客户获取策略，客户提升策略，客户维系策略，亡羊补牢策略，以静制动策略，以及每类策略对应的落地战术。

3. 做重点账户规划

就是针对重点客户，比如 C 类和 A 类客户，从企业人脉资源、孵化捕捉商机和洞察项目行为三方面做账户规划。

四、客户运营

1. 全生命周期客户运营

就是针对客户全生命周期进行运营，分别是客户获取阶段、销售阶段、交付和售后服务阶段等三个阶段运营。

2. 客户运营状态评估

就是分为起势、蓄势和破势三个状态，五个步骤，对客户账户规划的执行状态做评估。

五、货币化产出

1. 大单打单过程管理

就是在运营过程中如发现大单机会，则进入销售管理过程去赢单。

2. 小单快速通道

就是在运营过程中如果发现小单机会，就走快速通道，比如直接报价、下订单和签合同等，以提速降本。

六、整体评估

整体评估是指企业每年一度对销售团队、销售人员和客户管理的评估和考核，用以判断大客户是否合格，销售团队和人员的客户覆盖是否合理，策略和战术是否得当，客户运营效果如何。

小结 本节通过一个完整的流程图，串联了前文介绍的知识，详细介绍了数字化时代大客户如何管理和运营。

练习1 针对你目前负责的大客户，运营机制和方法有哪些？

练习2 针对你目前负责的大客户，如何去做评估运营状态？

练习3 针对你目前负责的大客户，管理步骤是什么？

案例分析：数字化赋能大客户管理五步法

前文我们介绍了大客户管理五步法：如何判定大客户，谁负责大客户，策略、战术和规划，如何运营大客户和整体评估。本节将以实例介绍如何数字化赋能大客户管理五步法。

步骤一：如何判定大客户

1. 背景

企业 A 已在中国经营 30 多年，主要面对企业客户市场，大客户销售额占比很高。

企业 A 面对的市场类型是平稳上升市场。

企业 A 没有企业人脉资源管理工具。

企业 A 主要有 4 条方案和产品线。

企业 A 北区有 20 个左右大客户销售，200 多大企业客户，1 个方案 C 销售。

2. 分析

因为已经营足够长时间，有足够的数据支撑，我们采用综合评分法进行大客户判定。

因为当前市场类型是平稳上升市场，我们的主要市场策略是保住基本盘，扩展新客户，所以在评判大客户时以"销售额 + 潜力权重"为主。

因为没有应用企业人脉关系管理工具，所以大客户的管理半径是 10 个左右，也就是 1 个大客户销售管理 10 个左右大客户。

经过综合积分法计算，北区大客户有 200 多。

北区大客户销售有 20 个，经过综合积分法计算，北区大客户有 200 多个，基本满足大客户管理半径的要求。

步骤二：谁负责大客户

1. 背景

北区针对大客户，有大客户销售和方案销售两种岗位。大客户销售 20 个左右，方案 C 销售 1 个，共同负责北区 200 多个大客户。

2. 分析

方案 C 销售只有 1 个，但需要负责 200 多个大客户，需要采用分层分利模型。

- 方案 C 销售核心层客户：该层大客户由方案销售指定，满足该方案销售的管理半径，比如说 10 个大客户。这 10 个大客户大部分在 200 多个大客户里选择；小部分允许方案销售在 200 多个客户外自选。核心层客户的方案销售由方案销售主导，大客户销售辅助。销售业绩方案销售分 150%，大客户销售分 50%。假设 7 个从 200 多个大客户中指定，3 个从 200 多个大客户外指定。

- 方案 C 销售非核心层客户：该层是 200 多个大客户中剔除方案销售指定的核心大客户。非核心层客户的该方案销售由大客户销售主导，方案销售辅助。销售业绩方案销售分 50%，大客户销售分 150%。假设非核心层客户由 200 多个大客户中刨除 7 个指定核心层客户组成。

大客户团队 20 个左右销售，共负责 200 多个大客户。每个大客户销售负责 10 个左右大客户,分成几个核心行业。

方案团队 1 个销售,负责 200 多个大客户和 3 个 200 多个大客户外指定的方案大客户。分成核心层大客户(10 个)和非核心层大客户(200 多个大客户刨除 7 个指定方案大客户)。核心层大客户方案销售过程由方案销售主导,非核心层大客户方案销售过程由大客户销售主导。

步骤三:策略、战术和账户规划

1. 资源投入策略

如图 2-22 所示,以大客户销售 S1 为例,他负责 10 个大客户。其中 A 类客户 1 个,B 类客户 5 个,C 类客户 4 个。一般来说,满足客户管理半径的客户都是重点客户,所以 D 类客户 0 个,这表示大客户识别合理。在这 10 个大客户中,A 类客户和 C 类客户属于重中之重,需要重点关注。

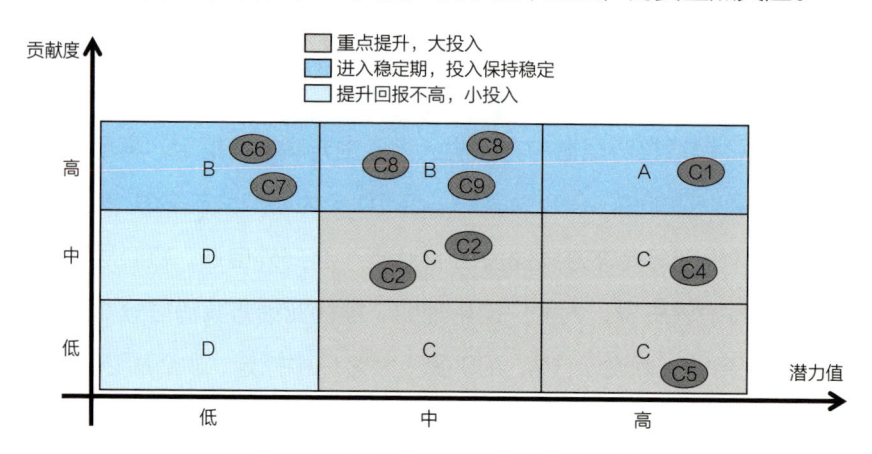

图 2-22 大客户资源投入策略制定示例

2. 管理策略和战术

我们以图 2-22 的客户 C5 为例,C5 贡献度为 0,是新客户,我们采取客户获取策略。每家企业可以根据自己所处行业和方案特征,总结自己的成功战术，用以给每个销售传授经验。相关战术示例如下。

- 带领客户参观案例和公司，使客户相信我司的实力。
- 进行技术交流，使客户了解我司的产品。
- 通过各种渠道，建立和客户高层关系。
- 多交流互动和进行其他产品差异性分析，得到基层的支持。
- 给出优惠条件，比如资本运作（能否给出账期，能否为政府引入资金），提升我司对客户的吸引力。

3. 重点大客户账户规划

在大客户策略和战术制定后，我们将开展账户规划。账户规划要从三个方面进行：企业人脉资源规划，捕捉和孵化商机规划，洞察项目行为规划。我们以客户 C5 进行账户规划为例，对新财年希望达到的目标提出如下要求：

企业人脉资源管理

- 企业关键人洞察得分 ≥ 80 分：要求客户 80% 以上的关键人我们都要接触和摸透。
- 企业关键人整体关系平均得分 ≥ 60 分：要求客户大多数关键人是支持我们的，至少是保持中立的。

捕捉和孵化商机

- 进入立项阶段商机总金额（未关单 + 已关单）：2000 万元。要求一年内我们至少在该客户身上捕捉或孵化通过商机验证阶段的总金额超过 2000 万元。这表明我们至少挖掘了超过 2000 万元的靠谱商机。
- 立项成功商机总金额（未关单 + 已关单）：1500 万元。要求一年内我们至少在该客户身上捕捉或孵化通过商机立项阶段的总金额超过 1500 万元。这表明我们至少挖掘了我们要投入资源全力去赢得的超过 1500 万元的商机。
- 商机赢单总金额：200 万元。要求一年内我们在该客户身上捕捉或孵化的商机中至少有 200 万元赢单。因为客户 C5 是新客户，所以在第一年我们没设定太高销售业绩要求。

洞察项目行为

- 财：获得历史类似项目金额。我们好在今后类似项目投标阶段做好相应报价准备。
- 物：获得历史类似项目评分标准和报价过程。我们好在今后类似项目投标前对评分标准提早布局，以及在投标阶段做好报价策略。

其他项目行为，如人、情、节等没这么重要，所以可以不收集。

步骤四：大客户运营

我们仍然以大客户 C5 为例，它处于新客户无单阶段。我们以第二步起势做一个账户规划现状分析，制订下一步行动计划。

1. 企业人脉资源分析示例

假设我们识别出信息技术部门、海外业务部门、国内营销部门、国内服务部门和采购部门 5 个关键部门 20 个关键人。通过计算，企业关键人洞察得分只有 10 分，企业关键人整体关系平均得分只有 50 分。

2. 捕捉和孵化商机分析示例

通过后台数据显示，客户 C5 目前进入立项阶段商机总金额、立项成功商机总金额和商机赢单总金额皆为 0。

3. 洞察项目行为分析示例

通过后台数据显示，我们不了解客户 C5 类似历史项目的金额、评分标准和报价过程。

4. 制订下一阶段目标和行动计划示例

根据企业人脉资源分析、捕捉和孵化商机分析、洞察项目行为分析结果，我们制订的下一阶段目标和行动计划如下。

企业人脉资源行动计划

- 接触了解 17 人：首席技术官、海外信息技术总监、国内服务信息技术总监、国内服务信息技术项目经理、国内营销信息技术总监、国内营销信息技术项目经理、海外业务总经理、海外营销业务总监、海外营销业务项目经理、海外服务业务总监、海外服务业务项目经理、国内营销业务总经理、国内营销业务总监、国内营销业务项目经理、国内服务业务总经理、国内服务业务总监、国内服务业务项目经理。
- 企业关键人洞察得分：从 10 分提升到 50 分。
- 企业关键人整体关系平均得分：从 50 分提升到 55 分。

捕捉和孵化商机行动计划

- 进入立项阶段商机总金额：从 0 提升到 500 万元。
- 立项成功商机总金额：从 0 提升到 200 万元。

洞察项目行为行动计划

- 财：获得历史类似项目金额。
- 物：获得历史类似项目评分标准和报价过程。

步骤五：整体评估

到了年底，对大客户管理五步法中前四步做一个评估：大客户评估、客户覆盖评估、策略和战术评估、大客户运营评估。

1. 大客户评估

- 大客户管理半径内客户平均产出增长 30%。

- 客户平均投资回报率增长 10%。
- 客户总产出增长 25%。

2. 客户覆盖评估

- 大客户销售管理半径内销售平均产出增长 30%。
- 销售平均投资回报率增长 10%。
- 销售总产出增长做评估 25%。

3. 策略战术评估

- 大客户管理半径内 C 类客户平均产出增长 50%。
- C 类客户平均投资回报率增长 20%。
- C 类客户总产出增长 50%。
- A 类、B 类客户平均产出稳定，保持 5% 的增长。
- A 类、B 类客户平均投资回报率稳定，保持 5% 的增长。

4. 大客户运营评估

大客户运营评估是对整个公司所有大企业客户整体运营评估。

- 企业人脉资源。整体大客户人脉关系从 60 分提升到 65 分，洞察得分从 60 分提升到 70 分。
- 捕捉和孵化商机。整体大客户进入立项阶段商机总金额提升 50%，整体大客户立项成功商机总金额提升 55%，整体大客户商机赢单总金额提升 100%。
- 洞察项目行为成果做评估。整体大客户"人"洞察率提升 15%，整体大客户"财"洞察率提升 50%，整体大客户"物"洞察率提升 50%，整体大客户"情"洞察率提升 20%，整体大客户"节"洞察率提升 30%。

| **第 2 章** |
| 数字化手段高效管理大客户 |

小结 本节以大客户管理五步法为主线,结合数字化方法,通过一个实际案例,介绍了大客户如何进行数字化评估和运营。

> **练习1** 请针对自己负责的大客户,根据大客户管理五步法前两步,完成"谁是大客户"和"谁负责大客户"的设计。
>
> _____
> _____
> _____
> _____
>
> **练习2** 请根据练习1中的结果找一个重要大客户,就大客户管理五步法第三步"策略、战术和规划"和第四步"大客户运营",做设计和分析。
>
> _____
> _____
> _____
> _____

第 3 章

数字化手段高效管理复杂销售过程

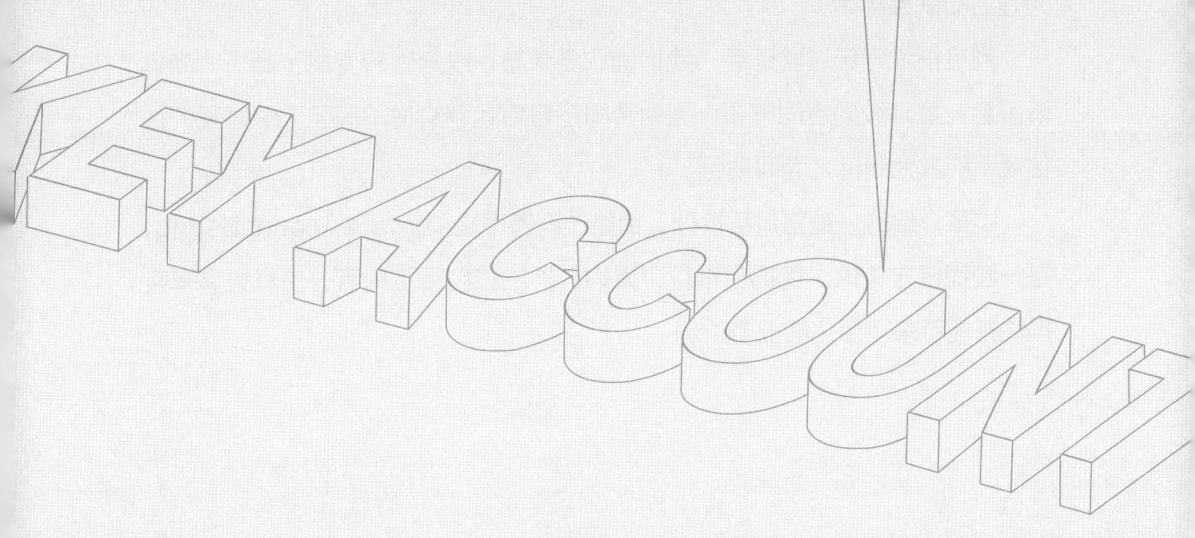

大客户销售和管理的十二字秘诀是：守正、出奇、蓄势、固本、培元、见微。对应的是大客户销售和管理的五条主线加上客户服务，其中，销售过程管理对应"出奇"。

作为大客户销售，赢单是核心任务。本章介绍的是销售过程管理，也就是 LTC 的管理，是从销售线索到商机，商机到合同的管理。这里没有提到现金，是因为本章聚焦在如何赢单，复杂销售过程的大单如何处理，而不是赢单后如何交付。

先介绍一下本章提到的销售线索和商机的定义：

销售线索是指向可能存在商机的联系信息。它要满足两个要件，一个是可能存在的商机，比如，客户 A 有可能要启动一个项目，我们存在参与的可能性，往往就是一个项目名称和简单描述，像"公司 A 要做售后系统重构"这样的描述；另一个是与该项目相关的联系方法，比如，项目负责人姓名和联系电话。

商机指线索经过验证后，我们确认要参与，线索就转变成了商机。商机阶段会一直延续到合同签署。因为合同签署后就到交付阶段了，这时我们往往就不称其为商机，而叫项目了。

本章介绍的是销售过程管理。销售过程管理是 Target Account Selling，是一套销售方法论。我把它进行了重构，扩展和创新了内容，使其更具有实操性并能带来可量化的业务价值。

| 第 3 章 |
数字化手段高效管理复杂销售过程

数字化销售过程管理概览

一、销售过程管理包括的内容

如图 3-1 所示,销售过程管理是管理从销售线索到商机,商机到合同的过程。包括明线和暗线两条战线的管理。

公司层面：管理和汇报、打通业务流程、遵循规则

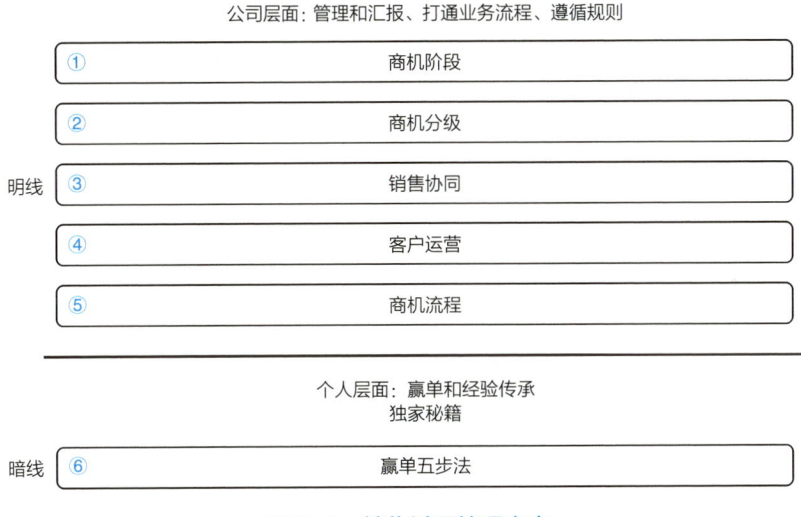

明线
① 商机阶段
② 商机分级
③ 销售协同
④ 客户运营
⑤ 商机流程

个人层面：赢单和经验传承
独家秘籍

暗线
⑥ 赢单五步法

图 3-1　销售过程管理内容

1. 明线管理

明线管理是公司层面的管理,一般由公司规划和制定。它的主要目的就是销售过程标准化和遵循公司制定的规则,也就是为了销售过程合规,强化管理,使数据可视化以便向高层汇报,同时做销售预测,制定下一步销售策

略。另外，它也是为了打通公司的业务流程，形成闭环，比如，市场和商机的流程、商机和交付的流程、商机和财务的流程。明线包括五方面：商机阶段、商机分级、销售协同、客户运营和商机流程。

- 商机阶段：是指销售过程分成多个阶段和销售过程管理框架。
- 商机分级：是指商机是如何分级的，这往往与销售过程中的资源投入相关。
- 销售协同：是指销售过程中参与的各个团队和岗位是如何配合的。
- 客户运营：是指销售过程中的客户运营。
- 商机流程：是指如何制定企业在销售过程中的流程。

2. 暗线管理

暗线管理是个人层面的管理，也就是销售人员在销售过程中通过学习赢单技巧，分享和学习赢单经验，进而克敌制胜。它是企业给销售个人传授的赢单秘籍。在我的销售过程管理里就是赢单五步法。

二、销售过程管理的核心要义

销售过程管理是术，也叫销售线管理，更注重短期效果，以是否赢单作为衡量标准。它更讲究诡道，在销售过程中出奇谋，"兵无常势，水无常形"，因敌变化而取胜。销售过程管理就是把大客户管理中我们建立的关系优势、方案优势、价格接受度和对项目行为的洞察货币化的过程。

下面就对销售过程管理的明线和暗线做一个详细介绍。

第 3 章
数字化手段高效管理复杂销售过程

公司层面：管理和汇报、打通业务流程、遵循规则

◇

一、商机阶段标准化

商机阶段就是把销售过程划分成一个个前后衔接的部分。阶段划分三原则如下。

- 每个阶段都有明确的开始标志和截止标志。
- 每个阶段的核心任务都不一样。
- 每个阶段在销售过程中都有非常重要的地位。

不同企业的商机阶段是不同的，我们需要为企业量身定制。比如，有的企业的销售过程是有招标和投标的，而另一些企业则没有。下面我举一个有招标和投标过程的商机，介绍一下商机阶段划分和管理框架。

如图 3-2 所示，根据商机划分三原则，该示例商机分成六个阶段，分别如下。

商机阶段划分示例

| 1. 验证商机 | 2. 商机立项 | 3. 价值呈现 | 4. 招标准备 | 5. 组织投标 | 6. 谈判签约 |

图 3-2　商机阶段划分示例

验证商机。从销售线索转换成商机开始，到验证确实是个商机，到着手协调内部资源时结束。

商机立项。从开始协调内部资源开始，到项目立项审核通过结束。

价值呈现。从项目立项审核通过开始，到客户着手起草招标文件结束。

087

招标准备。从客户起草招标书，争夺招标方案的主导权开始到客户正式发标结束。

组织投标。从客户正式发标开始，到投标结果产生结束。

谈判签约。从宣布我司中标开始，到合同签订为止。

二、商机分级数字化

商机分级的主要目的如下。

● 使资源投入和商机等级相匹配，也就是将资源投向最好的项目，从而使投入产出最大化。

● 针对大项目，提供最佳方法和步骤，提升赢单率。

● 针对小项目或合作伙伴主导的项目，简化销售流程，提升效率，降低成本。

商机分级的主要依据是商机金额，但可以根据项目示范作用或重要性手动调级。如图 3-3 所示，商机分为 A、B、C、D、E 五类。

商机等级	商机金额	战略意义	过程
A	200 万元以上	不满足金额条件，但意义重大的商机，支持手动升级	我司主导销售过程。A、B 类大单走大项目打单流程，C、D 类小单走小单快速通道
B	100 万~200 万元		
C	50 万~100 万元		
D	50 万元以下		
E	报备商机，快速通道		合作伙伴主导销售过程。走报备机制

图 3-3 商机分级示例

A 类和 B 类。我司主导的商机，金额在 100 万元以上的，是大单，走大项目销售流程，即遵循全部的销售过程管理的销售阶段和销售方法。不满足金额条件，但意义重大的项目，支持手动升级。

C 类和 D 类。我司主导的商机，金额在 100 万元以下的，是小单，走小单快速通道，即可以直接跳过销售过程管理的中间销售阶段直接到最后阶段，为了提高效率，可以不用销售过程管理的很多销售方法。

E 类。合作伙伴主导的商机，我司没有太大控制权，走合作伙伴商机报备机制，也就是走商机快速通道。

三、销售协同

销售协同将在**销售支撑管理**中的**过程协同**中介绍，本处就不赘述。

四、商机销售客户运营

下面我介绍一下在销售过程中的客户运营。

1. 提早引入交付经理

如图 3-4 所示，销售阶段的业务价值是赢单 + 优质交付 + 有利润。也就是销售过程不仅是为了赢单，也是为了能使项目高质量交付，更是为了交付后能挣钱。但大客户销售、方案销售和交付经理各自聚焦的重点是不一致的。

- 大客户销售：维系关系。项目型驱动，按月、季度等考核销售数字。以赢单为首要任务，不会过多关注赢单后交付。
- 方案销售：提供方案。项目型驱动，针对自己负责的方案协同大客户销售来赢单。聚焦售前，不关注赢单后交付。
- 交付经理：方案落地。以赢单后交付是否成功驱动，考核指标是交付是否按时、按质和按量，客户是否满意，以及项目交付是否有利润等。

正因为各自聚焦的重点不一样，在销售过程中，大客户销售和方案销售以赢单为首要目的，会对客户过度承诺，致使越大的单子反而亏得越多。要

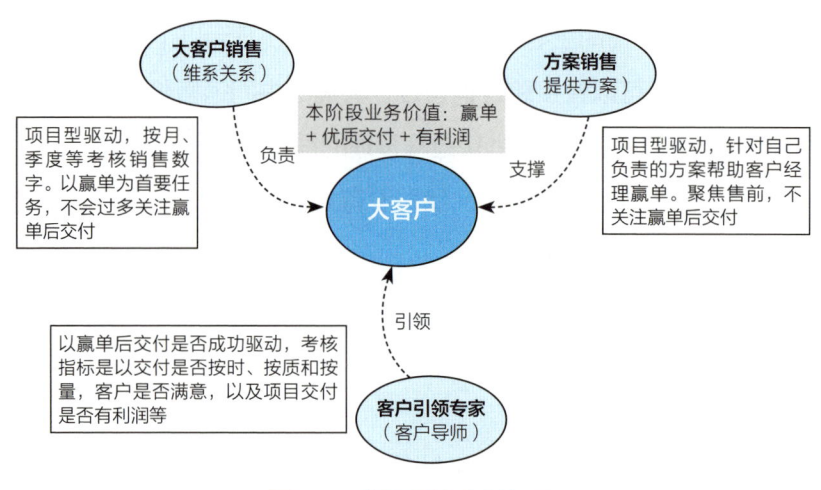

图 3-4 提早引入交付经理

想解决这一问题，需要交付经理尽早参与到售前阶段，至少在向客户提交正式产品方案、工作量评估和报价前，一起参与这些方案、工作量和报价审核，以便赢单后能高质量交付项目和保证足够利润。

2. 大客户销售、方案销售和交付经理形成销售阶段客户运营铁三角

如图 3-5 所示，原来交付经理一般不参与销售过程，只是在赢单后才参与工作范围说明书的制定。更有甚者，交付经理是在工作范围说明书制定后才接手项目。这样一方面交付经理对需求和方案不了解，会延误项目交付和影响交付质量；另一方面当交付经理发现方案和价格不合理时，为时已晚。所以我们需要在正式提交方案和报价前，更早引入交付经理来审核。

- 大客户销售在正式提交方案和报价前引入交付经理，交付经理对方案、报价进行评估。
- 方案销售推荐和设计本项目方案，交付经理对方案可落地性和工作量进行评估。

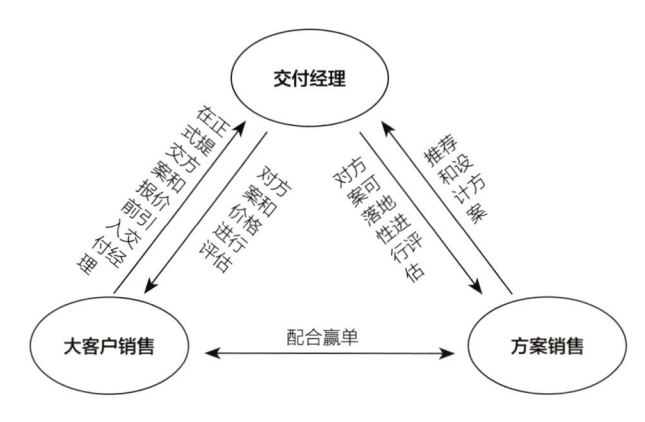

第 3 章
数字化手段高效管理复杂销售过程

图 3-5　销售阶段客户运营铁三角示例

- 该阶段以大客户销售和方案销售为主，以赢单为目的，交付经理参与来管控风险。

3. 铁三角相互配合，共创共赢

如图 3-6 所示，销售阶段的核心任务是赢单，所以不得不迎合客户，有时候承诺或夸大些。赢单后的核心任务是项目能成功上线和赢利，所以需要控制项目范围，适当降低客户预期。而在我们赢单后，在正式签署工作范围

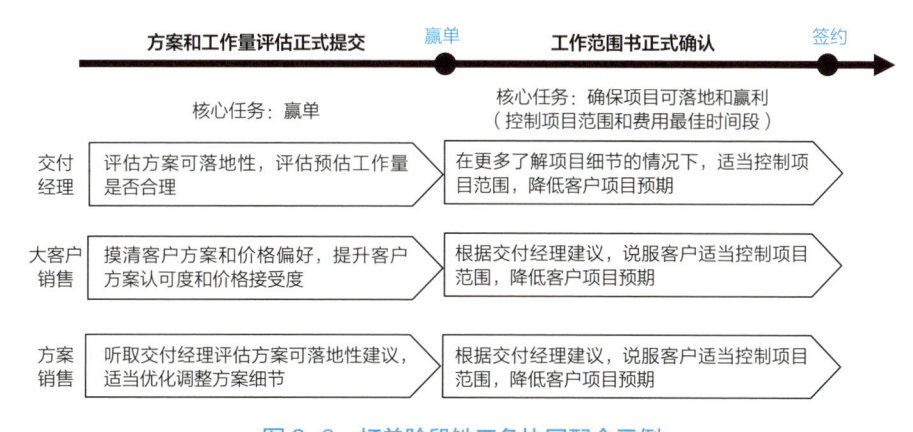

图 3-6　打单阶段铁三角协同配合示例

091

书和合同前，是一个非常好的控制项目范围，适当降低客户预期的时间段。在这个时段，客户会提供更详细的信息和数据。大客户销售、方案销售和交付经理铁三角可以利用更详尽、更有说服力的信息和数据影响客户，对整个项目范围进行有效控制。

（1）交付经理

- 赢单前，评估方案可落地性，评估预估工作量是否合理，但以配合客户经理，能赢单为核心任务。

- 赢单后，在更多了解项目细节的情况下，适当控制项目范围，降低客户项目预期，以成功交付和项目赢利为核心任务。

（2）大客户销售

- 赢单前，摸清客户方案和价格偏好，提升客户方案认可度和价格接受度，以赢单为核心任务，但需要适当听取交付经理建议。

- 赢单后，配合交付经理，适当控制项目范围，降低客户项目预期，以成功交付和项目赢利为核心任务。

（3）方案销售

- 赢单前，听取交付经理评估方案可落地性建议，适当优化调整方案细节，以配合客户经理能赢单为核心任务。

- 赢单后，配合交付经理，适当控制项目范围，降低客户项目预期，以成功交付和项目赢利为核心任务。

五、商机流程数字化落地

下面是一个商机流程数字化实现的样例（图3-7）。

1. 验证商机阶段

- TAS+1-1 创建商机流程：在确认要跟进这个机会时，创建新商机。

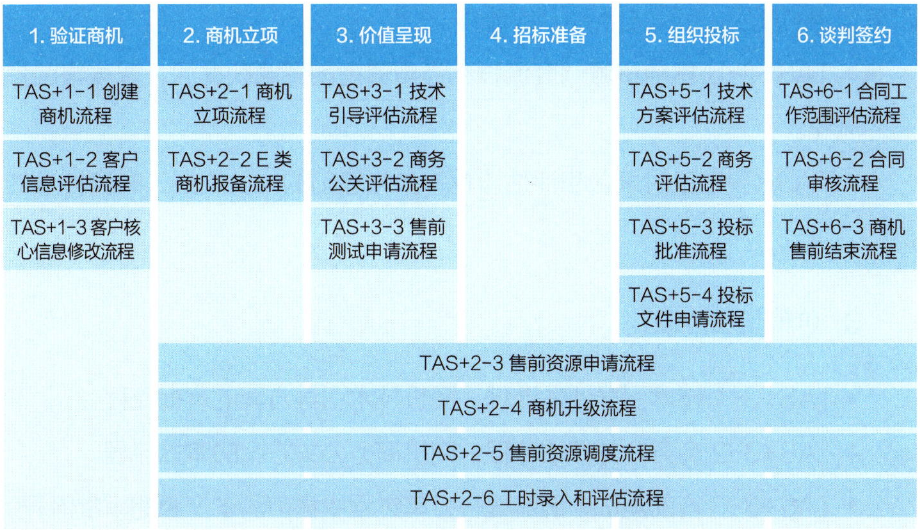

1. 验证商机	2. 商机立项	3. 价值呈现	4. 招标准备	5. 组织投标	6. 谈判签约
TAS+1-1 创建商机流程	TAS+2-1 商机立项流程	TAS+3-1 技术引导评估流程		TAS+5-1 技术方案评估流程	TAS+6-1 合同工作范围评估流程
TAS+1-2 客户信息评估流程	TAS+2-2 E类商机报备流程	TAS+3-2 商务公关评估流程		TAS+5-2 商务评估流程	TAS+6-2 合同审核流程
TAS+1-3 客户核心信息修改流程		TAS+3-3 售前测试申请流程		TAS+5-3 投标批准流程	TAS+6-3 商机售前结束流程
				TAS+5-4 投标文件申请流程	
	TAS+2-3 售前资源申请流程				
	TAS+2-4 商机升级流程				
	TAS+2-5 售前资源调度流程				
	TAS+2-6 工时录入和评估流程				

图 3-7 商机流程数字化示例

- TAS+1-2 客户信息评估流程：创建企业客户时，哪些信息是核心信息，如何验证真伪。

- TAS+1-3 客户核心信息修改流程：企业客户核心信息修改时，需要什么样的审核流程。这是数据治理的一部分，确认客户信息的核心字段的拥有者是谁。

2. 商机立项阶段

- TAS+2-1 商机立项流程：当确认商机且我司有竞争力时，进入立项流程。批准后，公司就会投入资源跟进。

- TAS+2-2 E类商机（合作伙伴主导的商机）报备流程：合作伙伴根据商机走的报备流程。

- TAS+2-3 售前资源申请流程：当商机立项成功后，申请售前资源的流程。

- TAS+2-4 商机升级流程：针对不满足A、B类项目标准，但有重大示范作用的项目，可以走手动升级流程。

● TAS+2-5 售前资源调度流程：当申请售前资源获批后，调度售前资源的流程。

● TAS+2-6 工时录入和评估流程：参与售前的人员填报工时和批准的流程。

3. 价值呈现阶段

● TAS+3-1 技术引导评估流程：商机技术引导方案的审批流程。

● TAS+3-2 商务公关评估流程：商机商务公关方案的审批流程。

● TAS+3-3 售前测试申请流程：打单过程中售前测试资源的审批流程。

4. 组织投标

● TAS+5-1 技术方案评估流程：投标前，技术方案的审核流程。

● TAS+5-2 商务评估流程：投标前，商务方案的审核流程。

● TAS+5-3 投标批准流程：同意参与投标的审批流程。

● TAS+5-4 投标文件申请流程：投标批准后，申请公司各种资质的证明和盖章文件的审核流程。

5. 谈判签约

● TAS+6-1 合同工作范围评估流程：中标后，工作范围书制定和审批的流程。

● TAS+6-2 合同审核流程：中标后，合同签署和审核流程。

● TAS+6-3 商机售前结束流程：中标后，提交和补全信息，比如，项目行为管理信息，关闭商机的流程。

| 第 3 章 |
数字化手段高效管理复杂销售过程

小结 本节介绍了公司层面的销售过程管理,即管理和汇报、打通业务流程、遵循规则。并通过具体案例,介绍了商机阶段划分和管理框架。

练习1 贵司如何划分商机阶段?根据阶段划分三原则,贵司商机阶段划分有需要调整优化的地方吗?

_____
_____
_____
_____

练习2 贵司如何进行商机分级?根据商机分级的主要目的,贵司商机分级有需要调整优化的地方吗?

_____
_____
_____
_____

练习3 贵司在打单过程中如何经营客户?涉及哪些角色?

_____
_____
_____
_____

练习4 贵司在打单过程中有哪些销售流程?

_____
_____
_____
_____

个人层面：赢单五步法

销售过程管理的暗线管理是指如何帮助销售人员个体，通过经验和方法的分享和传递，以及数字化工具的赋能，提升个人赢单能力。

如图 3-8 所示，从大客户销售个人角度来说，赢单三要件分别是一个核心，两个掌握。

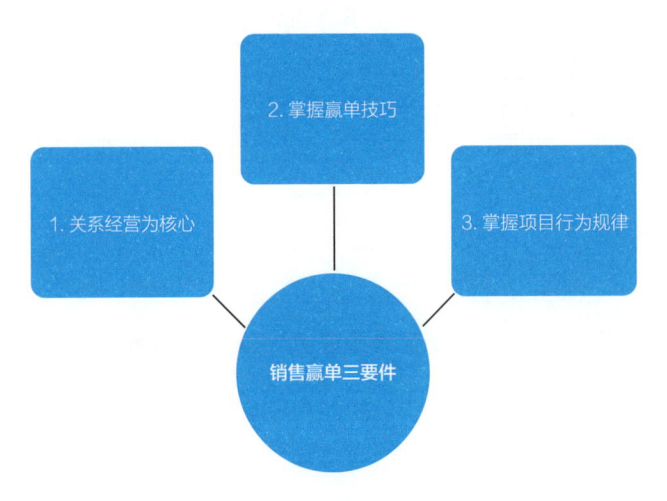

图 3-8　销售赢大单三要件

一个核心是指关系经营，这里不仅是指和某个关键人关系好，而是指运营客户所有关键部门和关键人的关系紧密度、方案认可度和价格接受度。两个掌握，一个是掌握项目行为规律，打单一定要根据客户项目行为规律顺风顺水而上，而不要顶风逆水而上；另一个就是本章将要介绍的掌握赢单技巧，也就是赢单五步法。通过赢单五步法，把关系经营、掌握赢单技巧和掌握项目行为规律融为一体。

第 3 章
数字化手段高效管理复杂销售过程

赢单五步法就是销售过程的暗线，每个销售可以根据自己所在行业、所在公司、所负责的方案和自己个人的能力做个性化定制，也就是形成自己的销售风格和赢单独门秘籍。

如图 3-9 所示，大客户销售赢单五步法中五个步骤如下。

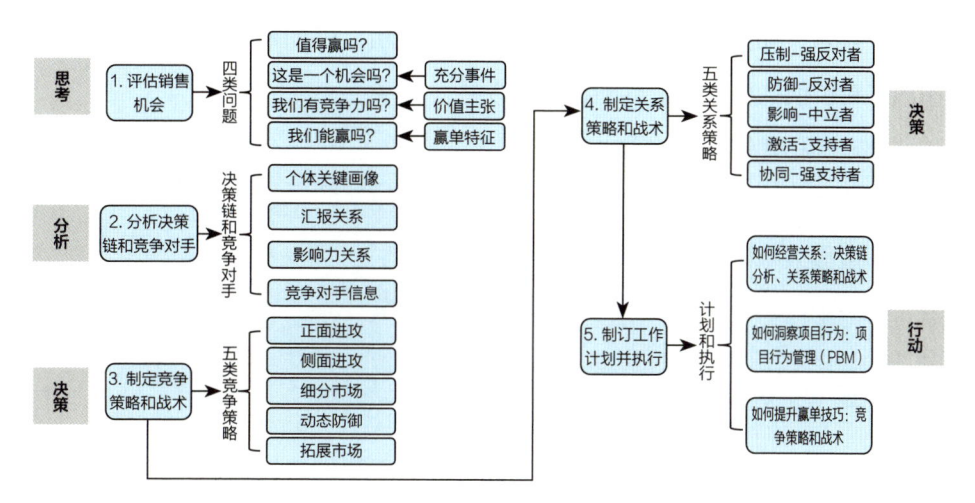

图 3-9 大客户销售赢单五步法

- 评估销售机会（思考）。
- 分析决策链和竞争对手（分析）。
- 制定竞争策略和战术（决策）。
- 制定关系策略和战术（决策）。
- 制订工作计划并执行（行动）。

一、评估销售机会

评估销售机会是一系列判定方法，可以从四个问题进行分析。

- 值得赢吗？
- 这是一个机会吗？
- 我们有竞争力吗？

097

- 我们能赢吗？

问题 1：值得赢吗？

这个问题会出现在销售线索阶段，如果判定该项目不值得赢，就直接放弃这个线索；如果值得跟，就把线索转换成商机。任何销售行为都要把资源投放在有价值的机会上。判断标准可以是

- 方向和我们匹配吗？
- 能力和我们匹配吗？
- 金额大小和我们匹配吗？
- ……

问题 2：这是一个机会吗？

在回答前面"值得赢吗？"的问题时，如果我们的答案是肯定的，那就进入了商机验证阶段。在这个阶段，我们要回答"这是一个机会吗？"。如果确认是一个靠谱的机会，即确认在明确的时间内客户要做该项目的话，我们就进入了商机立项阶段。

充分事件

这个问题需要通过充分事件去确认。充分事件是指那些可以确认客户一定要做这个项目的事件。充分事件又可以分成强充分事件和弱充分事件。

强充分事件是指有了这个事件可以非常充分地证明客户在明确的时间内要做这个项目；弱充分事件是指有了这个事件可以证明客户在明确的时间内要做这个项目，但证明得没有这么充分。强充分事件和弱充分事件又可以分成客观事件和主观事件，客观事件是指由具体客观事实来确认，主观事件是指由人的态度和承诺来确认。

公司可以出个充分事件标准模板，每个销售再根据自己的经验去做些个性化定制。以下示例供参考。

强充分事件示例

客观事件：

- 已立项。
- 公司已规划和有预算。
- 硬性要求：合规等。
- ……

主观事件：

- 高层领导要求。
- 关键决策人承诺。
- ……

弱充分事件示例

客观事件：

- 原有产品和方案已无法正常运行。
- 已有明确且迫切的业务需求。
- ……

主观事件：

- 客户内部消息。
- 合作伙伴告知。
- ……

问题 3：我们有竞争力吗？

商机验证后，我们要决定是否投入资源跟进这个项目，这时候我们就要回答"我们有竞争力吗？"这个问题。如果这个问题的答案是肯定的，则通过商机立项阶段，进入下一阶段——价值呈现阶段。

"我们有竞争力吗？"这个问题通过价值主张和决策链分析这两方面去确认。

价值主张

如图 3-10 所示，价值主张分成三部分，就是我们公司所拥有的独特价值，主要竞争对手没有的价值，负责项目的我本人所能带来的独特价值。

我司独特价值 + 友商缺失价值 + 本人独特价值 = 价值主张

图 3-10　价值主张

价值主张是指在客户面前呈现出来的核心竞争力。价值主张说出来要对客户具有震撼力，至少能提升我司在客户心中的形象，且要让客户关键人能记得住，能转述。所以撰写价值主张的原则如下。

- 简单易记，有针对性，具有震撼力。
- 最好不要超过 3 条，介绍时间不要超过 60 秒。
- 一般只需要一个总结短语加一个事实。

我司独特价值示例如下。

- 方案价值：客户所处行业的绝大多数头部对标企业用的都是我司方案，比如……
- 资源价值：我司深耕国内 30 年，员工近万人，拥有很大的研发和售后服务优势。
- 可持续价值：每年投入大量资金，用于该领域研发，比如……

友商缺失价值示例如下。

- 方案价值：客户所处行业的头部对标企业很少用友商方案，比如……
- 资源价值：国内市场没人支持……
- 可持续价值：每年投入有限，产品更新慢，比如……

本人独特价值示例如下。

- 资源协调价值：我可以协调贵司对标客户、对标项目相关人员做经验分享。

- 业务增值价值：除了方案和产品，我还可以在业务方向上对项目进行指导，提升业务价值和获得领导信任。

决策链分析

决策链分析是指识别出项目所有关键人，建立汇报关系和影响力关系。需要做到以下两点。

- 不会有一票否决人或一票批准人是我们的强反对者。
- 针对项目上大多数关键人，可以通过努力，在关系紧密度、方案认可度、价格接受度上获得支持。

决策链数字化将在企业人脉资源管理中介绍。

问题 4：我们能赢吗？

商机立项通过后，代表着我们要投入资源，全力赢下这个订单。从商机立项通过到出结果之前，我们需要一直问自己这个问题："我们能赢吗？"按前面商机阶段示例，此问题贯穿价值呈现、招标准备和组织投标三个阶段。

如图 3-11 所示，在销售过程中，上面三个要素就是用来判断我们是否能赢单。

赢单特征出现 ＋ 项目行为掌握 ＋ 决策链人脉优势 ＝ 赢单

图 3-11　赢单三要素

努力促成赢单特征的出现

根据客户所在行业、我司方案和客户个体特性等，某个客户决定选择我们前，会显现各种表象和特征。公司提供统一模板，但每个销售可以有个性化方案，找到自己的规律，形成自己的绝活。

下面是一个赢单特征示例。

- 和我司交流方案深度最深，时间最长。

- 立项申请预算前问过我司方案费用预估，以便申请预算。
- 编写项目招标文件时咨询过我方方案。
- ……

全面掌握项目行为

每个客户的项目行为是有一定规律的，也是有迹可寻的。掌握了这个规律，我们就可以在销售过程中占据主动，也可以在投标过程中利用规则取得优势。也就是要掌握这个客户类似项目的人、财、物、情、节信息。相关内容会在项目行为管理中介绍。

决策链人脉优势

决策链人脉优势就是决策链中大多数关键人在关系紧密度、方案认可度和价格接受度上对我司都是支持或强支持的。决策链数字化将会在企业人脉资源管理中详细介绍。

二、分析决策链和竞争对手

分析项目决策链聚焦在项目决策链和我司的关系，以及我司能影响客户关键人的员工分析。项目决策链数字化将会在企业人脉资源管理中详细介绍。下面主要介绍如何分析竞争对手和如何通过竞争对手分析推算商机赢率。

1. 竞争对手分析

"知己知彼，百战不殆；不知彼而知己，一胜一负"。如果我们不了解竞争对手，那输赢在某种意义上是要靠运气的。有时候自己感觉客户很认可，但还是丢了项目，主要原因就是不了解竞争对手。我们差，竞争对手更差，我们赢；我们强，竞争对手更强，我们输。所以我们需要把一些精力放在研究竞争对手上。如图 3-12 所示，"知己"是了解客户对我司关系紧密度、方

| 第 3 章 |
数字化手段高效管理复杂销售过程

案认可度和价格接受度,"知彼"是了解主要竞争对手和客户之间方案认可度、价格接受度和关系紧密度。

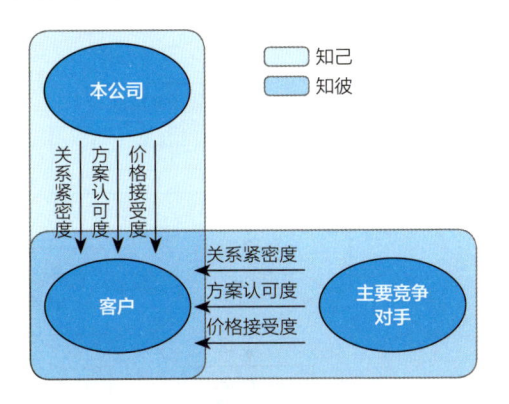

图 3-12 知己知彼

对竞争对手的了解和对自己的了解一样重要。我们需要收集的竞争对手信息包括：竞争对手的基础信息、竞争对手与客户关键人之间的关系紧密度、方案认可度、价格接受度、竞争对手核心合作伙伴、竞争对手的重要事件、报价历史、竞争对手分析库等。

2. 通过竞争对手分析赢单率

我见过的绝大多数企业在计算赢单率时，都是销售阶段越往后则赢单率越高。很多时候快到投标了或看到标书了，才知道这次中不了。如果所处的阶段已经很靠后了，我们还按越来越高的赢单率算，那么，通过销售漏斗预测就失去了意义。在销售过程中，赢单率起伏变化才能反馈出项目的真实情况，以及提醒我们需要采取什么措施。所以，可以采用"竞争对手比对法"来计算赢单率。如图 3-13 所示。

计算频率可以每周或双周。在管理中，我们完全可以根据赢单率的变化作为触发事件，如果变化改变很大，我们就需要改变竞争策略和战术、关系策略和战术，重新制订工作计划并执行。

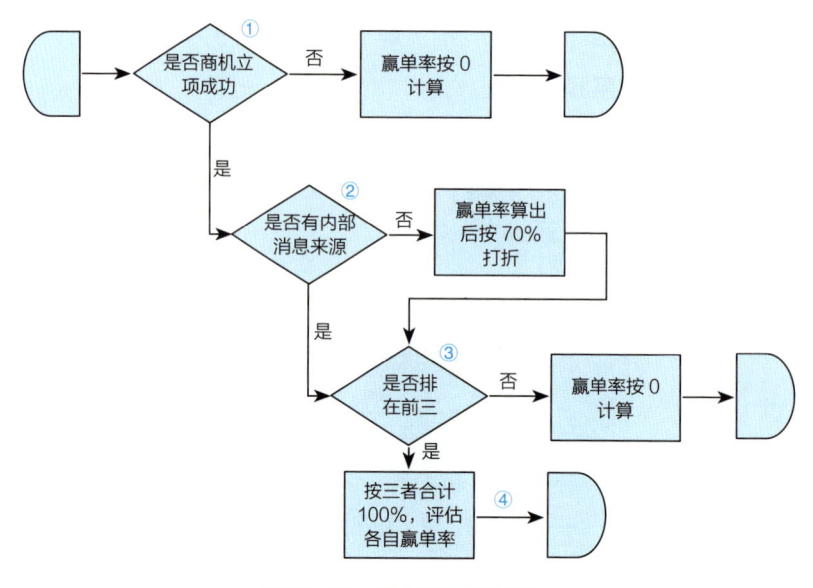

图 3-13　竞争对手对比法

- 如果没有立项成功，也就是不确认商机是否靠谱，也不确定自己是否有竞争力，那就没必要计算赢单率。
- 如果没有内部消息来源作为对照，我们要往坏处想。所以，结果出来后按 70% 打折。
- 如果我们没有在竞争中进入前三名，计算赢单率就没有意义，那就按 0 计算。
- 如果我们进入前三名，那就按前三名合计 100% 来评估赢单率。如果有竞争对手与我们差不多或比我们强，那我们赢单率肯定要低于 50%。如果赢单率突然发生很大变化，我们就需要考虑改变竞争策略和战术、关系策略和战术，以及重新制订工作计划并执行。

三、制定竞争策略和战术

销售过程中主要有五种策略：正面进攻、侧面进攻、细分市场、动态防御和拓展市场。下面我将一一介绍这五种策略。

1. 正面进攻策略

一种通过声势，基于客户直观感受，给客户和竞争对手造成非你莫属的感觉。它是通过你的解决方案、价格、声誉、关系等方面的压倒性优势直接影响客户。

前提条件： 关系、方案和价格都占优势。

正面进攻战术示例：

- 大张旗鼓地带领客户参观案例和公司。
- 影响客户招标标准。
- 加快招标进程，速战速决。
- 信息屏蔽，打击或排除主要竞争者。
- ……

2. 侧面进攻策略

在方案能满足客户需求的前提下，改变客户所关注的决策标准，令他们转向一个新的或不同的方向，这样做的目的是使我司的解决方案占据优势。

前提条件： 关系占优势，方案能满足。

侧面进攻战术示例：

- 决策标准向有利于我们的方向改变。
- 带领客户参观一些有利我们的客户、案例、研讨会、经验分享。
- 防止引入更强竞争对手。
- 在客户中找到更多我们的有力支持者。
- ……

3. 细分市场策略

在方案不能全部满足客户需求的前提下，将项目机会分解为更小、更细化的部分，从而可以更专注于客户所关心问题的某些细节，在局部获得突破。

前提条件： 关系占优势，整体方案不能满足。

细分市场战术示例：

- 在客户中找到我们的有力支持者。
- 找到强有力支持碎片化理由。
- 根据具体情况加速或拖延招投标进程。
- 与竞争对手找到利益平衡方式。
- ……

4. 动态防御策略

保护你在遭受竞争对手不可避免的攻击时仍然可以保持稳固的地位。

前提条件： 方案和价格占优势，人脉占劣势。

动态防御战术示例：

- 低调做事，让客户认可我们的方案实力。
- 消除客户中敌对者。
- 及时了解客户和项目真实进展信息。
- 可考虑加速或拖延项目决策进度。
- ……

5. 拓展市场策略

参与当前项目，为未来可能的项目创造一个机会 。

前提条件： 关系、方案和价格都劣势。

拓展市场战术示例：
- 多接触客户，展示方案、实力和诚意。
- 接触过程中多了解客户今后项目规划。
- 为客户提供力所能及的建议和服务。
- ……

上面对五种竞争战略及其前提条件和战术示例做了介绍。企业可以统一制定公司模板，每个销售根据自己的经验和特长进行个性化定制，形成自己的赢单独门秘籍。

四、制定关系策略和战术

关系策略和战术是指在决策链中找到关键人后，对强反对者、反对者、中立者、支持者、强支持者分别采取的压制、防御、影响、激活、协同战略和战术。这将在企业人脉资源中介绍，本处就不赘述。

五、制订工作计划并执行

制订工作计划并执行是指在销售过程中，有计划地经营关系、洞察行为和提升赢单技巧。

- 如何经营关系：通过决策链分析的结果，如何制定关系策略和执行战术。
- 如何洞察项目行为：收集和利用项目行为管理信息——人、财、物、情、节。
- 如何提升赢单技巧：通过决策链和赢单率分析的结果，如何制定商机竞争策略和执行战术。

六、赢单五步法在销售过程中如何应用

如图 3-14 所示，赢单五步法是由四问四点一线组成的。四问的前三问是为了过滤商机，最后一问是为了取得决胜胜利。在决胜阶段关注四个分析点：赢单特征分析，决策链得分和分析，赢单率分析，项目行为分析。以这四个分析点判断是否能赢和指导销售方向。销售的具体执行则是由一条主线共五步完成。详细介绍如下。

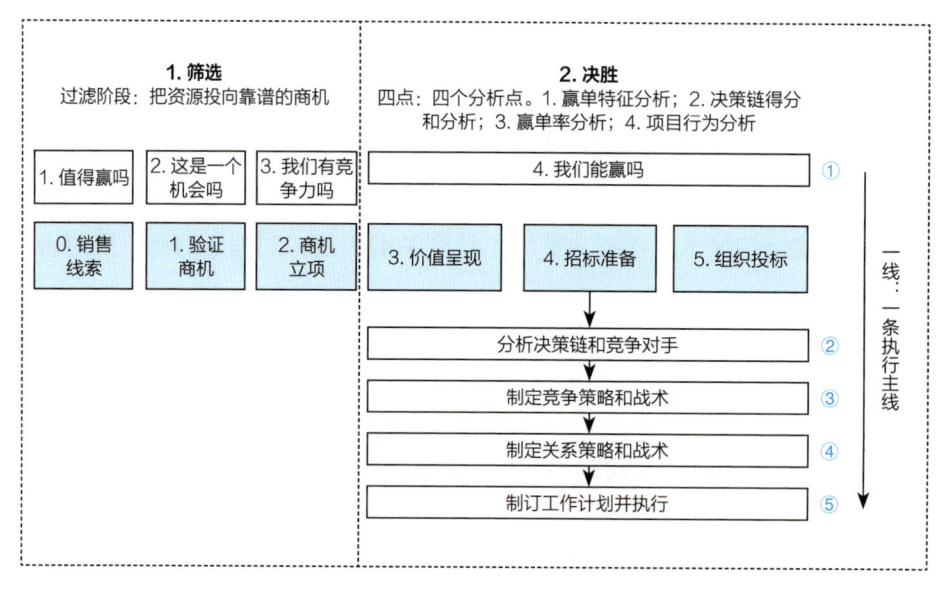

图 3-14　赢单五步法应用示例——四问四点一线

- 在商机立项通过前，四问中的前三问都是为了帮助过滤无效商机，找到靠谱商机，从而把资源集中投放在最优质的商机上，以便投入产出最大化。所以我们必须有一个明确的策略，在商机立项通过前，不必考核商机转化率，而是过滤商机；商机立项通过后才是专注于赢单，考核赢单率。

- 在商机立项通过后到赢单前，四问的最后一问"我们能赢吗"，是通过四个分析点完成评估的：赢单特征分析，决策链得分和分析，赢单率分析，项目行为分析。

| 第 3 章 |
数字化手段高效管理复杂销售过程

- 一条执行主线是指：分析我们能赢吗，分析决策链和竞争对手，制定竞争策略和战术，制定关系策略和战术，制订工作计划并执行。一条执行主线会贯穿商机立项后到赢单前各个阶段。

小结 本节介绍了赢单五步法：评估销售机会（思考），分析决策链和竞争对手（分析），制定竞争策略和战术（决策），制定关系策略和战术（决策），制订工作计划并执行（执行）。并介绍了赢单五步法如何通过四问四点一线去执行。

练习1 请设计个性化的充分事件（强、弱、主观、客观事件）。

练习2 请设计个性化的价值主张。

练习3 请设计个性化的赢单特征。

| 数字化时代大客户管理 |
CRM3.0 销售转型创新之道

> **练习4** 你是如何评估赢单率的?

| 第 3 章 |
数字化手段高效管理复杂销售过程

数字化销售过程管理模型

结合前面介绍的销售明线和暗线，我总结一下销售过程管理的模型（图3-15）。

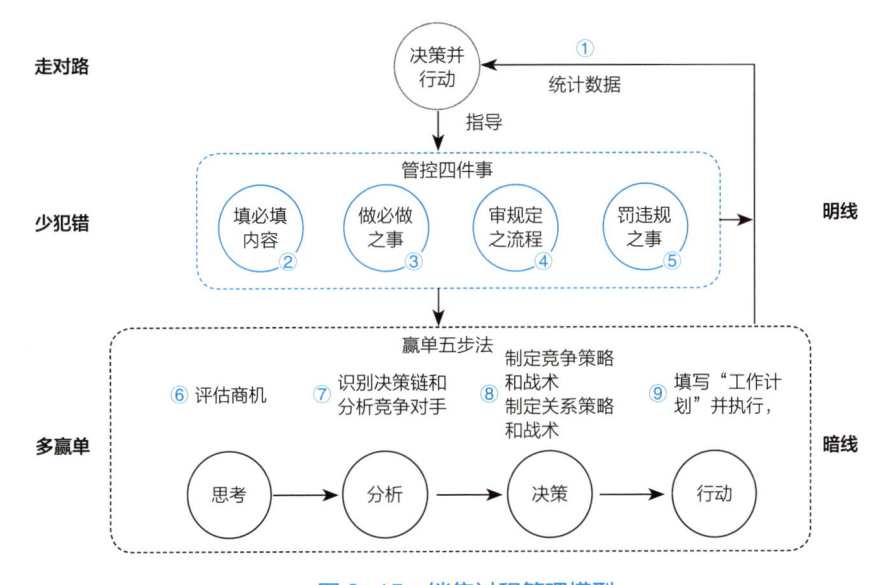

图 3-15　销售过程管理模型

销售过程管理模型总结为三个原则：走对路，少犯错，多赢单。其中，走对路和少犯错是销售过程管理明线，根据商机分级，在每个阶段流程中，依照管控四件事，进行客户运营和销售协同；多赢单是销售过程管理暗线，也就是赢单五步法。

111

1. 决策并行动

就是通过收集下文 2~9 过程中的数据，进行分析和预测，用来指引公司销售的方向和规则。使公司整体销售方向是正确的，就是要走对路。

2. 填必填内容

这是为了管控销售过程，要求销售过程中的参与者填写必要信息。

3. 做必做之事

这是为了管控销售过程，要求销售过程中的参与者必须执行相关动作。

4. 审规定之流程

这是为了管控销售过程，要求销售过程中的参与者在关键节点上必须走公司标准审批流程。

5. 罚违规之事

这是为了管控销售过程，不管是事中还是事后，一旦发现了违规问题，要零容忍，坚决果断处理。

6. 思考

这属于销售过程中的暗线，就是通过对四类问题给出答案，从而判断出是否要完成立项和我们赢单的概率有多大。

7. 分析

这属于销售过程中的暗线，就是识别和分析决策链，以及了解和分析竞争对手。

8. 决策

这属于销售过程中的暗线,就是通过前面的分析结果,制定商机竞争策略和战术,针对决策链中的关键人制定关系战略和战术。

9. 行动

这属于销售过程中的暗线,就是根据前面的竞争和关系策略和战术,制订"工作计划",并执行。

小结 本节介绍了销售过程管理模型,依靠三个原则,管控四件事,采用赢单五步法。

练习 贵司销售过程的管理模型是什么?

_____

_____

_____

_____

案例分析：数字化赋能赢单五步法

◇

在本节中，我通过一个案例分析，介绍了如何在打单过程中应用赢单五步法，提升赢单率。该示例历经 10 个月时间，通过反复多轮争夺，最终取得胜利。

数字化工具结合四问四点一线方法能大幅度提升赢单率，不仅有助于新销售，也会有效帮助经验丰富的老销售。它是基于以下原理。

● 赢单经验是可以积累和传承的：公司很多类似方案、客户的成功经验和失败教训可以帮助其他销售赢单。

● 人是有惰性的：每个大客户销售都存在惰性，都希望更轻松地赢单，都不愿意去思考和深挖负面信息。

● 人不可能关注到每个关键细节：每个大客户销售都会遗漏销售过程中的一些关键细节和信息，从而错失机会。

一、筛选：评估销售机会四问中的前三问

问题 1：值得赢吗—— 2021 年 3 月，线索转商机

这个问题会出现在线索阶段，如果不值得赢，就直接放弃这个线索。这个阶段的大客户销售自行验证即可。

在 2021 年 3 月，我发现了一个销售线索。大客户大单线索的过滤跟小单线索的过滤不太一样。大客户大单线索相对来说数量不多，所以需要销售了解更多客户和订单信息，做出谨慎判断。我通过三个匹配来确定是否要继

续跟进，也就是线索是否能够转化为商机。

项目方向和我们匹配吗？

回复：匹配，销售和服务数字化项目。

项目所需能力和我们匹配吗？

回复：匹配，我们有相关行业案例和方案。

项目金额大小和我们匹配吗？

回复：匹配，预计 1800 万元~2000 万元，是我们最感兴趣的项目。

上面三个问题都匹配，我决定继续跟进，从而使线索转换成商机。

问题 2：这是一个机会吗——2021 年 5 月，商机验证阶段通过

"这是一个机会吗？"出现在验证商机阶段。如果确认是一个靠谱的机会，即确认在明确的时间内客户要做该项目的话，我们再去商机立项。这个问题我们通过充分事件去确认。这个阶段大客户销售自己来验证即可。

通过强充分事件和弱充分事件都证明该项目靠谱，所以商机验证阶段通过，进入商机立项阶段。充分事件分析如下。

强充分事件

客观事件：

- 已立项：确认，去年年底已立项。
- 公司已规划并有相关预算：确认，预算范围在 1800 万元~2000 万元。

主观事件：

- 高层领导要求：确认，公司最高领导明确提出要求。
- 关键决策人承诺：确认，已成立项目组，已接触信息技术接口人。

结论：有强充分事件确认。

弱充分事件

客观事件：

- 原有产品和方案已无法正常运行：确认，原产品不完善，引起业务部门很大抱怨。

- 已有明确迫切业务需求：确认，业绩下滑，迫切需要数字化系统赋能。

主观事件：

- 客户内部消息：确认，内部确认有此项目。
- 合作伙伴告知：确认，有两个合作伙伴已参与前期项目。

结论：有弱充分事件确认。

问题 3：我们有竞争力吗——2021 年 6 月，商机立项阶段通过

商机验证后，我们进入商机立项阶段。要决定是否要投入资源跟进这个项目，这时候我们就要问自己这个问题："我们有竞争力吗？"。这个问题可以通过价值主张、决策链分析去确认。

价值主张分为我司的独特价值，友商缺失的价值和本人负责本项目的独特价值。

价值主张

我司独特价值主张：

- 方案价值 1：客户所在行业的绝大多数头部对标企业用的都是我司方案。
- 方案价值 2：只有我司方案能实现混合部署模式。
- 方案价值 3：我司方案在全球部署更有优势。
- 资源价值：我司深耕国内 30 年，员工近万人，拥有很大的研发和售后服务优势。

友商缺失价值

国际友商：

- 方案缺失价值 1：国内头部企业出海案例很少。
- 方案缺失价值 2：只有 SaaS 一种模式。
- 资源缺失价值：国内没有足够研发和售后资源。

国内友商：

- 方案缺失价值 1：国内头部企业出海案例很少。
- 方案缺失价值 2：全球部署能力不足。

本人独特价值

- 关系优势：与该客户过去有过项目接触，对该客户有一定了解。
- 业务优势：对该客户业务较为了解。
- 方案优势：2B 销售和售后服务方案比较权威。

结论：基于价值主张得到的结论，我们具有赢取此单的优势。

决策链分析

在决策链分析中，我们摸清信息技术部、业务部和采购部 3 个部门，7 个关键人。虽然没有摸清绝大多数关键人关键属性，但并没有发现一票批准或一票否决的强反对者。关系可以接下来经营，项目可以继续推进。

结论：基于上面决策链分析，评估通过。

基于价值主张和项目决策链分析，我们是有竞争力的，商机立项阶段批准通过，下一步公司将全力投入资源去赢单。

二、决胜：四个分析点

决胜阶段贯穿了价值呈现、招标准备和组织投标等阶段，直到出结果。其最核心、最花时间和资源的阶段往往是价值呈现阶段。我们把价值呈现阶段分成多个子阶段（方案沟通、客户案例参观和 POC[①] 演示），多轮竞争，反复争夺，起起伏伏，直至最终赢得了项目的胜利。该项目决胜阶段分成了五个子阶段。

- 2021 年 8 月前，方案沟通。

---

① 即 Proof of Concept，是业界流行的针对客户具体应用的验证性测试。

- 2021 年 10 月前，客户案例参观。
- 2021 年 11 月前，POC。
- 2021 年 12 月前，招标准备。
- 2022 年 1 月前，组织投标。

这五个子阶段里都应用了四个分析点来进行分析。四个分析点是指：赢单特征分析，决策链得分和关键人洞察分析，赢单率分析，项目行为分析。通过对这四个点的分析，我们可以随时洞察赢单状况，以及规划下一步行动计划。

1. 赢单特征分析

每家企业都要根据自己行业和方案特性，总结赢单特征。下面三个是我常用的赢单特征，一旦出现了这些特征，就表示我们离赢单越来越近了。

- 和我司交流方案深度最深，时间最长。
- 立项申请预算前，问过我司方案费用预估范围。
- 编写项目招标文件时咨询过我方方案。

如图 3-16 所示，赢单特征到了 2021 年 11 月前，POC 阶段，三个赢单特征有两个出现；到了 2021 年 12 月前，招标准备阶段两个赢单特征全

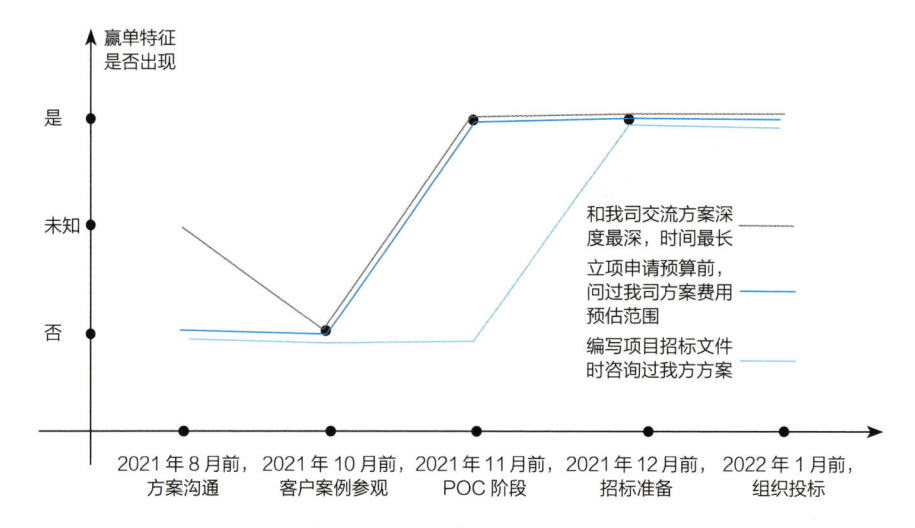

图 3-16 赢单特征分析示例

部显现，说明我们赢单的可能性逐渐变大。

2. 关键人洞察和决策链得分分析

关键人洞察分析是看项目决策链中的所有关键人，我们了解多少。了解得越多，我们离赢单越近。关键人洞察的具体信息就是我们是否了解他与我司的关系紧密度、方案认可度、价格接受度、是不是一票批准人或否决人，以及谁能影响他。至于判断是否洞察的标准，我们可以自己制定，比如，了解关系紧密度和方案认可度就算洞察，其他可以慢慢补充。

如图 3-17 示例，我们到了 2021 年 11 月前，POC 阶段，逐步摸清 7 个关键人中 6 个人的态度。摸清了关键人的态度，再结合四个分析点中的其他信息，才能对是否能赢单有清楚全面的认识。

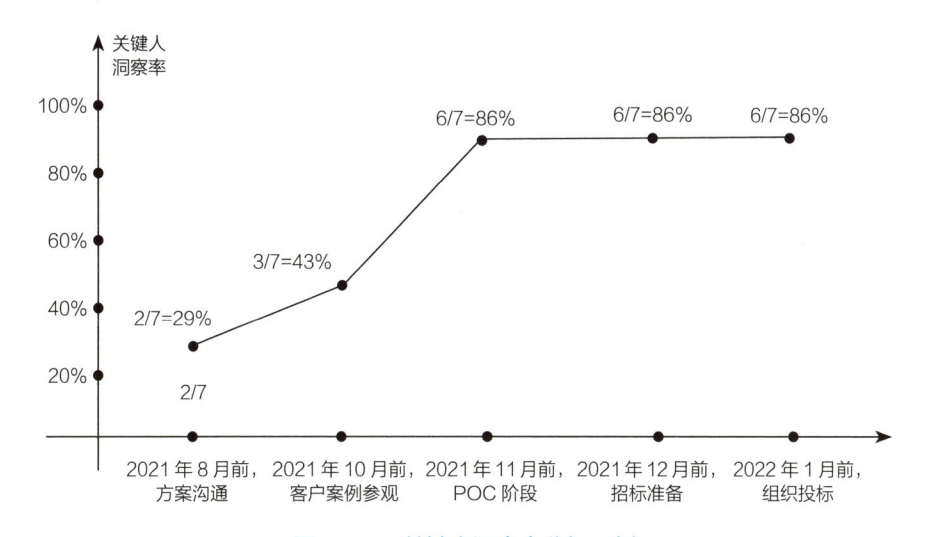

图 3-17 关键人洞察率分析示例

决策链得分分析是对每个关键人关系先做量化打分，再通过每个关键人的得分，计算整个决策链的得分。通过整个决策链得分的趋势，来判断整个项目赢单的整体趋势。具体计算方法请见企业人脉资源管理。

如图 3-18 所示，到了 2021 年 11 月前，POC 阶段，我们整体关系得到提升和稳固，使我们的赢单率逐步提升。

```
决策链
得分
100

                              62.9        62.9        62.9
60
           51.9      51.8
50

30

       2021年8月前, 2021年10月前, 2021年11月前, 2021年12月前, 2022年1月前,
        方案沟通    客户案例参观   POC阶段     招标准备     组织投标
```

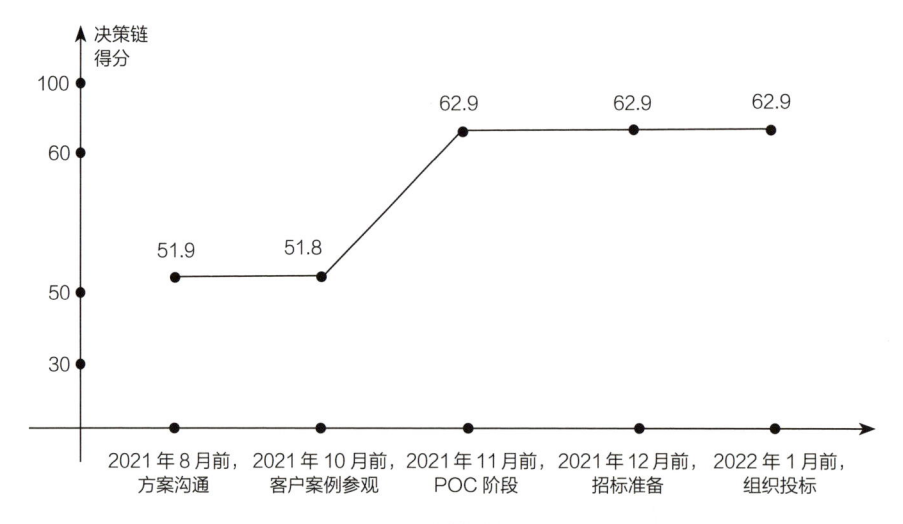

图 3-18 决策链得分分析

3. 赢单率分析

我在之前销售过程管理的个人赢单秘籍中介绍过通过竞争对手计算赢单率的方法，此处就不赘述。传统客户关系管理系统中越到后面阶段赢单率越高，是非常不合理的。有经验的大客户销售都知道，销售过程起起伏伏，惊心动魄，结果经常会反转，不可能阶段越往后，自己的赢单率越高。

如图 3-19 所示，2021 年 10 月前，客户案例参观阶段，我们的赢单概率出现快速下降，这给了我们一个严重警示。通过我们持续的努力，直到 2021 年 11 月前，POC 阶段，我们的赢单率才提升上去。此后一直保持一个较高的赢单率。

4. 项目行为分析

项目行为管理就是通过对客户历史类似项目的行为掌握，来指导本项目的推进和执行。其中关键五要素：人、财、物、情、节，不可能都掌握，但

图 3-19　赢单率分析示例

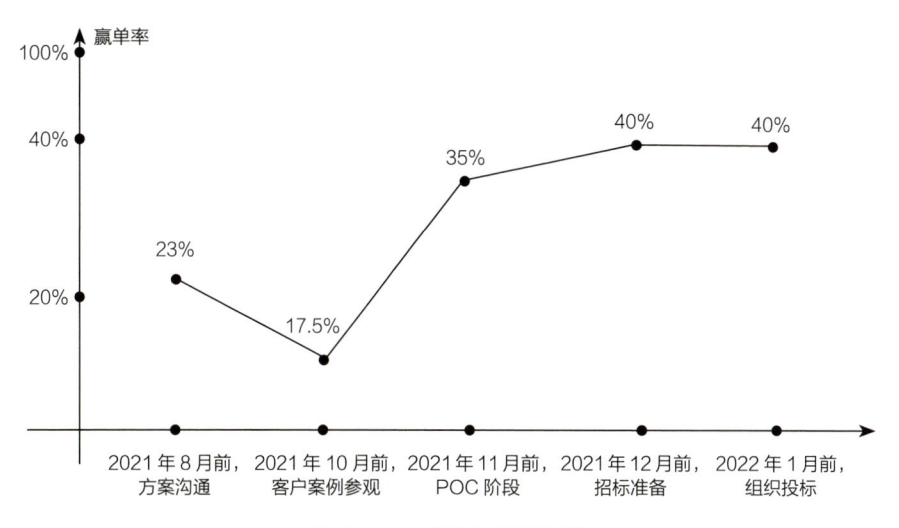

最重要的财和物一定要尽可能地摸清。财用来确定本项目我们要报的价格范围，物是了解客户项目的评标标准和报价策略。如果不了解财和物，很可能在最后组织投标阶段犯致命错误。了解了财和物既可以提前布局，也可以在投标过程中出奇制胜。

如图 3-20 所示，在 2021 年 10 月前，客户案例参观阶段，我们已摸清客户项目行为的财和物。

- 财：7 年前历史类似项目，咨询花费 600 万元，产品花费 400 万元，实施花费 600 万元。
- 物：关键时点无法还原，评分标准为"方案 + 价格 + 案例参观"综合评分。会有两轮报价，第一轮入围前三，第二轮决定是否中标。
- 总结：通过对四个分析点剖析，2021 年 11 月前，POC 阶段，我们逐渐取得了项目优势，赢单率也得到提升。

三、决胜：一条执行主线

四个分析点是用来对打单整体状态进行评估的，其实就是评估四个问

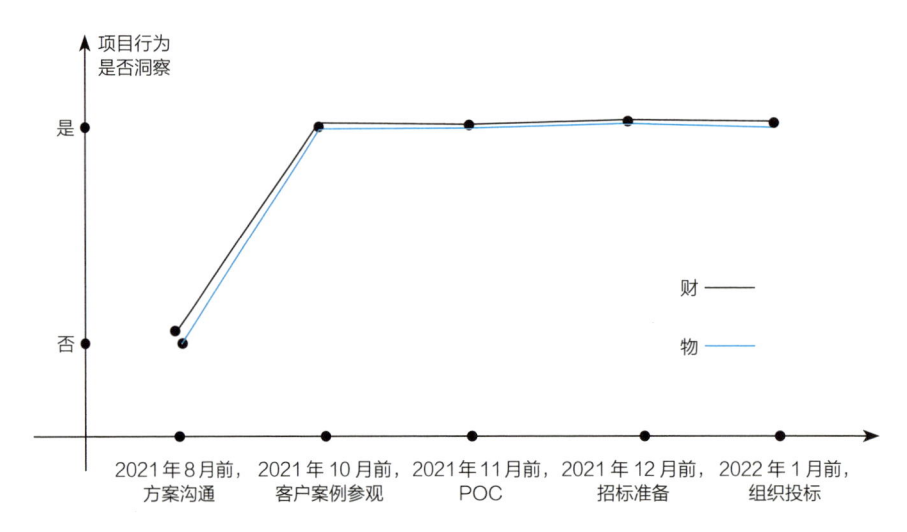

图 3-20　项目行为洞察分析

题中最后一个问题："我们能赢吗？"一条执行主线是在商机立项批准后，打单的各个阶段中，基于"我们能赢吗"的详细回复信息，制定竞争和关系策略、战术，以及制订行动计划。这一条执行主线是：分析我们能赢吗—分析决策链和竞争对手—制定竞争策略和战术—制定关系策略和战术—制订工作计划并执行。

本案例中决胜有五个子阶段，每个阶段都需要执行这一条主线。我们以 2021 年 8 月前，方案沟通子阶段作为示例，介绍如何通过数字化工具赋能一条主线的执行。

步骤一：分析"我们能赢吗"

● 赢单特征：未出现。但赢单特征往往会在接近招标准备阶段才会出现，目前刚刚到方案沟通期，所以可以不必关注。

● 项目行为：未摸清。其他的信息如果没有，可以接受。但是财（即客户愿意在该类项目上投入的费用）、物、评标标准和评标过程需要尽早摸清。因为这对赢单作用很大，而且越往后，这些信息越敏感。

- 决策链：见"步骤二：分析决策链和竞争对手"。

步骤二：分析决策链和竞争对手

- 我司决策链：决策链共定位 3 个关键部门，7 个关键人。根据关系紧密度、方案认可度和价格接受总体平均评分，我司决策链总体得分：51.9 分。信息技术部门：首席信息官未接触；信息技术接口人和信息技术总监已接触。信息技术接口人关系紧密度是支持，关系策略是激活，信息技术总监的关系紧密度是中立，关系策略是影响。业务部门关键人业务总监和业务接口人都没接触。采购部门关键人采购总监和采购接口人都没接触，但采购部门往往进场较晚，可以之后再去接触。

- 友商：友商和客户的关系我们都不了解。

- 赢单率：因为没有内线消息，另外两家友商和我们的竞争地位类似，所以概率只有约 23%（70%/3）。

步骤三：制定竞争策略和战术

我们在本次商机中采取的竞争策略是正面进攻。之所以采取这个竞争策略，是因为在前面分析"我们有竞争力吗"时，我们根据我司独特价值，友商缺失价值和本人独特价值的分析发现我们在本项目中是有优势的，所以采用正面进攻的策略。后面紧跟的战术是每家企业根据过往项目经验总结出的方法。具体战术将在"步骤五：制订工作计划并执行"里介绍。

步骤四：制定关系策略和战术

我们已经定位了 3 个关键部门 7 个关键人。其中有 5 个关键人没接触，2 个关键人已接触。我们会针对已接触的关键人，与高优先级的未接触关键人制定关系策略和战术。具体计划体现在"步骤五：制订工作计划并执行"里介绍。

步骤五：制订工作计划并执行

根据前面四个步骤，我们制订了如下工作计划。这些工作计划完全可以预设规则，然后通过前四步已有数据由人工智能自动生成。

项目行为

- 财：获得历史类似项目金额。
- 物：获得历史类似项目评分标准和报价过程。

竞争策略：正面进攻

- 执行战术 1：大张旗鼓地带领客户参观案例和公司。
- 执行战术 2：影响客户招标标准。
- 执行战术 3：成熟方案展示。

决策链-关系策略

- 接触首席信息官、业务总监和接触业务接口人。

- 影响信息技术总监战术：使其参与其中：多听取其意见，按其意见准备方案，使其感觉是自己在主导，是自己的事；获得尊重感：带领导高层对其进行拜访，使其感受到我们高层对其地位和意见的重视；找机会持续感情加深：寻找非办公场所沟通的机会，建立私人友谊。

- 激活信息技术接口人战术：利益相关：使其相信自己积极参与和主导与我司相关业务合作对其职业发展是重大利好；危机意识：使其相信如果我司失去对相关业务商机的把控，其未来将逐渐被边缘化；感情升华：升级成为其朋友或导师，增进其对我们的信任感和依赖感。

- 摸清友商的决策链。

- 大幅赢单率：高于 35%。

小结 本节通过一个实际打单案例，介绍了如何通过四问四点一线去执行赢单五步法。

| 第 3 章 |
数字化手段高效管理复杂销售过程

练习 请针对过往或当前的一个重要项目,通过赢单五步法进行复盘或分析。

第 4 章

数字化匹配、协同、整合售前资源

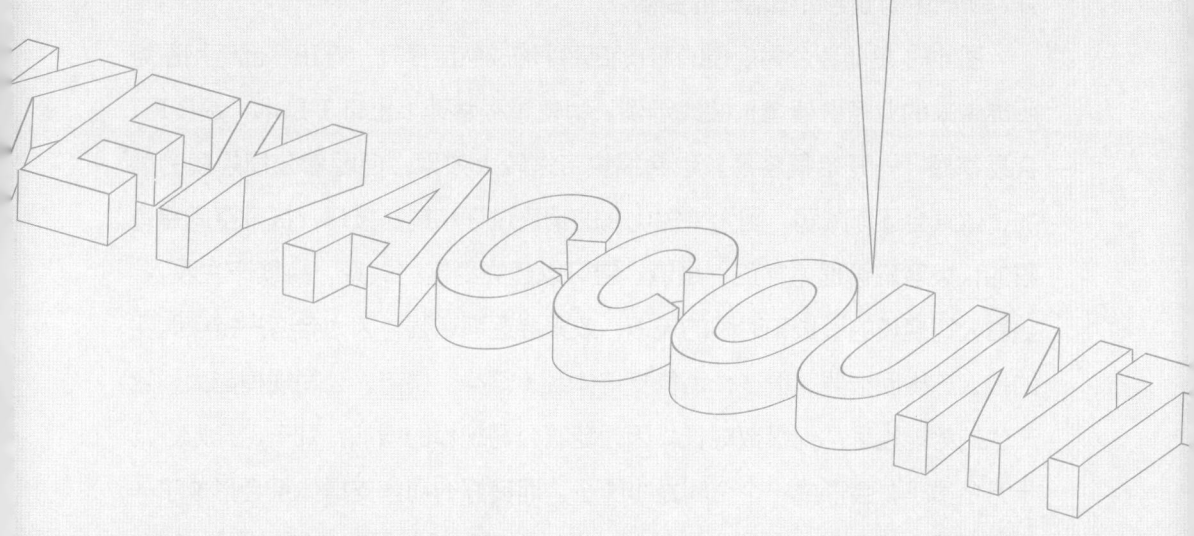

本章将介绍大客户销售和管理的十二字秘诀"守正、出奇、蓄势、固本、培元、见微"中的"蓄势",也就是销售支撑体系(MCI)。MCI 是销售支撑体系核心要义匹配(Match)、协同(Coordinate)和整合(Integrate)首写英文字母组合。

销售支撑体系管理之所以叫蓄势,是因为从企业层面上来说,它能够使企业最好的资源流向最好的项目;从个人角度而言,它能够使自己身边最好的资源流向自己负责的项目。也就是在企业内部和个人周围形成势能,搭建企业和个人的护城河,使企业资源投入回报最大化,使个人赢单率最大化。企业售前资源势能的搭建靠机制来实现,个人售前资源势能的搭建靠人格魅力来实现。

在开始详细介绍销售支撑体系管理之前,我先介绍一下大客户管理、销售过程管理和销售支撑管理这三者随着公司规模的增长和管理成熟度的提升,所产生的业务价值增长的变化。

图 4-1 是随着公司规模的增长和管理的成熟度提升,守正、出奇和蓄势所能带来的业务价值增长曲线示例。销售过程管理(出奇)是术,是技巧,容易掌握,一开始很容易,也会很快带来较大效果,但随着公司规模的增加,效果会逐渐减弱,因为单靠优化的销售过程和销售技巧,提升空间是有限的;大客户管理(守正)是道,它可以建立稳定的关系,持续产生收入,随着公司规模的增长和时间的流逝,效果会逐渐增强,因为老客户持续购买的投入产出回报要高很多;销售支持体系(蓄势)是势,公司规模越大,它产生的势能也呈几何级数成长。因为随着公司规模的增加,几千、几万、几十万名员工,会形成一个个利益小圈子。而良好的销售支撑体系会形成了一个资源投入产出最大化的良性机制,通过制度形成公司的"护城河",即公司的制度和管理优势。所以,从短期来说,销售过程最容易见效;从长期来

| 第 4 章 |
数字化匹配、协同、整合售前资源

说，大客户管理和销售支撑体系最为核心。

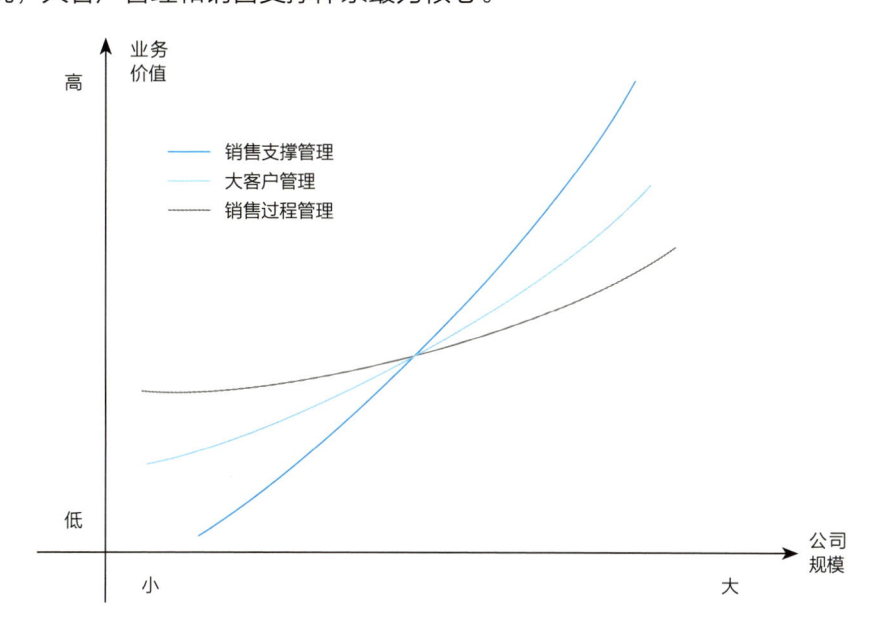

图 4-1 三条明线的业务价值产出趋势

数字化销售支撑管理概览

一、销售支持管理的核心要义

销售支撑管理是势，也叫支撑线管理。B2B 大单的销售过程可能历时半年、一年甚至几年，涉及公司内外部协调高管、各条方案线、交付线、产品线、测试线、合作伙伴和外部专家支持和配合的问题。构建最合理高效的销售支撑体系是在为企业建立系统性的优势，搭建企业的"护城河"。在公司层面上，销售支撑管理的要义是准、顺和能，就是顺畅调用能力最匹配的资源精准投向最合适的项目；在销售个人层面上，销售支撑管理的要义是争和聚，就是销售需要去争抢有限的内外部资源，以及有能力把好的资源聚集在身边。

二、销售支撑管理包括的内容

销售支撑管理分为公司之道和个人之道（图 4-2）。公司之道就是要使公司售前投入产出最大化，就是对公司利益最大化，要义是顺、准和能。包括匹配（资源匹配，最大化产出），协同（过程协同，同舟共济），整合（资源整合，形成合力）。个人之道就是要使个人业绩最大化，要义是争和聚，就是争资源，聚资源。包括如何与自己团队协作，如何与其他方案团队协作，如何与合作伙伴协作。

第 4 章
数字化匹配、协同、整合售前资源

核心：公司投入产出最大化。要义：顺、准和能

公司之道：
- 匹配：资源匹配，最大化产出
- 协同：过程协同，同舟共济
- 整合：资源整合，形成合力

核心：个人业绩最大化。要义：争和聚

个人之道：
- 与自己团队协作
- 与其他方案团队协作
- 与合作伙伴协作

图 4-2 销售支撑管理的内容

如上所述，个人之道与公司之道有时候会存在冲突，因为个人利益最大化时，可能会对公司利益造成损害。这就需要依靠公司之道中的规则，来解决这个冲突。

小结 本节介绍了数字化销售支撑管理的公司之道和个人之道。公司之道的要义是顺、准和能；个人之道的要义是争和聚。

售前支持数字化公司之道

本节是销售支撑管理的公司之道介绍。首先我先介绍一下在针对大企业客户销售复杂方案时，售前常碰到的问题。

如图 4-3 所示，这是一个实际客户案例，在销售支持过程中，客户碰到了以下问题：

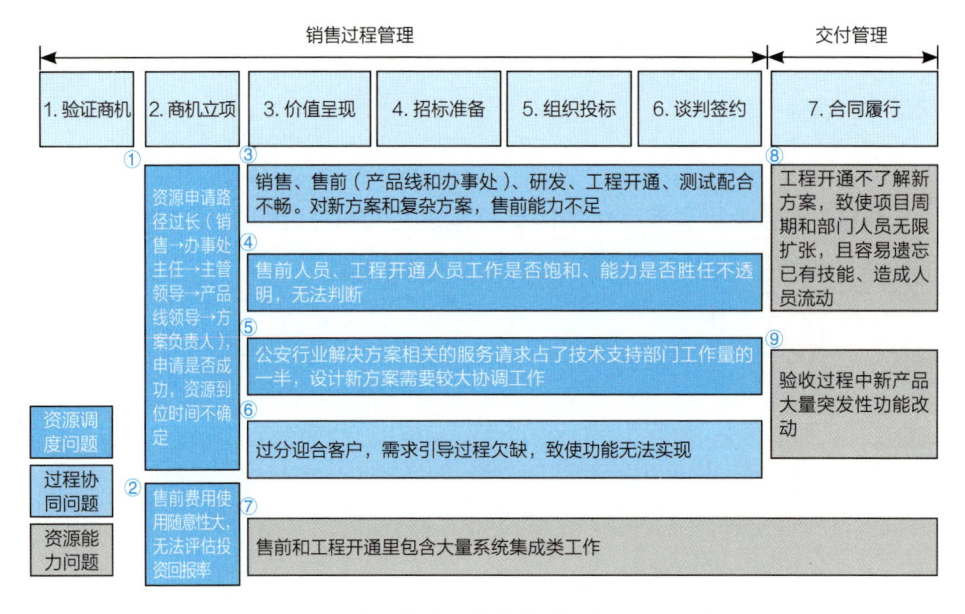

图 4-3 大客户复杂方案销售过程常见问题示例

- 资源申请路径过长（销售＞办事处主任＞主管领导＞产品线领导＞方案负责人），申请是否成功，资源到位时间不确定。属于资源调度问题。

- 售前费用使用随意性大，无法评估投资回报率。属于资源调度问题。

- 销售、售前（产品线和办事处）、研发、工程开通、测试配合不畅。

对新方案和复杂方案，售前能力不足。属于过程协同问题。

● 售前人员、工程开通人员工作是否饱和、能力是否胜任不透明，无法判断。属于资源调度问题。

● 公安行业解决方案相关的服务请求占了技术支持部门工作量的一半，设计新方案需要较大协调工作。属于资源调度问题。

● 过度迎合客户，需求引导过程欠缺，致使功能无法实现。属于过程协同问题。

● 售前和工程开通中包含大量系统集成类工作。属于资源能力问题。

● 工程开通不了解新方案，致使项目周期和部门人员无限扩张，且容易遗忘已有技能，造成人员流动。属于资源能力问题。

● 验收过程中新产品大量突发性功能改动。属于资源能力问题。

综上所述，上面实例中问题可以归纳为三大类：

（1）**资源调度问题**：基本上每家做 B2B 生意的企业都存在这个不合理现象：近水楼台先得月。很多时候，销售人员能得到售前资源的数量和质量并不与其负责的商机大小和质量有关，而是与其和资源部门的关系、与公司的高层的关系有关。所以，一个销售业绩好的销售人员，有可能不是其销售能力强，而是他可以调用的售前资源多。这个问题极大地制约了企业的投入产出比，因为很多远离企业权力中心的销售人员就算碰到很好的大项目，因为申请不到资源，也无法跟进，而只能去跟一些自己有能力处理的小项目。这样，公司的资源会逐渐投向最有内部关系的销售人员，而不是最好的项目，出现劣币淘汰良币的现象。

（2）**过程协同问题**：销售、售前、方案、产品和测试等团队等互不通气，都负责，又都不负责，配合中互相扯皮，互相指责。有了功劳，是自己的；有了问题，是对方的。"天下大事，必作于细"，很多项目都输在销售过程协同的细节上了。如果信息沟通得再通畅点，每个团队参与项目的人责任心再强点，赢单的概率就可能高很多。

（3）资源能力问题： B2B 生意中一般会有重点行业和重点方案，重点行业和方案可能带来的收入会占公司盈利的 30%，甚至 50% 以上。一般重点行业和重点方案会有一些大项目，这时候需要调动整个公司优质资源去赢单。但你会发现，这些资源经常分散在企业很多部门中：有在地区分公司的，有在总部售前的，有在总部产品和方案部门的，有在总部行业部门的。从很多部门抽调一群人去做一个项目，互相不了解，形成不了默契，很容易貌合神离，形成散兵游勇的状态。这就是整体能力出了问题，就算中了标，往往越大的项目亏损越大。所以我们必须想办法整合资源，提升能力，使 1+1 > 2。

基于大客户复杂方案销售过程中三大类常见问题，我们采用销售支撑管理（匹配、协同和整合）的方法，来提升和优化 B2B 销售支撑体系（图 4-4）。也就是实现资源匹配最合适（准）、过程协同最平滑（顺）和资源整合最聚焦（能）这个目标。其中通过分层的售前资源调度机制和售前资源成本核算制实现资源匹配的"准"；通过售前阶段唯一负责制和售前阶段人人考核制实现过程协同的"顺"；通过重点行业方案交付中心制实现资源整合的"能"。

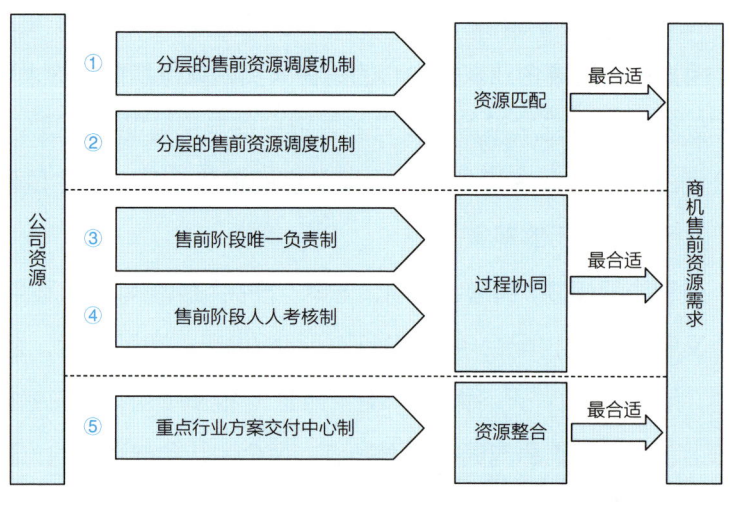

图 4-4 销售支撑管理方法介绍——提升和优化销售支撑体系

第 4 章
数字化匹配、协同、整合售前资源

一、资源匹配，最大化产出

要想做到资源匹配和最大化投入产出，就得实现资源分层调用，以及售前资源成本的量化和可视化。

1. 分层的售前资源调度机制

如图 4-5 所示，分层的售前资源调度机制就是要为每个商机匹配最合适的资源。比如，大单售前资源我们走总部的方案交付中心，小单要么办事处自己解决，要么打电话给支持热线。

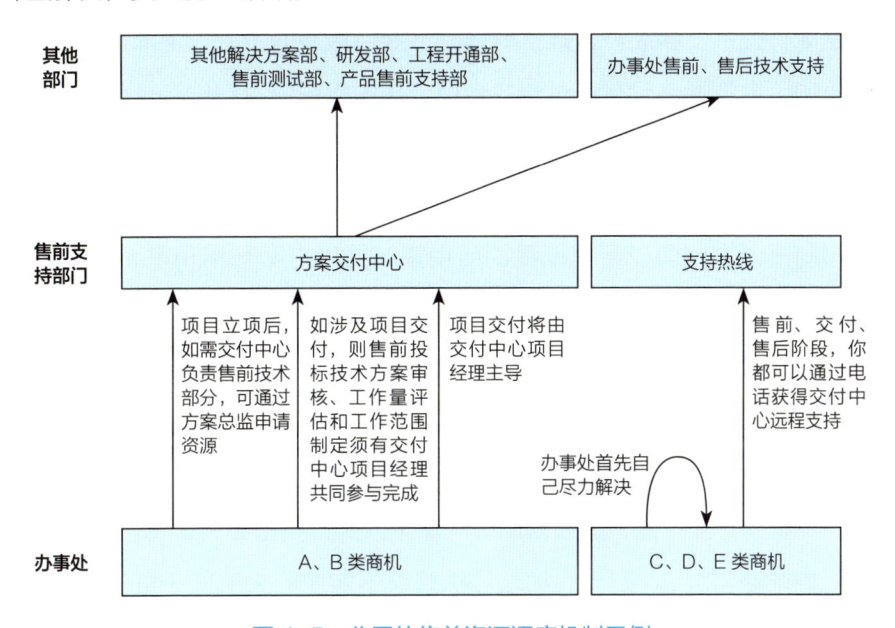

其他部门	其他解决方案部、研发部、工程开通部、售前测试部、产品售前支持部	办事处售前、售后技术支持
售前支持部门	方案交付中心	支持热线
	项目立项后，如需交付中心负责售前技术部分，可通过方案总监申请资源 / 如涉及项目交付，则售前投标技术方案审核、工作量评估和工作范围制定须有交付中心项目经理共同参与完成 / 项目交付将由交付中心项目经理主导	售前、交付、售后阶段，你都可以通过电话获得交付中心远程支持
		办事处首先自己尽力解决
办事处	A、B 类商机	C、D、E 类商机

图 4-5 分层的售前资源调度机制示例

A 类和 B 类商机是大单，C 类、D 类、E 类项目中 C 类、D 类是小单，E 类是合作伙伴主导的商机。A 类、B 类商机和 C 类、D 类、E 类商机分别走不同的售前资源调度机制。调度流程示例如下。

- A 类和 B 类大商机，售前资源由方案交付中心的交付团队统一负责调度，一票到底。除了方案交付中心的售前资源，其他解决方案部、研发部、工程开通部、售前测试部、产品售前支持部资源也都由方案交付中心统一调用。售前、售中和售后阶段，办事处售前顾问和售后技术支持也将在交付中心相关人员主导下工作。

● C 类、D 类小商机和 E 类渠道类商机，由当地办事处自己负责；也可在售前、交付和售后阶段，通过支持热线获得远程支持。

2. 售前资源成本核算制

任何商机，只要你不对售前资源定价和计费，售前资源就永远不够用；永远是谁有关系、谁会争，谁就能得到最好且最多的资源，逐渐形成劣币驱逐良币的销售氛围。只有通过建立合理公正的售前资源定价和计费体系，销售人员才能量入为出，合理规划和使用售前资源，使最优秀的资源流向最优质的项目，也就是我们说的"势"。

售前投入占比多少要根据我司所销售产品和方案的利润率而定。比如，公司 A 是做项目交付的，利润率一般较低，可以是商机金额的 3%；如果公司 B 是做 SaaS 软件服务的，利润率一般会较高，可以是商机金额的 10%。

如图 4-6 所示，如果公司 A 售前费用是 3%，不同等级的售前顾问每天的报酬也不一样，高级专家每个人天计费 10 000 万元，中级售前顾问每个人天[1] 计费是 5000 元，普通售前顾问每个人天计费是 2500 元。1000 万元的商机售前费用为 30 万元，那项目销售就不能像原来那样一直都占用着公司最好的资源，而是考虑开始时找一些中级售前顾问接触一下，到了关键交流场合，由高级专家出场。由普通售前顾问负责做一些具体工作，比如，收集资料、整理文档。这样，销售要像过日子一样经营这个项目，在项目上合理安排售前资源，精打细算，量入为出，以求最大投入产出比。同时，通过

---

[1] 人天，指一个人工作一天的工作量，常指一个人工作 8 小时的工作量。

考核每个售前顾问的有效工作时间占比也能激发售前顾问更加专注地服务于售前项目，不断提升自己的售前能力和售前效果。

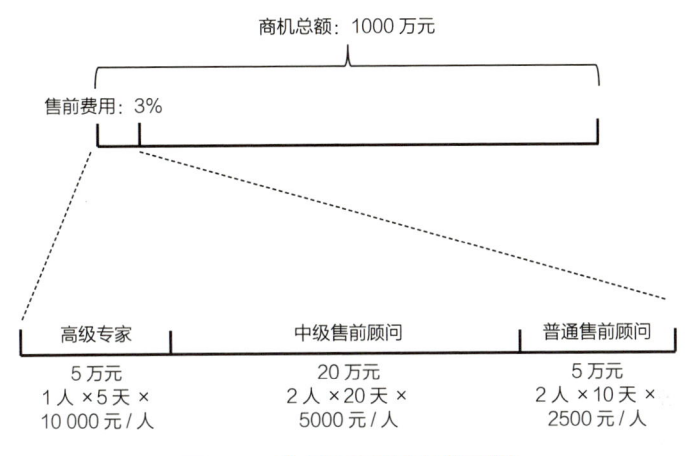

```
                    商机总额：1000 万元
售前费用：3%

高级专家          中级售前顾问         普通售前顾问
5 万元              20 万元              5 万元
1 人 ×5 天 ×        2 人 ×20 天 ×        2 人 ×10 天 ×
10 000 元 / 人      5000 元 / 人         2500 元 / 人
```

图 4-6　售前资源成本核算示例

二、过程协同，同舟共济

销售支持管理的公司之道中的团队协同，就是为了实现 1+1 > 2 的目标，在销售过程中使每个团队成员步调一致，相互补位，形成最强战队。就像《斗罗大陆》里史莱克七怪一样，团队每个成员角色不同，由控制系、攻击系和辅助系魂师共同组成，相互完美配合，才能封神。团队协同通过售前阶段唯一负责制和售前阶段人人考核制来实现。

1. 售前阶段唯一负责制

售前阶段唯一负责制的核心就是得有人来掌控全局，每个参与者都各司其职，需要时相互补位。首先得指定负主责之人。

指定负主责之人

一个商机会涉及很多部门，很多人员参与。但家有千口，主事一人，也就是在销售过程中只有一个人负主要责任。他承担责任，拥有做决策和调度的权利。他就是销售战队中的控制系魂师，控制整个战局，排兵布阵，调兵遣将。

如图 4-7 所示，这个示例商机涉及地区团队、行业团队、交付团队和项目管理团队 4 个团队、8 个角色，以及商机立项申请、资源申请等 10 多个关键节点。在这么复杂的配合中，如果无法协调一致，相互配合，就会导致意外情况频发，销售效率和赢单率都会大打折扣。所以，在这个销售过程中就需要做到以下几点。

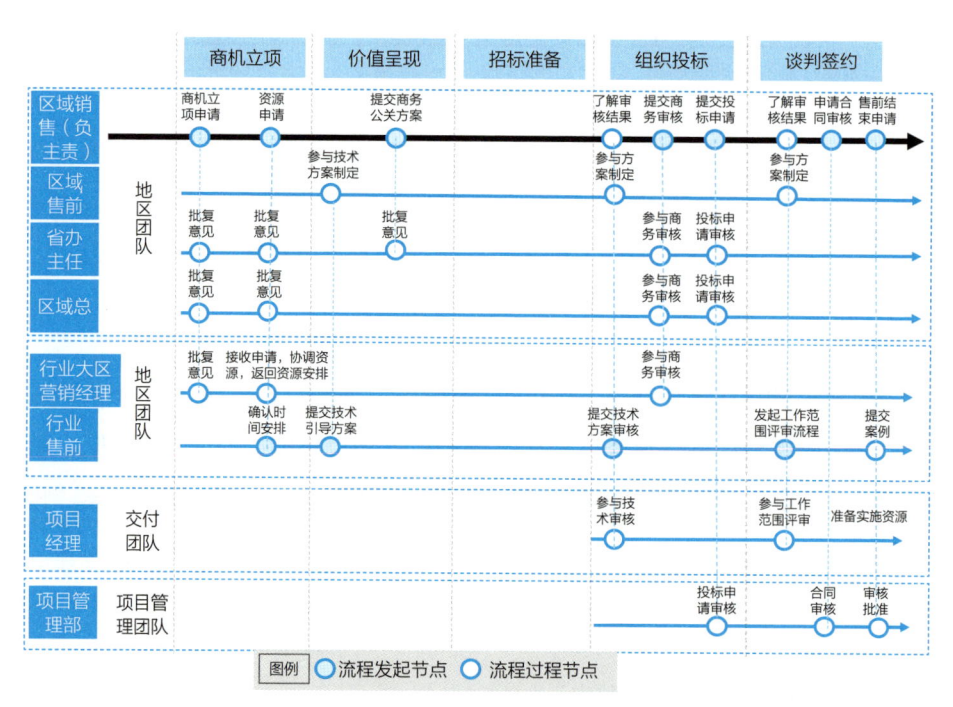

图 4-7 售前阶段唯一负责制示例

- 地区销售负主责，他就是控制系魂师，掌控全局，销售过程中他说了算。如果地区销售跟客户有很深厚的关系的话，他也可以同时兼任攻击系魂师，在关系和价格上展开强攻。
- 行业团队售前负责整个方案设计，他是攻击系魂师，他在方案上进行

- 其他角色是辅助系魂师，主要在流程节点上支持销售成功。
- 需要详细规定在各个关键节点上各个角色的职责，谁发起，谁参与配合。

如何判定谁负主责

复杂大单的销售往往会涉及公司内部多个销售团队，比如，公司大客户部、地区分公司或办事处、多个产品方案线等，那销售主导权该如何判定呢？

多个销售团队配合时，谁来主导销售过程一般都没有明确的规定，很多时候各个销售团队各做各的，需要对方支持时，会组织会议通一下气。这样会浪费大量的资源和时间。步调不一致，也容易相互冲突，大大降低战斗力，使1+1反而小于1。比如，同一个项目，每个销售团队都有自己的方案、建议和下一步计划，弄得大家都很迷茫，使得效率、效果大打折扣。

如果我们能在项目开始时，确立最合适的销售人员主导该项目，将会在投入资源不变的前提下，降低成本和提升赢单率。制定销售主导权的规则是企业增效的一柄利器，但往往被忽视。

如图4-8所示，目前销售主导权有三种模式。

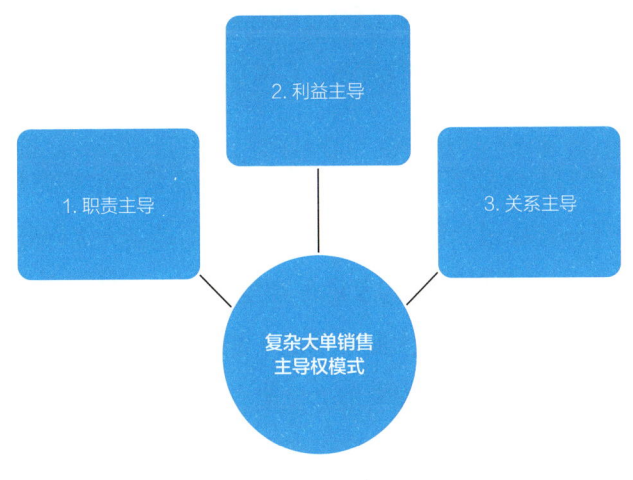

图4-8 复杂大单销售主导权模式

职责主导：这是一种类似于按血统决定销售主导权的方法，就是你拥有这个职位，你就去主导。

利益主导：这是一种以获利大小来决定销售主导权的方法，就是本项目中谁获利最大，谁主导销售过程。

关系主导：这是一种按对客户影响力大小决定销售主导权的方法，从某种意义上说就是，谁主导这个商机的赢单率最高，就由谁来主导。

这三种主导权的顺序一般是先根据职责主导判断谁是主要负责人；如果职责主导无法判定，再根据利益主导来判断；如果利益主导也无法判定，再根据关系主导来判断。

下面讨论一下这三种销售主导模式的优缺点。

（1）职责主导

职责主导就是根据工作岗位和职责来指定谁主导整个销售过程。也就是指哪个岗位在工作职责上规定了负责管理该客户和主导该类项目，那就由谁负责主导整个销售过程。从某种意义上说，就是按岗位的血统去决定由谁主导，这是天生的。这就要求公司针对岗位职责有明文规定，什么类型的项目由什么岗位来主导。以下是职责主导的优缺点。

- 优点：销售主导权归属很清晰，会减少大量内耗，提升销售过程中的效率；
- 缺点：针对具体项目来说，被指定负主要责任岗位的销售人员在关系和能力上，并不一定是最合适的人选，赢单率也可能会大大降低。
- 总结：职责主导最关键的是项目类型和主导岗位之间的匹配规则要合理，也就是根据这个规则在大概率情况下能匹配上最合适的销售人员。例如，A类项目办事处销售根本没有能力负责，但按规则还是分给他，那么这个规则就是不妥当的。

（2）利益主导

利益主导是指如果该项目涉及多个产品，哪个产品占比大，分的数字大，就由哪个产品销售主导。以下是利益主导的优缺点。

- 优点：主动性和积极性高，因为产品占比最大，所以该产品销售的驱动力也一定很高；投入高，因为该产品占比最高，所以该产品销售一定会全力找到该产品最好的方案专家和行业专家，尽可能多投入。
- 缺点：其他产品团队配合度较低，因为其他产品团队在该项目上收益较少，所以配合度和积极性都不会高。
- 总结：利益主导最重要的方面就是要看主导的销售如何与其他团队协作，也就是与其他方案团队协作时，争的技巧和凝聚的技巧。这个会在后文介绍个人之道时介绍。

（3）关系主导

在职责主导和利益主导都无法判断谁来对这个项目负主责时，比如，一个项目涉及两个产品线，每个产品线占的数字都差不多时，就可以通过人脉关系的深浅来判定谁来主导。以下是关系主导的优缺点。

- 优点：首先，赢单率高。主导项目的销售是和客户关系紧密度最高且最了解客户项目规律的人，自然赢单率就高。其次，可以鼓励销售以客户为中心的文化。销售和客户的关系深，对客户项目的了解程度深，就可以主导项目，从而驱动每个销售都把更大的精力和时间投在客户身上。最后，可以积累更多数字化资产。要证明自己拥有更多的客户人脉资源以及对客户项目规律更加了解，就需要通过数字化系统的企业人脉资源管理模块来展现。为了证明这些，销售就得在数字化系统上录入更多相关信息。这一方面为企业积累了大量高价值的数据资产，另一方面也解决了销售不愿意使用数字化系统的问题。
- 缺点：需要建立管理和审核制度，检验销售在数字化系统中录入的关系数据和项目行为数据。

- 总结：关系主导的难点是找到关系最深的销售。企业通过建设数字化系统，把销售人员关系可视化和量化是最好的解决方法。前文中企业人脉资源管理部分和项目行为管理部分已经介绍了如何去做，本节就不赘述。

我认为对公司来说，最关键的是针对上述三种判断方法有明确的规定，让大家都知道如何判定，否则非常容易引起内部团队的矛盾和冲突，影响赢单。

2. 售前阶段人人考核制

销售过程有了主要负责人，即有了领头羊，另外还需要对参与项目的人都进行考核，这样大家才能协同一致，同舟共济。项目考核有两种方式：

（1）都考核销售数字

除了主要负责人考核销售数字，售前和项目交付经理也考核销售数字，可以双算。这样赢了单，销售、售前和未来项目交付经理都有相应的销售数字，大家利益一致。

（2）主负责人对其他项目参与人考核评分

参与该项目售前人员都要由负主责的销售打分评核。售前和未来项目交付经理很大一部分绩效工资由参与项目的主要负责人打分评定得到，这样使大家利益一致，同舟共济。从某种意义上说，你可以认为这是一种特殊的用户付薪。在大单过程中，负主责的销售就是用户，得到他的认可，团队其他成员才能得到相应的酬劳。

三、资源整合，形成合力

做复杂大项目的企业在售前、售中和售后过程中，都会遇到资源能力

第 4 章
数字化匹配、协同、整合售前资源

问题。因为企业最优秀的资源分布在公司各个角落，比如，地区办事处，以及总部售前部、方案部、大客户部、产品线，等等。这些资源分属于不同部门，很难整合并形成合力。因此，针对公司重点行业和重点方案，可以把所有资源整合在一起，建立多位一体的交付中心（比如售前、测试、交付、售后、二次开发五位一体），针对大项目提供一站式服务，形成整体优势，也就是势能。

例如，有一家企业，其 50% 以上的收入来自平安城市和智能交通两类项目，而这两类项目对售前能力和交付能力要求非常高。对该公司来说，售前资源的分散使其无法形成合力赢得该类项目，并且平安城市和智能交通项目占用公司太多资源，致使很多其他项目无法跟进和交付。所以，针对平安城市和智能交通，我为该公司设计了业界首个"五位一体"的交付中心。抽调分散公司各个业务单元的精英，组建平安城市和智能交通交付中心，提供售前、测试、交付、售后、二次开发一站式服务，帮助该客户大幅提升了赢大单和做大单的能力。该交付中心特色如下。

- 特色 1：项目经理制——项目经理拥有很大权力。谁是项目经理，听谁的，谁负主要责任，全面激活主观能动性。

- 特色 2：项目范围控制——提早引入项目经理，全面控制项目范围，提升每个项目的纯收入。

- 特色 3：项目成本管理——对售前和交付成本进行量化和可视化，保证每个项目都赢利。

- 特色 4：全员销售，以服促销——售前和交付过程中，每个团队都承担销售任务，就会主动帮助赢单。

- 特色 5：建立解决方案部项目管理办公室制度——建立沟通机制，使售前、售中和售后过程可视化，抓住机会和管控风险。

- 特色 6：可视化管理——所有过程和有价值数据通过数字化系统管理，全部可视化和量化。

| 数字化时代大客户管理 |
CRM3.0 销售转型创新之道

小结 本节介绍了售前支持常见的三大类问题：资源调度问题，过程协同问题，资源能力问题。从而引出了销售支撑体系方法：分层的售前资源调度机制，售前资源成本核算制，售前阶段唯一负责制，售前阶段人人考核制，重点行业方案交付中心制。

练习1 贵司售前阶段针对大单、小单和渠道主导的商机，在售前资源调度方面有何不同？

_____

_____

_____

练习2 贵司如何在多个销售团队共同打单时判断由谁来负主要责任？

_____

_____

_____

练习3 贵司是否存在大部分收入来自几个主要行业的大项目的情况？如果存在，是否需要整合资源，建立该方案的售前交付中心？

_____

_____

_____

| 第 4 章 |
数字化匹配、协同、整合售前资源

售前资源获取个人发展之道

在销售个人层面上，销售支撑体系的要义是争和聚，就是销售需要去争抢有限的内外部资源，以及有能力把好的资源聚集在身边。

如图 4-9 所示，在售前资源个人获取之道中会涉及三个场景：与自己团队协作，与其他销售团队协作，与合作伙伴协作。采取的策略有三个：聚资源，聚信任，争实地且不争虚名。

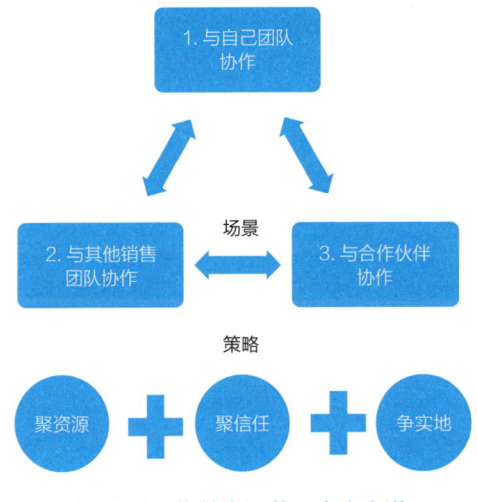

图 4-9　售前资源获取个人之道

一、与自己团队协作

与自己团队售前协作过程中，既要争取公司领导和其他支持团队对自己

145

所负责项目的重视和大力支持，同时也要使自己项目团队中每个成员上下一心，奋勇向前。

1. 争的技巧：会哭的孩子有奶喝。

- 尽早让高层一起去见客户，让高层多参与，成功和失败都绑在一条船上。
- 尽早描绘出项目重要意义和重大收益，引起高层和其他支持团队的重视。
- 尽早提出项目资源需求计划，预定支持团队中最好的资源。
- 资源不能满足需求时，马上升级问题给高层领导，引起公司高层重视，不断施加压力，要求马上解决。
- ……

2. 聚的技巧：提升参与感，雨露均沾。

- 定期分享项目状态和信息，让项目团队中每一个成员都有参与感、被认可感和被重视感。
- 为项目多争取曝光度和各项奖励，使项目组成员雨露均沾。
- 定期向支持团队的领导发项目进展总结，使支持团队参与项目成员的工作受到领导的认可，这样干活才能更卖劲。
- 多组织项目团队活动，使成员有归属感，提升凝聚力。
- 多与核心成员私下聊天，听取诉求，能帮则帮。
- ……

二、与其他销售团队协作

在一个项目中可能涉及多个销售团队，比如，大客户销售团队和方案团队，有时会有两个甚至多个方案团队。在这种情况下，首先通过之前介绍的职责主导、利益主导以及关系主导，决定项目的主导权。主导权确认后，最重要的是赢单。不同销售团队之间的合作更复杂和困难，不必争虚名（比如，谁的功劳大，由谁先向老板汇报等），守住自己该有的业绩就好。

1. 争的技巧：争数字不争主导权。

- 如果你的客户关系和方案重要性都不强，要尽早引入高层，和其他团队把数字分配比例或者至少把分配原则定下来，并通过会议纪要等方式在公司内部正式确认。

- 如果你能把控客户关系或你的方案在整个项目中是重中之重，就可以尽量晚一点谈数字分配比例，这样可以在分配时占据主动权。

- 如果项目主导权没有明确规定，那么哪个团队关系深，哪个方案重要，哪个团队就主导项目。这样才能保证商机赢单率。不必争夺项目的主控权，赢单才是第一位的。即便不主导项目，也要积极参与项目，了解项目进程，保证自己团队的利益。

- ……

2. 聚的技巧：信息共享相互补位。

- 一定要有商机回顾会，以便各个团队同步信息，制定下一步行动方案。

- 一定要有商机消息实时沟通机制，商机有任何变化都让每个团队人员得知，并得到反馈。

- 多个团队需要相互补位，发现问题和空缺，要主动解决和弥补。如果你的数字分配比例大，你就需要经常和其他团队沟通，建立私人感情，得到支持；如果你的数字分配比例小，你也不能不闻不问，坐等其成，而要积极补位，先把你的方案做进去，今后才有机会做大。

- 和其他团队合作是长期的，建立稳定的信任关系，提升自己的口碑，别的团队才愿意给你介绍商机，和你配合，业绩才更容易做。

- ……

三、与合作伙伴协作

合作伙伴资源是销售需要构建的护城河，也是你与其他销售的主要区别点。因为公司内部资源只要找到足够有权威的领导，总能协调得开。但合作伙伴是否愿意全力投入，既要看项目，也要看对你的信任度。在与合作伙伴合作过程中，既要守住方案和价格的底线，也要给合作伙伴留够利润空间，为其着想，建立充分的信任。

1. 争的技巧：争方案和价格底线，留合作伙伴赢利空间。

- 和合作伙伴高层一起尽早定下产品和方案，并保存会议纪要，确保使用我司的技术路线和方案设计。
- 要了解合作伙伴的成本，给合作伙伴预留赢利空间。
- 多与客户直接沟通，避免自己或客户被合作伙伴误导。
- 与合作伙伴定期进行项目例会，随时沟通商机进展，避免消息不对称，对突发事件随时做出快速反馈。
- ……

2. 聚的技巧：激发热情、全力支持、以诚相待。

- 尽早引入最合适合作伙伴，使其拿出方案并派团队与客户交流。合作伙伴早期投入越多，越会觉得这是自己的项目，关键时刻越愿意投入最好资源。
- 一定尽早了解客户对项目的真实需求、定位和对标项目，一开始就要找到方案、能力、实力和自己把控度都最佳的合作伙伴。临时换合作伙伴会带来很多副作用。

第 4 章
数字化匹配、协同、整合售前资源

- 在合作伙伴与客户交流中多站台表示支持，在设计和汇报方案中全力派专家参与，显示能力和引导方向，一定要给合作伙伴信心。
- 和合作伙伴沟通过程中尽量透明，以诚相待。
- ……

小结 本节介绍从销售个人层面上获取售前资源的三个方面：与自己团队协作，与其他销售团队协作，与合作伙伴协作。

数字化赋能售前资源降本增效

为了解决售前过程中，资源调度、过程协同和资源能力问题这三大难题，我提出了 MCI 方法，即资源匹配，最大化产出（Match）；过程协同，同舟共济（Coordinate）；资源整合，形成合力（Integrate）。其中通过"资源匹配，最大化产出"解决资源调度问题最为核心和关键。这个问题我通过分层的售前资源调度机制和售前资源成本核算制方法来解决。但分层后如何用数字化工具来实现资源和项目最合理的匹配，以实现投入产出最大化呢？

我之前在海尔负责过国内和海外服务的数字化转型和创新。正因为家电行业竞争异常激烈，服务工程师数量庞大，服务能投入的资源却有限，所以家电行业服务需求和服务资源的匹配也是最精准和高效的，投入产出比也是最大的。家电行业的服务是通过智能工单系统来实现的，我把它引入大客户销售的售前资源匹配领域，来完成大客户销售的售前服务需求和服务资源的最佳匹配。

大客户销售的每一次售前资源调度可以以资源调度工单的形式出现，也就是通过售前资源智能工单系统来实现。该系统能产生的效益随着售前支持团队规模的增长呈几何级数成长。如果只有几个或十几个售前工程师，那么人为根据经验去匹配就可以。如果企业有几百、几千甚至上万名售前工程师，那么售前资源智能工单系统一定能大幅提升售前效果和降低售前成本。

如图 4-10 所示，售前智能工单系统由五大核心功能组成：派单到兵，用户付薪，全程可视，实时管控，服务抢单。下面我对这五大核心功能做

——介绍。

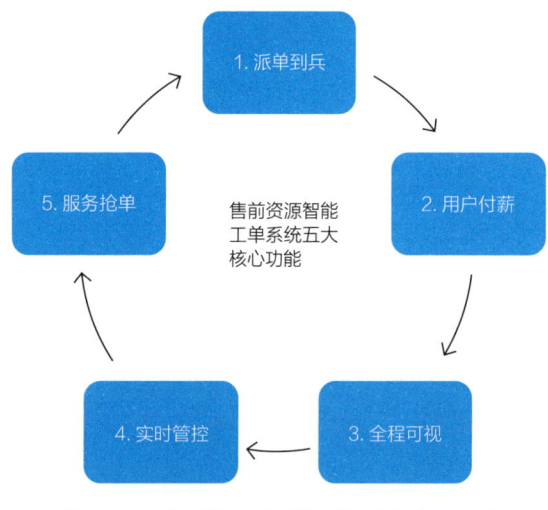

图 4-10 售前资源智能工单系统核心功能

功能一：派单到兵

如果我们把售前资源需求统一提交给一个接口人，由接口人统一协调（接口人的效率和了解的全面性），那一定会造成效率延迟，以及匹配的售前资源不合理。所以协调售前资源最高效、最精准的方式就是通过数字化工具派单到兵。派单到兵是指销售能够了解每一个售前工程师的专业能力，直接在排程工具上找到一个时间段内最合适的一组售前工程师，挑选一个，预定该售前工程师的时间。

如图 4-11 所示，大客户销售 A 在商机立项阶段通过后，开始为该商机配置售前资源。通过输入一定查询条件，找到 3 名合适的售前工程师。如果客户交流时间想安排在下午 1：30－2：30，此时段只有王工的时间段合适，那么大客户销售 A 就可以直接在排程界面上预定王工该时间段。

| 数字化时代大客户管理 |
CRM3.0 销售转型创新之道

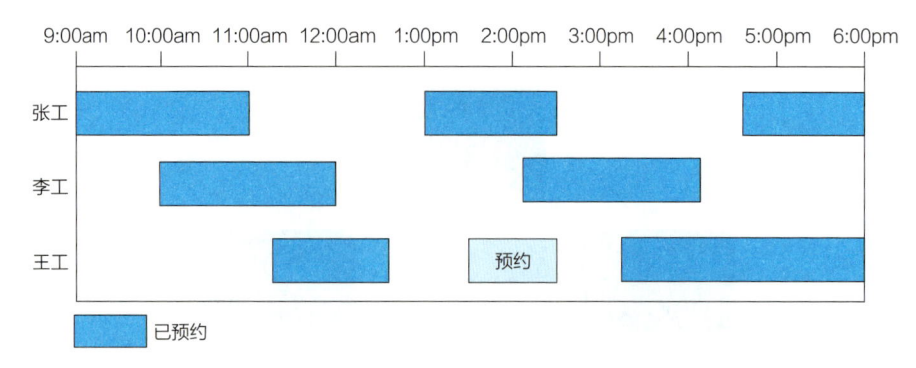

图 4-11　派单到兵——排程工具示例

功能二：用户付薪

大客户销售是使用售前资源的用户。用户付薪是指大客户销售每一次调用售前资源，都会从大客户销售自己的售前经费中扣除相应费用。用户付薪体现了售前资源是有限的，好钢要用在刀刃上，每个大客户销售都得合理利用售前资源，量入为出，产出最佳回报。用户付薪基于以下两个基本原则。

● 每个大客户销售的售前经费金额与其负责的客户类型和销售指标及完成情况相关，与大客户销售本身的级别和其内部人脉关系无关。

● 每次调用售前资源都会根据资源的类型和资源等级从其售前经费中扣除相关费用。

如图 4-12 所示。

● 大客户销售 A 根据第二季度业绩指标要求，其售前经费池有 25 万元预算可用。

● 大客户销售 A 已预定 3 个售前工程师的第二季度工时，折合费用 10 万元。此外，大客户销售 A 第二季度已花费 5 万元，所以第二季度经费已占用 15 万元。我们会看到，每个售前工程师收费标准根据其资深程度而有所不同，其中张工收费最高。

第 4 章
数字化匹配、协同、整合售前资源

[图示内容]

大客户销售 A 第二季度售前经费池 ①

第二季度业绩指标：500 万元

售前费用比例：5%

售前经费：25 万元 = 500 万元 × 5%

② 合计 15 万元

大客户销售 A 第二季度已花和将花费用

王工：预定 40 小时，收费标准：1000 元/时，总费用：4 万元

张工：预定 20 小时，收费标准：1500 元/时，总费用：3 万元

张工：预定 30 小时，收费标准：1000 元/时，总费用：3 万元

预定费用

已花费用：5 万元

还剩 10 万元 ③

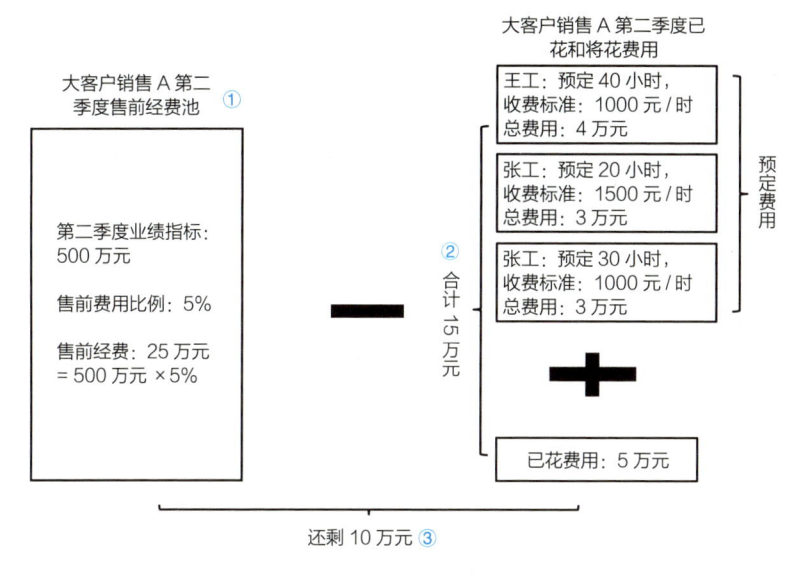

图 4-12　售前费用用户付薪示例

- 大客户销售 A 第二季度还剩 10 万元售前经费可以支出。

功能三：全程可视

销售过程中，售前资源的使用必须全程可视。如果无法做到售前资源使用的可视化、量化和可回溯化，就无法在销售前进行统筹、销售中进行干预和销售后进行优化。

如图 4-13 所示，在商机立项后开始调度资源。

- 张工、李工和王工都参与了该项目的售前。但整个售前支持是以张工为主，他花费了 100 小时，参与了项目售前各个阶段：价值呈现、招标准备和组织投标；李工花费了 32 小时在价值呈现的案例参观阶段；王工李工花费了 40 个小时在价值呈现的 POC 阶段。

- 该商机在价值呈现阶段出现了严重的售前资源紧缺的问题。在四次售前资源调度中，出现了两次严重延迟，一次轻微延迟。这可能会严重影响项

153

| 数字化时代大客户管理 |
CRM3.0 销售转型创新之道

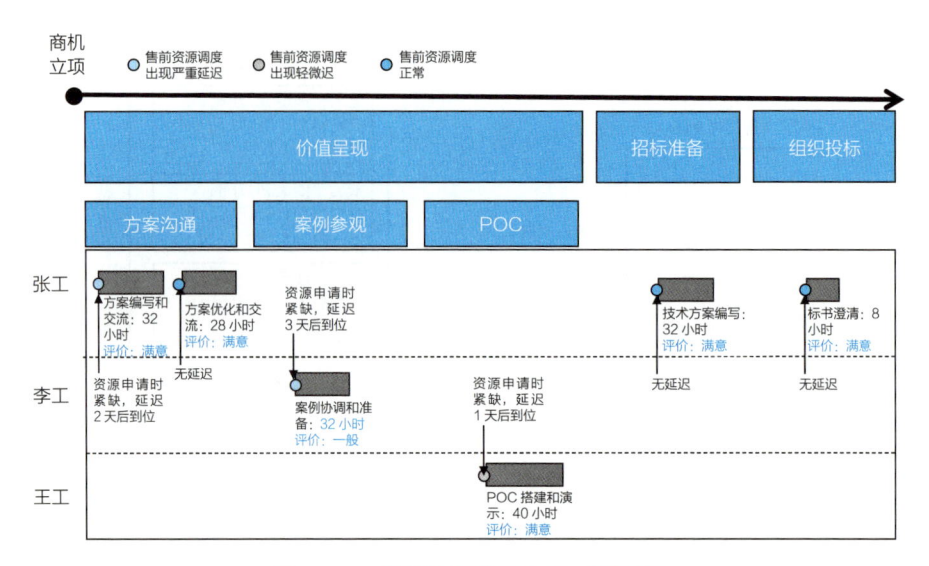

图 4-13 售前资源使用全程可视示例

目的赢单率。

- 在商机整个销售过程中，用户（即大客户销售）对张工和王工评价满意，对李工评价一般。有了评价机制，既保证了整个项目售前阶段大客户销售唯一负责的权威性，也保证了售前阶段人人考核制的落地。

功能四：实时管控

全程可视后，下一步要做的就是售前资源交付管控实时可视化。在项目输单后再去复盘，去找售前资源的问题，就于事无补了。售前资源交付瓶颈发现得越早，越及时，并马上采取相应预案去解决，那么靠商机赢单的概率自然就越高。

如图 4-14 所示，在某年某月某日，华北大区：

- 方案 C 类商机售前交付情况正常。
- 方案 A 类商机出现了延时工单数量大幅上升和售前工单需求大幅上升的现象。

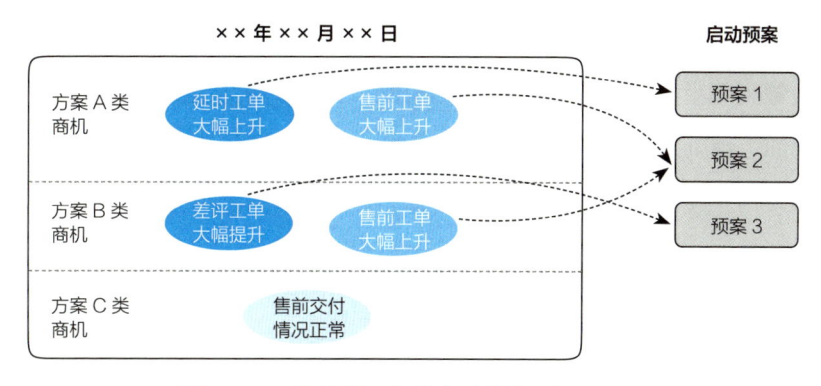

第 4 章
数字化匹配、协同、整合售前资源

图 4-14 售前资源交付实时管控可视化示例

- 方案 B 类商机出现差评工单数量大幅提升和售前工单需求大幅上升的问题。
- 针对延时工单数量大幅上升，我们启用预案 1 去解决；针对售前工单需求大幅上升，我们启用预案 2 去解决；针对差评工单数量大幅提升，我们采用预案 3 去解决。

售前资源交付管控实时可视化可以实时呈现很多指标，例如：

- 不同区域/不同方案的售前资源调度整体情况（正常、严重延时、轻微延时）。
- 不同区域/不同方案售前资源调度严重延时和轻微延时工单数和占比。
- 不同区域/不同方案对资源工单及时响应率。
- 不同区域/不同方案售前资源使用的用户满意度。
- 不同区域/不同方案/每个售前工程师有效工作时长占比。
- ……

功能五：服务抢单

服务抢单是为了更有效地利用和平衡公司售前资源，使剩余的售前资源流向迫切需要资源商机的一种机制，也是激发每个售前工程师主观能动性和潜力的一种方法。例如，当某一地区某一方案售前工单数量大幅上升或延时工单数量大幅上升时，用户通过奖励机制，对售前资源工单激励加成，扩大目标售前工程师范围，发出定向邀约工单，供目标售前工程师去抢单。

图 4-15 是一个示例，简单介绍了一个售前资源抢单流程。

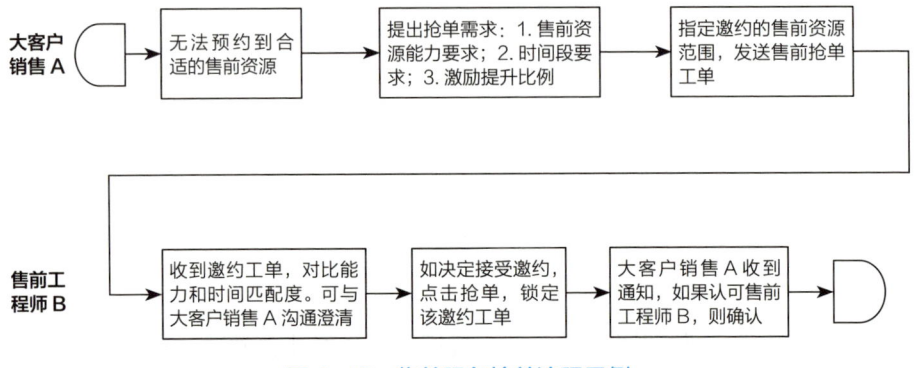

图 4-15 售前服务抢单流程示例

- 大客户销售 A 如果无法预约到合适的售前资源，则可以考虑通过抢单的方式。

- 大客户销售 A 提出抢单需求：对售前资源能力要求；对售前资源到位的时间段要求；为了提升抢单售前工程师的积极性，给出激励提升比例，比如 50%，也就是抢单成功的售前工程师干一天，工时算一天半。

- 因为通过原来的规则无法预约到合适的售前工程师，所以大客户销售 A 需要扩大本次邀约的售前资源范围，然后发送售前抢单工单。

- 售前工程师 B 收到邀约工单，如果感兴趣，受到激励，与工单上要求的能力和时间段做匹配；如匹配，可与大客户销售 A 沟通。

- 如果售前工程师 B 决定接受本次邀约，点击工单上的抢单，锁定该邀约工单。

- 大客户销售 A 收到通知，如果认可售前工程师 B，则确认。

售前资源智能工单系统虽然主要是为了解决售前资源调度问题，但同时也能解决过程协同和资源能力问题。因为通过售前资源全程可视和售前资源交付实时管控，可以发现在销售过程中协同出现的问题，并实时解决销售过程中协同问题。通过每个大客户销售售前费用管控，大客户销售会选择性价比最高的售前工程师，这样一方面督促每个售前工程师不断提升自己的技能和工作态度，另一方面督促售前团队不断招募补充项目需要的售前团队成员，这样就可以更好地解决资源能力问题。

小结 本节介绍了如何通过售前资源智能工单系统的五大核心功能，解决售前过程中资源调度、过程协同和资源能力这三大难题。五大核心功能是：派单到兵，用户付薪，全程可视，实时管控，服务抢单。

练习 贵司售前资源的调度方法是什么？售前资源智能工单系统对贵司是否有用？

案例分析：售前资源与项目类型匹配数字化

图 4-16 列举了一个比较复杂的示例。公司 A 从管理架构上来说，是矩阵式管理，既有横向的地区分公司，也有纵向的各个行业事业部；从产品上来说，既有针对大客户的咨询、软硬件结合的方案型大项目，也有针对中小客户以安装交付为主的中小项目，还有在卖场销售针对小企业和民用的产品；从销售模式上来说，有本公司主导的项目销售，也有合作伙伴主导的项目销售，还有以电商或经销商为主的产品销售。

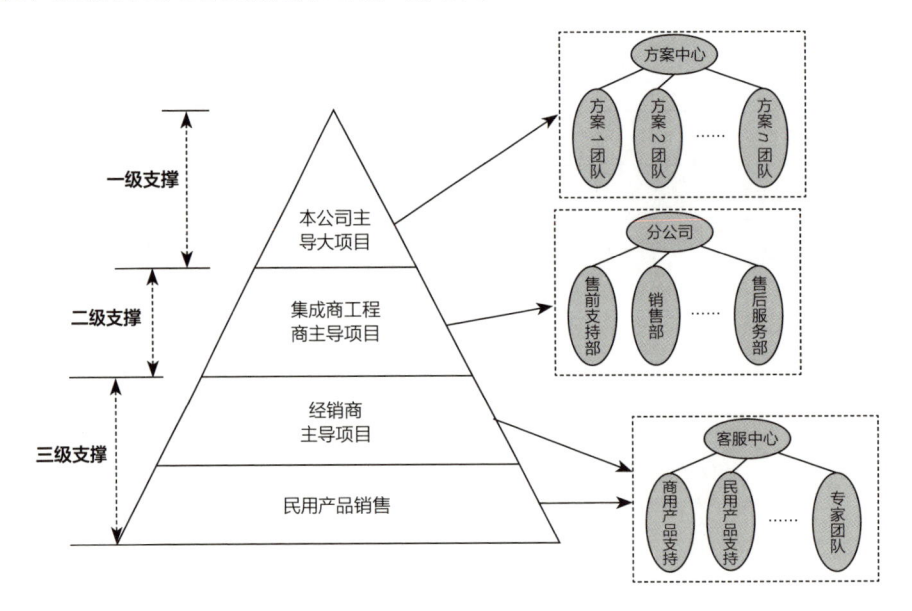

图 4-16　售前资源匹配示例

针对多样化产品和方案，而且客户群又横跨各类规模企业和民用用户的大型企业，可以采用分级支撑的售前体系。

1. 一级支撑

一级支撑针对本公司主导的大型项目。建议采用方案中心模式，即建立方案中心，售前、售中和售后由一个团队提供一站式服务，也就是，除了销售，其他资源统一由方案中心团队管理和协调，包括产品线的资源和地区分公司的资源。方案中心可以是独立的部门，也可以隶属于行业事业部，这主要取决于方案中心主导的方案是只为一个行业事业部服务的，还是为多个行业事业部服务的。另外，方案中心可以和行业事业部采取双算机制，也就是方案中心也要考核项目赢取和交付的金额，这样有助于方案中心向以市场为中心转化。

2. 二级支撑

二级支撑针对合作伙伴主导的项目。针对大一些和复杂一些的项目，可以采用项目所在分公司的技术团队提供售前支持的方式；针对小项目和简单项目，可以由合作伙伴的售前自行解决。

3. 三级支撑

三级支撑针对销售标准产品的经销商和电商。如果有售前问题经销商和电商无法解决的，可以直接采用客服中心的方式，在客服中心之后有技术部门提供专家支持。

小结 本节通过案例介绍了复杂业务的企业针对复杂方案大项目、通用方案中小项目和通用产品，可以采用分级售前支撑的模式。

第 5 章

企业人脉资源数字化资产管理

大客户销售和管理的十二字秘诀是：守正、出奇、蓄势、固本、培元、见微。对应的是大客户销售和管理的五条主线加客户服务，其中，企业人脉资源管理是"固本"，因为做生意的根本就是人脉。

目前在大客户销售和管理领域，基本沿用三十年前的理论体系和管理方法，一直无法和现代数字化技术相融合，只是在一些点上做数字化创新。比如，对销售线索智能判断和评估、自动生成邮件回复、自动做会议总结等。但这些应用对赢取大客户和大单基本没有价值。

在我开启本章内容介绍之前，我先讲一下数字化和信息化的区别。因为很多传统的客户关系管理信息化系统也保存了数据，也做了流程可视化，也应用了商业智能和人工智能，那算不算实现数字化了呢？

数字化需要同时满足下面三大核心特征：

- 可以把企业业务价值产出和核心竞争力可视化、量化和货币化。
- 可以作为经验不断积累、总结和优化。
- 可以作为企业的核心资源赋能业务，产生超常规增长的业务价值。

如上所述，数字化是要满足上面三个特征即可。传统的客户关系管理系统主要用来管理过程和统计数据的，关单以后销售就基本不会再查看原来数据了。它无法满足"三个可以"，所以不算实现了数字化。

传统的客户关系管理系统之所以无法与数字化融合，是因为其在理论体系上有重大欠缺，就是缺少对企业人脉资源和项目行为的管理，也就是缺少商业关系管理（BRM，Business Relationship Management）的管理。

做生意就是处理关系。大客户销售和管理的核心竞争力就是掌握和利用关系资源，关系处理好了，生意自然也就做好了。但很可惜的是在客户关系管理领域，基于关系和项目行为规律驱动的产品一直就没有面世，缺少这些核心信息，大客户销售和管理数字化转型也不可能获得成功。

第 5 章
企业人脉资源数字化资产管理

商业关系管理由人脉线（固本）和规律线（知微）组成，采取的管理方法是企业人脉资源管理和项目行为管理。商业关系管理主要用于数字化、可视化和量化人脉关系和项目规律，从而在大客户销售和管理中实现数据和人工智能驱动，也就是为了完成核心业务的数字化和管理智慧化（图 5-1）。企业人脉资源管理和项目行为管理构成大客户销售和管理的数字化双引擎，也形成了企业核心数字化资产，有了它们，企业可以持续发展，规避因为核心人员的流失而产生的销售大滑坡。

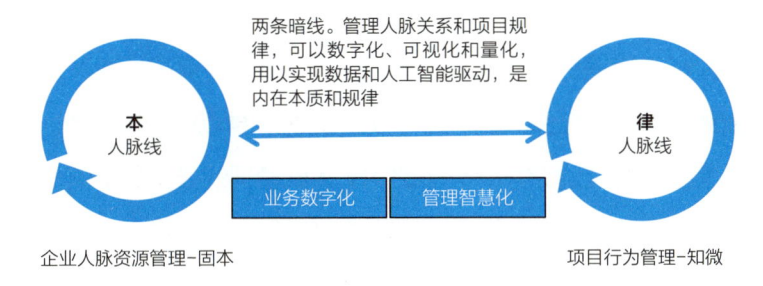

图 5-1 商业关系管理介绍

本章介绍商业关系管理中的企业人脉资源管理，也就是如何可视化和量化人脉关系资源。

企业人脉资源管理数字化概览

一、企业人脉资源管理的核心要义

企业人脉资源管理是本，也叫人脉线管理。做生意就是处理关系，人脉资源的经营和利用是 B2B 生意的根本。再好的方案，再高的销售技巧，没有人脉作为根本，就会成为无源之水，无本之木。人脉管理的要义是价值和信任，如果没有价值，客户不会跟你交往；如果对你不信任，客户不会把重大项目给你。

二、企业人脉资源包括的内容

如图 5-2 所示，企业人脉资源管理可以在六方面进行可视化和量化人脉关系。

关键人关系量化： 用来针对客户关键人关系紧密度、方案认可度和价格接受度进行量化和评估，从而针对不同关键人采取不同的关系策略和战术。

决策链关系量化： 用来可视化商机决策链的汇报关系和影响力关系，也用来针对项目决策链关系紧密度、方案认可度和价格接受度整体进行量化，从而采取不同的项目竞争策略和战术。

客户关系量化： 用来可视化客户公司和部门内的汇报关系和影响力关系，也用来针对客户公司和部门关系紧密度、方案认可度和价格接受度整体进行量化，从而采取不同的客户关系策略和战术。

员工关系量化： 用来针对我司员工（主要是销售人员）负责的客户关系

第 5 章
企业人脉资源数字化资产管理

图 5-2　企业人脉资源管理数字化六方面

紧密度、方案认可度和价格接受度进行量化和整体评估，从而盘点我司员工的关系资源，对其进行考核，以及客户分配。

我司关系量化： 用来针对我司客户关系紧密度、方案认可度和价格接受度进行量化和整体评估，从而盘点我司关系资源状态，制定整体客户策略和资源投入方向。

友商关系量化： 用来针对友商与我司客户关系紧密度、方案认可度和价格接受度进行量化和整体评估，从而盘点友商关系资源状态，从而制定友商竞争策略。

小结　本节介绍了企业人脉资源管理的核心要义和包括的内容：关键人关系量化，决策链关系量化，客户关系量化，员工关系量化，我司关系量化，以及友商关系量化。

关键人关系数字化管理

一、基本定义

关键人是指客户中对你的生意成败至关重要的人。

- 其与职位相关，但不是由职位决定。
- 其分为公司关键人和商机关键人，经常重合，但不要求一一对应关系。公司关键人是指在公司整体生意上对我司至关重要的人，商机关键人是指在这个商机上对我司至关重要的人。间接关键人是指本身不是关键人，但可以深度影响关键人的人。

如图 5-3 是关键人核心量化五指标。

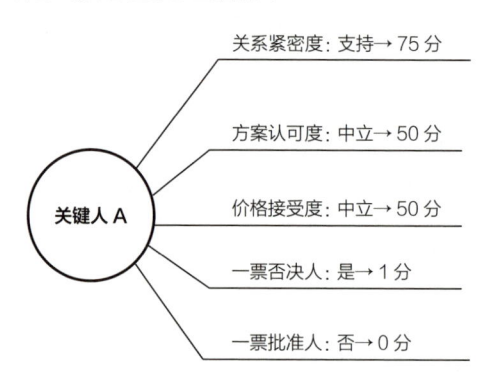

```
                        关系紧密度：支持→75 分

                        方案认可度：中立→50 分

          关键人 A      价格接受度：中立→50 分

                        一票否决人：是→1 分

                        一票批准人：否→0 分
```

图 5-3　关键人核心量化五指标示例

关系紧密度： 关系紧密度数值是 -1~100 分。50 分是中立，75 分是支持，100 分是强支持，25 分是反对，0 分是强反对，-1 分是未知。

方案认可度： 关系紧密度数值是 -1~100 分。50 分是中立，75 分是认可，100分是强认可，25分是不认可，0分是强不认可，-1分是未知。

价格接受度： 关系紧密度数值是-1~100分。50分是中立，75分是接受，100分是强接受，25分是不接受，0分是强不接受，-1分是未知。

一票否决人： 关系紧密度数是指该关键人在决策中能一票否决方案。值是-1分、0分和1分。0分不是一票否决人，1分是一票否决人，-1分是未知。

一票批准人： 关系紧密度数是指该关键人在决策中能一票批准方案。值是-1分、0分和1分。0分不是一票批准人，1分是一票批准人，-1分是未知。

通过对关键人人脉关系量化可以实现数据驱动和人工智能工具决策。如图5-3示例，可以通过量化数据知道，关键人A在关系紧密度上支持我们，又是一票否决人，目前的问题是在方案和价格态度上中立，所以人工智能可以建议销售人员制订执行提升方案认可度和价格接受度的行动计划。只要提升了这两方面，既得到了一个全方位支持者，也可以在关键时候一票否决，采取延迟战术，为我们创造赢单可能性。

二、关键人关系量化及其关系策略和战术

关键人关系策略有五种策略：压制策略，积极防御策略，影响策略，激活策略，协同策略。我们可以通过量化的关键人关系紧密度数值来选择对应的关系策略和战术。

1. 压制策略

我们很难改变强烈反对者的态度，但我们可以使他不方便表示反对态度。

对象： 强烈反对者——为反对而反对。

特征： 关键人关系紧密度数值为0分左右。

压制战术示例：

- **公开化：** 使公司主要领导知道其和友商良好关系，使其不方便发表反

对意见。

- **边缘化：** 得到其领导和其他决策人的支持，打击其反对的信心，弱化其态度，使其在决策中的重要性降低。

- **信息屏蔽：** 与其交流中表现出礼貌和尊敬，但不展示核心信息（如价格、产品明细等）和下一步动向，使其无法找到我司的弱点，以及避免扩散不利于我司的信息。

- **出其不意：** 通过交流和信息的间接传递，使其产生误判，在关键时刻产生出其不意的效果。

- ……

2. 积极防御策略

对其不满意的地方积极改进，让其全面了解我们的态度和诚意，化解其敌意。

对象： 反对者——因不满意而反对。

特征：关键人关系紧密度数值为 25 分左右。

积极防御战术示例：

- **对症下药：** 全面了解其不满意的真实和深层次原因，如站位、态度、方案、价格等，制定针对性化解方案。

- **高举高打：** 带我司领导和其高层领导见面，参观我司，使其了解我司的影响力。

- **贴身服务：** 带领团队针对其提出的意见与其做专门沟通，表示对其意见的重视。

- **感情加深：** 寻找非办公场所沟通的机会，建立私人友谊。

- ……

3. 影响策略

通过各种努力，让其了解我司，认可我司的态度、方案和价格，逐渐支持我司。

对象： 中立者——因不了解或无利害关系而中立。

特征： 关键人关系紧密度数值为 50 分左右。

影响战术示例：

- **参与其中：** 多听取其意见，按其意见准备方案，使其感觉是自己在主导，是自己的事。
- **尊重感：** 带我司领导高层登门拜访，使其感觉我司高层对其地位和意见的重视。
- **感情加深：** 寻找非办公场所沟通的机会，建立私人友谊。
- ……

4. 激活策略

想方法使其为我司发声，让其积极行动起来，去影响身边的人。

对象： 支持者——因满意而支持。

特征： 关键人关系紧密度数值为 75 分左右。

激活战术示例：

- **打消疑虑：** 通过展现公司实力、最佳实践、案例分享等使其坚信选择我司对其公司是最好的选择。使其有理由、愿意和敢于全力支持我们。
- **利益相关：** 使其相信自己积极参与和主导与我司的相关业务合作对其职业发展是重大利好。
- **危机意识：** 使其相信如果其失去了对于我司相关业务商机的把控，未来将逐渐被边缘化。
- **感情升华：** 升级成为他的朋友或导师，加深其对我们的信任和依赖。

● ……

5. 协同策略

信息通畅，步调一致，协同作战。

对象： 强烈支持者——因支持而支持。

特征： 关键人关系紧密度数值为 100 分左右。

协同战术示例：

● **信任背书：** 让其亲自引荐你与其他关键人见面，把他对你的信任和支持传递给其他关键人。

● **协同作战：** 经常沟通，交流信息，做好分工，统一步调和方向，共同努力。

● **变换方向：** 当对我司的不利局面出现时，可以由其提出需求变动和风险提示，对整个项目范围和评选机制提出调整建议。

● **一票否决：** 在对我司不利局面出现并且已经很难挽回时，可以由其提出否决性建议，延迟项目决策。

● ……

小结 本节介绍了关键人定义，关系数字化量化五指标，以及关键人关系量化及其关系策略和战术。

练习 请找一家最重要的大客户，识别出所有关键人，根据核心量化五指标进行标注，并根据标注的数值选择关键人关系策略和战术。

_____

_____

_____

_____

决策链关系数字化管理

一、基本定义

决策链关系量化就是在一个商机的视角上，基于关键人关系的量化结果，可视化和量化决策链中所有关键人的总体态度，为我们赢单指明方向，从而提升赢单率、缩短项目周期和增加商机金额。决策链关系量化的前提是必须首先识别出项目决策链中所有关键人，以及这些关键人的汇报关系与影响力关系。主要分析以下五个关键属性。

平均关系紧密度：所有关键人关系紧密度数值之和除以关键人数量（可以考虑根据每个关键人的重要性设置权重来计算），低于 25 分，以反对为主；低于 50 分，以反对和中立为主；高于 50 分，以支持和中立为主；高于 75 分，以支持为主。

平均方案认可度：所有关键人方案认可度数值之和除以关键人数量（可以考虑每个关键人的重要性设置权重来计算），低于 25 分，以反对为主；低于 50 分，以反对和中立为主；高于 50 分，以支持和中立为主；高于 75 分，以支持为主。

平均价格接受度：所有关键人价格接受度数值之和除以关键人数量（可以考虑根据每个关键人的重要性设置权重来计算），低于 25 分，以反对为主；低于 50 分，以反对和中立为主；高于 50 分，以支持和中立为主；高于 75 分，以支持为主。

一票否决人：识别出所有一票否决人，至少使其关系紧密度、方案认可度和价格接受度为中立以上。

一票批准人： 识别出所有一票批准人，一般只有一个或没有。努力使其关系紧密度、方案认可度和价格接受度为中立以上。

二、关系量化示例与分析

图 5-4 是一个项目决策链关系量化后的示例。

决策链分析：平均关系紧密度 67 分；平均方案认可度 67 分；平均价格接受度 42 分；没有一票批准人；4 个一票否决人在关系紧密度上没有反对和强反对人

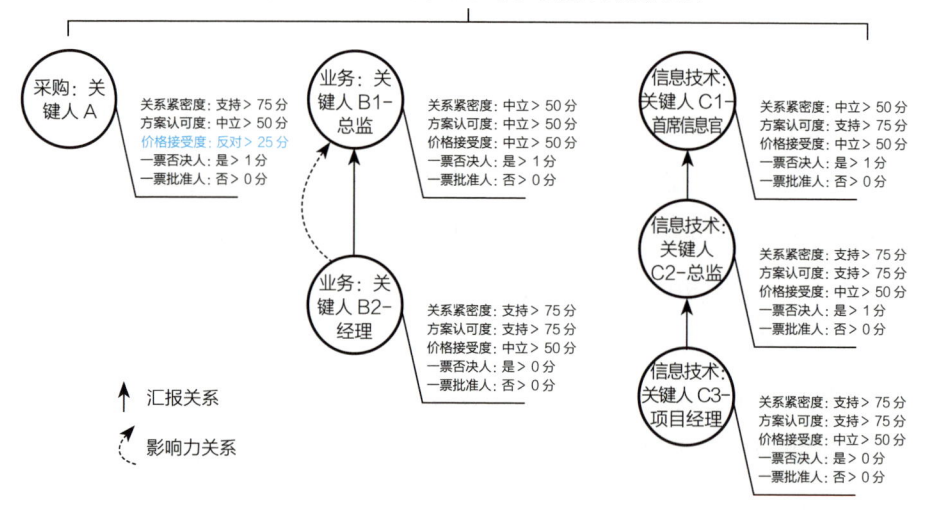

采购：关键人 A
- 关系紧密度：支持 > 75 分
- 方案认可度：中立 > 50 分
- 价格接受度：反对 > 25 分
- 一票否决人：是 > 1 分
- 一票批准人：否 > 0 分

业务：关键人 B1-总监
- 关系紧密度：中立 > 50 分
- 方案认可度：中立 > 50 分
- 价格接受度：中立 > 50 分
- 一票否决人：是 > 1 分
- 一票批准人：否 > 0 分

业务：关键人 B2-经理
- 关系紧密度：支持 > 75 分
- 方案认可度：支持 > 75 分
- 价格接受度：中立 > 50 分
- 一票否决人：是 > 0 分
- 一票批准人：否 > 0 分

信息技术：关键人 C1-首席信息官
- 关系紧密度：中立 > 50 分
- 方案认可度：支持 > 75 分
- 价格接受度：中立 > 50 分
- 一票否决人：是 > 1 分
- 一票批准人：否 > 0 分

信息技术：关键人 C2-总监
- 关系紧密度：支持 > 75 分
- 方案认可度：支持 > 75 分
- 价格接受度：中立 > 50 分
- 一票否决人：是 > 1 分
- 一票批准人：否 > 0 分

信息技术：关键人 C3-项目经理
- 关系紧密度：支持 > 75 分
- 方案认可度：支持 > 75 分
- 价格接受度：中立 > 50 分
- 一票否决人：是 > 0 分
- 一票批准人：否 > 0 分

↑ 汇报关系
↶ 影响力关系

图 5-4 决策链关系量化示例

1. 根据量化后的决策链进行整体分析

● 平均关系紧密度 67 分，属于以支持和中立为主，说明我们关系上是有赢单竞争力的。

● 平均方案认可度 67 分，属于以支持和中立为主，说明我们方案上是有赢单竞争力的。

● 平均价格接受度 42 分。属于以反对和中立为主，说明我们需要在价格上做出让步。

- 没有一票批准人，表示没有一锤定音的人，所以我们需要更平均地做每一个关键人的工作。

- 4个一票否决人在关系紧密度上没有反对和强反对人，表示我们在赢单过程中，只要我们工作做到位了，出现一票否决的概率较小。

2. 根据决策链数字化值生成行动计划建议

- 向公司申请更大价格折扣，然后与决策链关键人一一沟通，得到积极反馈，价格接受度最少要中立，最好是支持。优先级为高。

- 采购关键人A是一票否决人，他不接受我们的价格，所以我们必须采取行动使其态度至少改变为中立。优先级为高。

- 业务关键人B1——总监是一票否决人，其关系紧密度、方案认可度和价格接受度都为中立，可能是因为我们与他没有过多接触。我们首先要加强与其互动，使其在三类关系属性中逐渐由中立转为支持。如果我们没有与其接触的机会，则业务关键人B2——经理可以对其产生强大影响力，则我们多做B2关系。优先级为高。

- 信息技术部门有3个关键人（其中有2个是一票否决人）与我们的三类关系皆以支持为主，我们保持一定频率互动，随时掌握最新动态。优先级为高。

3. 关系量化与销售竞争策略

在前文销售过程管理的赢单五步法中介绍过主要有五种销售策略：正面进攻、侧面进攻、细分市场、动态防御和拓展市场。下面介绍一下如何通过决策链关系量化值来自动选择销售策略。

正面进攻策略。一种通过声势，基于客户直观感受，给客户和竞争对手造成非你莫属的感受。这是通过你的解决方案、价格、声誉、关系等方面的压倒性优势直接影响到客户。

- 前提条件（决策链关系量化值）：平均关系紧密度 > 70，平均方案认可度 > 70，平均价格接受度 > 60，没有反对的一票否决人和批准人，我们比竞争对手整体占优势。

侧面进攻策略。在方案能满足客户需求的前提下，改变客户所关注的决策标准，令他们转向一个新的或不同的方向。目的是使我司的解决方案占据优势。

- 前提条件（决策链关系量化值）：平均关系紧密度 > 70，平均方案认可度 > 50，没有反对的一票否决人和一票批准人，竞争对手在方案上占优势。

细分市场策略。在方案不能全部满足客户需求的前提下，将项目机会分解为更小、更细化的部分，从而可以更专注于客户所关心问题的某些子集，在局部获得突破。

- 前提条件（决策链关系量化值）：平均关系紧密度 > 70，平均方案认可度 < 50，没有反对的一票否决人和一票批准人，竞争对手在方案上占优势。

动态防御策略。是保护你在遭受竞争对手不可避免的攻击时仍然可以保持稳固的地位。

- 前提条件（决策链关系量化值）：平均关系紧密度 < 50，平均方案认可度 > 70，平均价格接受度 > 70。

拓展市场策略。参与当前项目，为未来可能的项目创造一个机会。

- 前提条件（决策链关系量化值）：平均关系紧密度 < 50，平均方案认可度 < 50，平均价格接受度 < 50，竞争对手比我们有较大优势。

上面前提条件的量化值只是我给的示例，每家企业可以根据自己的实际情况调整量化值大小和组化。还可以量体裁衣，设置很多新的组合，形成新的策略和战术。

小结 本节介绍了决策链关系数字化定义、决策链关系量化示例与分析、关系量化与销售竞争策略匹配。

| 第 5 章 |
企业人脉资源数字化资产管理

> 练习 请找一个重要商机,识别出所有关键人,量化决策链,并根据量化结果匹配销售策略和战术。

客户关系数字化管理

一、基本定义

客户关系量化也叫客户关系图谱量化，就是在一个客户的视角上，基于关键人关系的量化结果，可视化和量化客户总体态度，从而为我们的客户管理指明方向，借此提升客户整体关系紧密度、方案认可度和价格接受度。客户关系量化的前提是必须首先识别出客户中所有的关键人。主要分析以下五个关键属性。

平均关系紧密度：所有关键人关系紧密度之和除以关键人数量（可以考虑根据每个关键人的重要性设置权重来计算），低于25分，以反对为主；低于50分，以反对和中立为主；高于50分，以支持和中立为主；高于75分，以支持为主。

平均方案认可度：所有关键人方案认可度之和除以关键人数量（可以考虑根据每个关键人的重要性设置权重来计算），低于25分，以反对为主；低于50分，以反对和中立为主；高于50分，以支持和中立为主；高于75分，以支持为主。

平均价格接受度：所有关键人价格接受度之和除以关键人数量（可以考虑根据每个关键人的重要性设置权重来计算），低于25分，以反对为主；低于50分，以反对和中立为主；高于50分，以支持和中立为主；高于75分，以支持为主。

一票否决人：识别出所有一票否决人，至少使其关系紧密度、方案认可度和价格接受度为中立以上。

一票批准人： 识别出所有一票批准人。因为不同类型项目都可能有一票批准人，所以会有多个一票批准人。努力使其关系紧密度、方案认可度和价格接受度为中立以上。

客户关系量化和决策链关系量化存在着紧密的相关性，但也是相互独立存在的。

如图 5-5 所示：

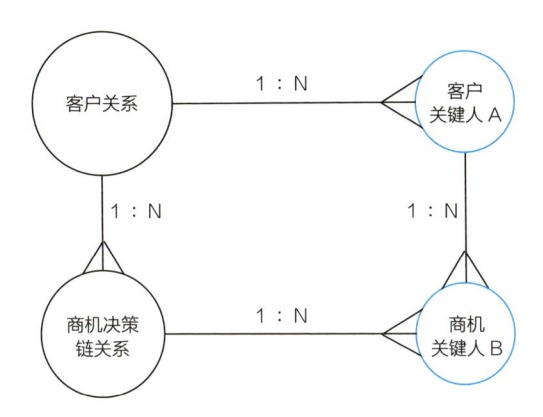

图 5-5 客户关系量化与决策链关系量化关系

- 客户关系图谱与其公司的商机决策链是 1：N 的关系，即一个客户只有一个客户关系图谱，但可以有多个商机决策链（每个商机有一个决策链）。商机决策链一般是客户关系图谱的子集，但也存在商机决策链中偶尔出现的联系人，在客户关系图谱中由于不重要，所以没有标注。另外，商机决策链的汇报关系并不一定与客户关系图谱中的汇报关系一致，因为在一个商机中可能存在重新调整汇报关系的情况。

- 客户关系图谱中的关键人 A 与商机决策链关键人 A 是 1：N 的关系，即多个商机决策链中都有可能存在关键人 A。商机决策链中关键人 A 与客户关系图谱中的关键人 A 的关键属性未必一致，比如，在该商机中关键人 A 对我司的本次方案不认可，但在公司层面上有可能认可我司的整体方案。

- 客户关系图谱中的关键人 A 的关键属性与商机决策链关键人 A 的关键属性需要相互补充，相互验证。比如，新商机中关键人 A 可以继承客户关系图谱中的关键人 A 的属性，但随着项目的深入，销售可以修改关键人 A 的属性。若和客户关系图谱中的关键人 A 的关键属性发生冲突，则需要找出原因，这也是数据驱动的一种体现。

- 客户关系图谱信息可以由主要负责该客户的大客户销售或方案销售负责维护，商机决策链信息可以由主导这个项目的销售人员负责维护。

二、客户关系量化示例与分析

图 5-6 是一个客户关系量化后的示例。客户关系量化一般以关键部门为单位进行分析。

客户分析：7 个关键人；1 个一票批准人；5 个一票否决人；在关系紧密度上没有反对和强反对人；客户关系紧密度平均 61 分；客户方案认可度平均 61 分，客户价格接受度平均 43 分

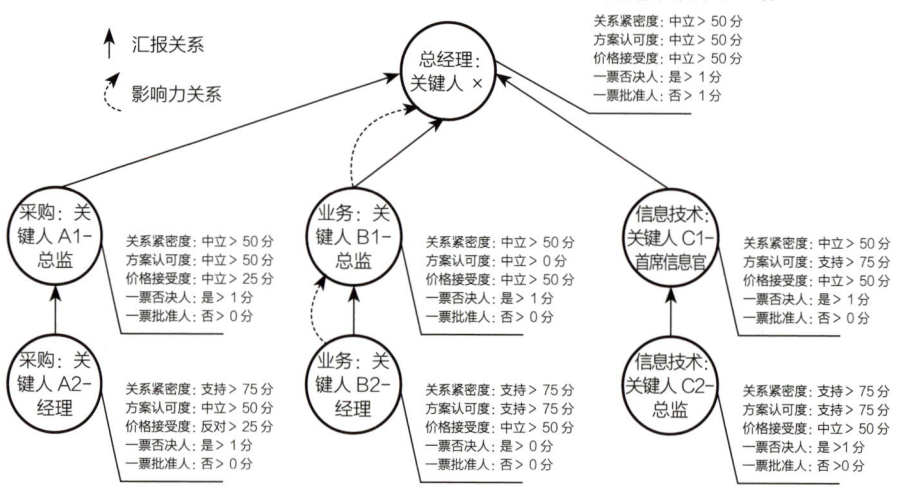

总经理：关键人 ×
关系紧密度：中立 > 50 分
方案认可度：中立 > 50 分
价格接受度：中立 > 50 分
一票否决人：是 > 1 分
一票批准人：否 > 1 分

采购：关键人 A1-总监
关系紧密度：中立 > 50 分
方案认可度：中立 > 50 分
价格接受度：中立 > 25 分
一票否决人：是 > 1 分
一票批准人：否 > 0 分

业务：关键人 B1-总监
关系紧密度：中立 > 50 分
方案认可度：中立 > 50 分
价格接受度：中立 > 50 分
一票否决人：是 > 1 分
一票批准人：否 > 0 分

信息技术：关键人 C1-首席信息官
关系紧密度：中立 > 50 分
方案认可度：中立 > 50 分
价格接受度：中立 > 50 分
一票否决人：是 > 1 分
一票批准人：否 > 0 分

采购：关键人 A2-经理
关系紧密度：支持 > 75 分
方案认可度：中立 > 50 分
价格接受度：反对 > 25 分
一票否决人：是 > 1 分
一票批准人：否 > 0 分

业务：关键人 B2-经理
关系紧密度：支持 > 75 分
方案认可度：支持 > 75 分
价格接受度：支持 > 50 分
一票否决人：是 > 0 分
一票批准人：否 > 0 分

信息技术：关键人 C2-总监
关系紧密度：支持 > 75 分
方案认可度：支持 > 75 分
价格接受度：支持 > 75 分
一票否决人：是 > 1 分
一票批准人：否 > 0 分

采购部门分析：2 个关键人，都是一票否决人，部门关系紧密度平均 62.5 分，部门方案认可度平均 50 分，部门价格接受度平均 25 分

业务部门分析：2 个关键人，1 个一票否决人，部门关系紧密度平均 62.5 分，部门方案认可度平均 62.5 分，部门价格接受度平均 50 分

信息技术部门分析：2 个关键人，2 个一票否决人，部门关系紧密度平均 62.5 分，部门方案认可度平均 75 分，部门价格接受度平均 50 分

图 5-6　客户关系量化示例

1. 根据量化后的客户关系图谱整体分析

- 客户整体关系良好，一票批准人和一票否决人在关系紧密度上没有反对和强反对的人。整体关系紧密度和方案认可度尚可，但价格普遍不被接受。
- 采购部门与我司关系尚可，但对价格不满意。
- 业务部门与我司关系尚可，对方案也基本认可，但价格上有保留意见。业务部门有关键人可以影响一票批准人，也就是公司总经理。
- 信息技术部门算是最支持我司的部门。关系尚可，对方案比较认可，但价格上有保留意见。

2. 根据量化后的客户关系图谱分析，自动生成行动计划建议

- 必须解决价格问题，要么提供更有竞争力的价格，要么提供增值服务，要么说服客户认可我司的价格物有所值。
- 采购部门多做关键人 A1——总监的工作，提升关系紧密度，使其逐渐接受我司价格。
- 业务部门多做关键人 B1——总监的工作，提升关系紧密度，通过他可以影响公司总经理。
- 信息技术部门多做工作，使信息技术部门在与业务部门和采购部门沟通中，多推荐我司方案。

三、客户管理策略与客户关系量化

在前文中的大客户管理中介绍过主要有五种客户管理策略：客户获取、客户提升、客户维系、亡羊补牢和以静制动。下面介绍一下如何通过客户关系量化值来匹配客户管理策略。

1. 客户获取

这是把我司重要潜在客户转变为正式客户的策略。该策略需要首先定位重要的潜在客户，通过相应的战术，使该客户购买我司产品。

前提条件（客户关系量化值）： 之前没有过项目合作（没有已赢单项目决策链），客户关系图谱中关键人没有识别出来，或大多关键人的关键属性未知。

2. 客户提升

这是指把我司贡献度不高的客户提升为高贡献度客户的策略。该策略需要了解客户的业务状况和需求，提早布局，引导客户，加强互动，前期加大售前和方案投入，参与年内项目招投标，并全力赢得项目。

前提条件（客户关系量化值）： 之前有过一些项目合作（有已赢单项目决策链），客户平均关系紧密度 < 50 分或客户平均方案认可度 < 50 分或客户平均价格接受度 < 50 分。

3. 客户维系

这是指把我司高贡献度的客户维系住。该策略成为我司产生持续收入的策略。该策略需要跟客户保持紧密接触，有能力为客户提供整体规划和建议，有能力为客户提供高性价比的运维服务，防止竞争对手进入，同时加强售后服务，提升客户满意度。

前提条件（客户关系量化值）： 已在客户中占有较大份额（有较多已赢单项目决策链）。客户平均关系紧密度 > 70 分，客户平均方案认可度 > 70 分，客户平均方案接受度 > 70 分。

4. 亡羊补牢

这是把正在逐渐疏远我们的高价值用户逐渐挽回的策略。该策略需要了解客户疏远我司的真实原因，制订挽回计划，投入相应的资源让客户感到我司的诚意，并提供更优惠的价格、更个性化的服务。

前提条件（客户关系量化值）： 曾经在客户中占有较大份额（过去有较多已赢单项目决策链），但目前份额正在快速下降（最近已赢单项目决策链很少或没有）。客户平均关系紧密度 < 50 分或客户平均方案认可度 < 50 分或客户平均价格接受度 < 50 分。

5. 以静制动

这是针对我们潜力不大、贡献度不高的客户采取的一种观望等待策略。该策略不是被动等待，而是和客户保持一定接触频率，了解客户内部变动，等待时机。

前提条件（客户关系量化值）： 客户潜力不大（总项目决策链数量少，总金额小），客户贡献度不高（已赢单项目决策链数量少，已赢单金额小）。

上面介绍的前提条件的量化值只是给的示例，每家企业可以根据自己的实际情况调整量化值大小和组合，还可以量体裁衣，定义很多新的组合，新的策略。

小结 本节介绍了客户关系数字化定义、客户关系量化与决策链关系量化关系、客户关系量化示例与分析、客户管理策略与客户关系量化关系。

练习 请找一家重要的大客户，识别出所有关键人，量化客户关系图谱，并根据量化结果匹配客户管理策略和战术。

员工关系数字化管理

一、基本定义

员工关系量化就是站在一个员工的视角上——

基于销售人员负责的所有客户关系量化结果。可视化其客户关系维系、方案推进和价格磋商的成果，也可以作为其在新财年是否继续负责该客户的依据。

基于销售人员负责的客户关键人关系量化结果。显示其针对所负责的客户关键人在关系维系、方案推进和价格磋商上推进的成果。

可视化每一个员工能深度影响的客户关键人。用以促进我司员工人脉资源的充分利用。员工能深度影响的客户关键人就是这个员工的私域关系，企业需要充分利用。

基于上述定义，员工关系量化涉及三个维度，一个是销售与所负责客户的关系量化，一个销售是与所负责客户关键人的关系量化，一个是员工与能深度影响的客户关键人的关系量化。

1. 员工与所负责客户关系量化的指标

● **平均客户关系紧密度：** 所负责客户的平均关系紧密度之和除以负责客户的数量（可以考虑根据每个客户的重要性设置权重来计算），低于 25 分的为差；低于 50 分的为中；高于 50 分的为良；高于 75 分的为优。

● **客户关系紧密度总分：** 所负责客户的平均关系紧密度之和。

- **平均客户方案认可度：** 所负责的客户的平均方案认可度之和除以负责客户的数量（可以考虑根据每个客户的重要性设置权重来计算），低于 25 分的为差；低于 50 分的为中；高于 50 分的为良；高于 75 分的为优。

- **客户方案认可度总分：** 所负责的客户的平均方案认可度之和。

- **平均客户价格接受度：** 所负责的客户的平均价格接受度之和除以负责客户的数量（可以考虑根据每个客户的重要性设置权重来计算），低于 25 分的为差；低于 50 分的为中；高于 50 分的为良；高于 75 分的为优。

- **客户价格接受度总分：** 所负责的客户的平均价格接受度之和。

2. 员工与所负责客户关键人关系量化的指标

- **平均关键人关系紧密度：** 所负责的客户关键人的关系紧密度之和除以所负责客户关键人数量（可以考虑根据每个关键人的重要性设置权重来计算），低于 25 分的为差；低于 50 分的为中；高于 50 分的为良；高于 75 分的为优。

- **关键人关系紧密度总分：** 所负责的客户关键人的关系紧密度之和。

- **平均关键人方案认可度：** 所负责的客户关键人的方案认可度之和除以所负责客户关键人数量（可以考虑根据每个关键人的重要性设置权重来计算），低于 25 分的为差；低于 50 分的为中；高于 50 分的为良；高于 75 分的为优。

- **关键人方案认可度总分：** 所负责的客户关键人的方案认可度之和。

- **平均价关键人价格接受度：** 所负责的客户关键人的价格接受度之和除以所负责的客户关键人数量（可以考虑根据每个关键人的重要性设置权重来计算），低于 25 分的为差；低于 50 分的为中；高于 50 分的为良；高于 75 分的为优。

- **关键人价格接受度总分：** 所负责的客户关键人的价格接受度之和。

3. 员工与能深度影响关键人关系量化的指标

● **平均关键人关系紧密度：** 所有能深度影响的客户关键人的关系紧密度之和除以所有能深度影响的客户关键人数量（可以考虑根据每个关键人的重要性设置权重来计算），低于 25 分的为差；低于 50 分的为中；高于 50 分的为良；高于 75 分的为优。

● **关键人关系紧密度总分：** 所有能深度影响的客户关键人的关系紧密度之和。

● **平均关键人方案认可度：** 所有能深度影响的客户关键人的方案认可度之和除以所有能深度影响的客户关键人数量（可以考虑根据每个关键人的重要性设置权重来计算），低于 25 分的为差；低于 50 分的为中；高于 50 分的为良；高于 75 分的为优。

● **关键人方案认可度总分：** 所有能深度影响的客户关键人的方案认可度之和。

● **平均关键人价格接受度：** 所有能深度影响的客户关键人的价格接受度之和除以所有能深度影响的客户关键人数量（可以考虑根据每个关键人的重要性设置权重来计算），低于 25 分的为差；低于 50 分的为中；高于 50 分的为良；高于 75 分的为优。

● **关键人价格接受度总分：** 所有能深度影响的客户关键人的价格接受度之和。

二、员工负责的客户关系量化示例与分析

员工负责的客户关系量化可以从三个维度分析：关系紧密度、方案认可度和价格接受度。

图 5-7 是销售 A 负责的所有客户方案认可度量化示例，关系紧密度和

价格接受度也适用于类似分析。

客户总数：20个，环比和同比无变化；客户方案认可度总分：1380分，同比增加150分，环比增加15分；平均客户方案认可度：70分，同比增加10分，环比增加3分

平均客户方案认可度：68分，环比提升1分，同比提升5分；
客户总数：10个，环比无变化，同比增加5个

客户数：10个
客户名称：×××，73分
客户名称：×××，72分
……

方案认可度良等关系

平均客户方案认可度：85分，环比提升1分，同比提升5分；
客户总数：3个，环比无变化，同比增加1个

客户数：3个
客户名称：×××，95分
客户名称：×××，88分
……

方案认可度优等关系

销售A

平均客户方案认可度：46分，环比提升1分，同比提升5分；
客户总数：5个，环比无变化，同比无变化

客户数：5个
客户名称：×××，49分
客户名称：×××，46分
……

方案认可度中等关系

平均客户方案认可度：22分，环比提升0分，同比提升1分；
客户总数：2个，环比无变化，同比减少6个

客户数：2个
客户名称：×××，22分
客户名称：×××，20分
……

方案认可度差等关系

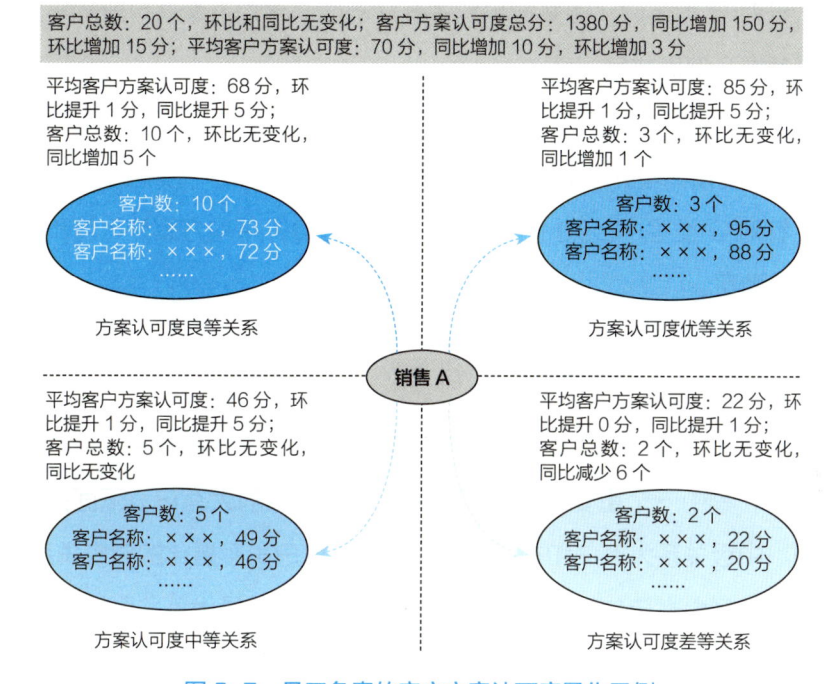

图5-7　员工负责的客户方案认可度量化示例

1. 销售A所负责的所有客户方案认可度整体分析

- 销售A一年来整体客户方案认可度有较大提升。
- 销售A一年来在客户数量不变的情况下，客户方案认可度总分提升160分，平均分提升10分。
- 销售A一年来方案认可度优等关系和良等关系客户数量及其平均方案认可度都有较大提升。
- 销售A一年来差等方案认可度客户数量显著减少。

2. 根据上述客户方案认可度整体分析，自动生成行动计划建议

在前文中大客户管理的资源投入策略里介绍过，客户分成A、B、C、D

四类。销售针对自己负责的三类客户分析结果如下。

- 针对 C 类客户：需要把平均关系紧密度、平均方案认可度和平均价格接受度都提升到优或良。
- 针对 A 类和 B 类客户：按理说，A 类和 B 类客户的平均关系紧密度、平均方案认可度和平均价格接受度都应该已是优等；如不是，则需要提升到优等。
- 针对 D 类客户：保持已有平均关系紧密度、平均方案认可度和平均价格接受度即可。

3. 员工的客户关系量化与销售等级

在前文"数字化时代大客户销售的量化分级"里，我介绍了大客户销售如何分级，其中一个重要指标是指有几家什么关系的大客户。下面是强关系大客户、中级关系大客户和初级关系大客户与客户关系量化的对应关系。

- **强关系大客户：** 一般得是平均客户关系紧密度是优等关系的大客户。
- **中级关系大客户：** 一般得是平均客户关系紧密度是良等关系的大客户。
- **初级关系大客户：** 一般得是平均客户关系紧密度是中等关系的大客户。

三、员工负责的客户关键人关系量化示例与分析

员工所负责的客户的关键人分析主要针对销售人员，看他们是否能识别出客户所有关键人，以及从关系紧密度、方案认可度和价格接受度来分析所负责的关键人整体变化趋势。

图 5-8 是销售 A 负责的所有客户关键人关系紧密度量化示例。

1. 整体分析

- 销售 A 一年来识别出客户关键人数量较大，整体关系紧密度提升较大。
- 销售 A 一年来关系紧密度优等关系和良等关系客户关键人数量和平均

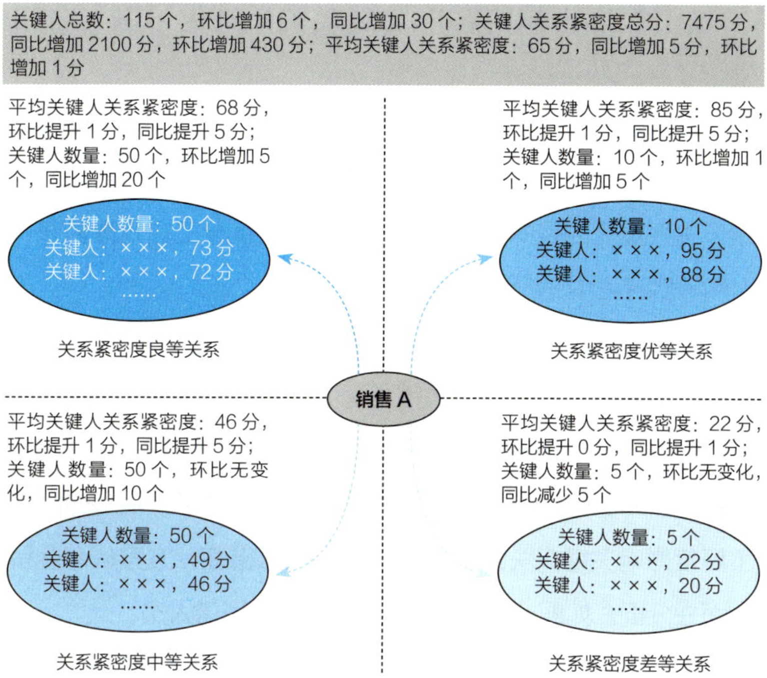

第 5 章
企业人脉资源数字化资产管理

关键人总数：115 个，环比增加 6 个，同比增加 30 个；关键人关系紧密度总分：7475 分，同比增加 2100 分，环比增加 430 分；平均关键人关系紧密度：65 分，同比增加 5 分，环比增加 1 分

平均关键人关系紧密度：68 分，环比提升 1 分，同比提升 5 分；关键人数量：50 个，环比增加 5 个，同比增加 20 个

关键人数量：50 个
关键人：×××，73 分
关键人：×××，72 分
……

关系紧密度良等关系

平均关键人关系紧密度：85 分，环比提升 1 分，同比提升 5 分；关键人数量：10 个，环比增加 1 个，同比增加 5 个

关键人数量：10 个
关键人：×××，95 分
关键人：×××，88 分
……

关系紧密度优等关系

销售 A

平均关键人关系紧密度：46 分，环比提升 1 分，同比提升 5 分；关键人数量：50 个，环比无变化，同比增加 10 个

关键人数量：50 个
关键人：×××，49 分
关键人：×××，46 分
……

关系紧密度中等关系

平均关键人关系紧密度：22 分，环比提升 0 分，同比提升 1 分；关键人数量：5 个，环比无变化，同比减少 5 个

关键人数量：5 个
关键人：×××，22 分
关键人：×××，20 分
……

关系紧密度差等关系

图 5-8　员工的所负责客户关键人关系紧密度量化示例

关系紧密度都有较大提升。

- 销售 A 一年来关系紧密度差等关系客户关键人数量显著减少。

2. 根据上述整体分析，可自动生成行动计划建议

在前文中大客户管理的资源投入策略里介绍过，客户分成 A、B、C、D 四类。

- C 类客户的关键人：尽可能把关键人关系紧密度、方案认可度和价格接受度都提升到良等或优等，尤其是一票批准人和一票否决人。
- A 类和 B 类客户的关键人：如关键人的关系紧密度、方案认可度和价格接受度不是良等或优等，则需要提升至良等或优等。
- D 类客户的关键人：保持现有关系紧密度、方案认可度和价格接受度即可。

四、员工深度影响的客户关键人关系量化示例与分析

员工深度影响的客户关键人就是该员工的私域人脉，该关键人所对应的客户未必由该员工负责，该员工也未必是销售人员。所以，员工深度影响的客户关键人关系量化的目的是全员销售，考核所有员工的人脉资源，以便在客户管理和销售过程中充分利用。

员工 B 能深度影响客户关键人 C1，并不说明客户关键人 C1 的关键紧密度、方案认可度和价格接受度高。因为关键紧密度、方案认可度和价格接受度是针对公司的。客户关键人 C1 可能由员工 A 负责，但 C1 对员工 A 和他的公司并不满意。通过员工 B 私域人脉去提升客户关键人 C1 的总体关系是我们的目的所在。

员工深度影响关键人关系量化可以从关系紧密度、方案认可度和价格接受度三方面去分析。如图 5-9 所示，员工 B 是非销售人员。

关键人总数：10个，环比无变化，同比无变化；关键人关系紧密度总分：658 分，同比减少 30 分，环比减少 5 分；平均关键人关系紧密度：60 分，同比减少 2 分，环比无变化

平均关键人关系紧密度：65 分，环比无变化，同比减少 5 分；
关键人数量：3 个，环比无变化，同比不变化

关键人数量：3 个
关键人：×××，73 分
关键人：×××，70 分
……

关系紧密度良等关系

平均关键人关系紧密度：85 分，环比无变化，同比减少 5 分；
关键人数量：2 个，环比无变化，同比减少 1 个

关键人数量：2 个
关键人：×××，90 分
关键人：×××，80 分

关系紧密度优等关系

员工 B

平均关键人关系紧密度：46 分，环比无变化，同比无变化；
关键人数量：4 个，环比无变化，同比增加 1 个

关键人数量：4 个
关键人：×××，49 分
关键人：×××，46 分
……

关系紧密度中等关系

平均关键人关系紧密度：22 分，环比无变化，同比无变化；
关键人数量：1 个，环比无变化，同比无变化

关键人数量：1 个
关键人：×××，22 分

关系紧密度差等关系

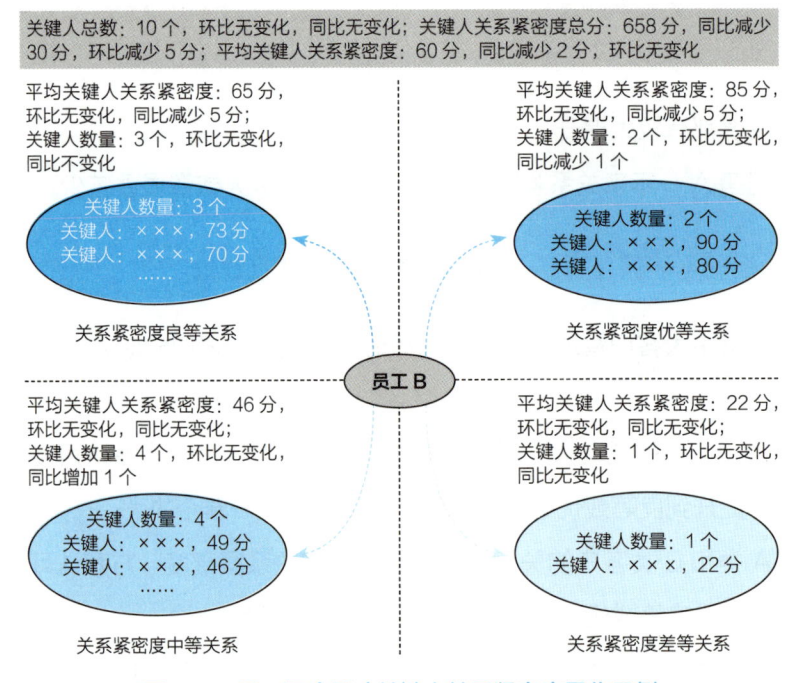

图 5-9　员工深度影响关键人关系紧密度量化示例

1. 从关系紧密度进行分析

- 员工 B 深度影响的关键人整体关系紧密度同比下降。
- 员工 B 深度影响的优等关系和良等关系的关键人平均关系紧密度同比下降。

2. 根据上述关系紧密度分析，可自动生成行动计划建议

- 利用员工 B 的关系修补和提升关键人关系紧密度。
- 把员工能深度影响的关键人，也就是个人私域人脉，以及其提升私域人脉中的关键人的关系紧密度、方案认可度和价格接受度作为 KPI（关键绩效考核）指标之一。
- 针对员工利用私域人脉资源影响了商机决策链中关键人，而对赢单产生价值的，要建立制度，给予奖励。

小结 本节根据员工关系数字化的三个维度，分别介绍了员工与所负责客户关系量化的指标、示例、分析与建议；员工与所负责客户关键人关系量化的指标、示例、分析与建议；员工与能深度影响关键人关系量化的指标、示例、分析与建议。

练习1 请把自己所负责的所有客户关系进行量化，按优、良、中、差关系划分。

> **练习2** 请把自己所负责的所有客户的关键人关系进行量化，按优、良、中、差关系划分。

_____

_____

_____

> **练习3** 请把自己能深度影响的客户关键人关系进行量化，按优、良、中、差关系划分。

_____

_____

_____

我司关系数字化管理

一、基本定义

我司关系量化就是在我司的视角上，基于客户、关键人和我司员工关系的量化结果，可视化和量化我司公域的关系成果和私域的人脉资源，从而：为我们整体客户人脉资源管理指明方向和制定策略充分利用我司私域人脉，提升我司关系紧密度、方案认可度和价格接受度。

基于上面定义，我司关系量化涉及三个维度，一个是我司所有的客户；一个是我司所有客户的关键人，即公域人脉资源；一个是我司员工能深度影响的客户关键人的，即私域资源。这三个维度的量化指标定义同上面员工关系量化，这里就不赘述了。

1. 我司客户关系量化的指标

平均客户关系紧密度： 我司客户的平均关系紧密度之和除以客户的数量（可以考虑根据每个客户的重要性设置权重来计算）。低于 25 分的为差；低于 50 分的为中；高于 50 分的为良；高于 75 分的为优。

客户关系紧密度总分： 我司客户的平均关系紧密度之和。

平均客户方案认可度： 我司客户的平均方案认可度之和除以客户的数量（可以考虑根据每个客户的重要性设置权重来计算）。低于 25 分的为差；低于 50 分的为中；高于 50 分的为良；高于 75 分的为优。

客户方案认可度总分： 我司客户的平均方案认可度之和。

平均客户价格接受度： 我司客户的平均价格接受度之和除以客户的数量（可以考虑根据每个客户的重要性设置权重来计算）。低于 25 分的为差；低于 50 分的为中；高于 50 分的为良；高于 75 分的为优。

客户价格接受度总分： 我司客户的平均价格接受度之和。

2. 我司客户关键人关系量化的指标

平均关键人关系紧密度： 我司客户关键人的关系紧密度之和除以客户关键人数量（可以考虑根据每个关键人的重要性设置权重来计算），低于 25 分的为差；低于 50 分的为中；高于 50 分的为良；高于 75 分的为优。

关键人关系紧密度总分： 我司客户关键人的关系紧密度之和。

平均关键人方案认可度： 我司客户关键人的方案认可度之和除以客户关键人数量（可以考虑根据每个关键人的重要性设置权重来计算）。低于 25 分的为差；低于 50 分的为中；高于 50 分的为良；高于 75 分的为优。

关键人方案认可度总分： 我司客户关键人的方案认可度之和。

平均价关键人价格接受度： 所负责的客户关键人的价格接受度之和除以所负责的客户关键人数量（可以考虑根据每个关键人的重要性设置权重来计算）。低于 25 分的为差；低于 50 分的为中；高于 50 分的为良；高于 75 分的为优。

关键人价格接受度总分： 所负责的客户关键人的价格接受度之和。

3. 我司员工与能深度影响关键人关系量化的指标

平均关键人关系紧密度： 所有我司员工能深度影响的客户关键人的关系紧密度之和除以所有能深度影响的客户关键人数量（可以考虑根据每个关键人的重要性设置权重来计算）。低于 25 分的为差；低于 50 分的为中；高于 50 分的为良；高于 75 分的为优。

关键人关系紧密度总分： 所有我司员工能深度影响的客户关键人的关系

紧密度之和。

平均关键人方案认可度： 所有我司员工能深度影响的客户关键人的方案认可度之和除以所有能深度影响的客户关键人数量（可以考虑根据每个关键人的重要性设置权重来计算）。低于 25 分的为差；低于 50 分的为中；高于 50 分的为良；高于 75 分的为优。

关键人方案认可度总分： 所有我司员工能深度影响的客户关键人的方案认可度之和。

平均关键人价格接受度： 所有我司员工能深度影响的客户关键人的价格接受度之和除以所有能深度影响的客户关键人数量（可以考虑根据每个关键人的重要性设置权重来计算）。低于 25 分的为差；低于 50 分的为中；高于 50 分的为良；高于 75 分的为优。

关键人价格接受度总分： 所有我司员工能深度影响的客户关键人的价格接受度之和。

二、我司的客户关系量化示例与分析

我司客户关系量化可以从三个维度分析：关系紧密度、方案认可度和价格接受度。

图 5-10 是我司客户关系紧密度量化示例，方案认可度和价格接受度也有类似分析。

1. 整体分析

- 最近一年客户数量大幅提升，增加了将近 70%；
- 客户大幅增加后整体客户关系紧密下降明显；
- 中等关系客户增量最大，说明新增的客户我们没有建立稳定的关系基础。

客户总数：500个，环比无变化，同比增长200个；客户关系紧密度总分：32 500分，同比增加12 000分，环比无变化；平均关系紧密度：60分，同比减少5分，环比无变化

平均客户关系紧密度：68分，环比无变化，同比降低5分；
客户总数：150个，环比无变化，同比增加40个

客户数：150个
客户名称：×××，73分
客户名称：×××，72分
……

关系紧密度良等关系

平均客户关系紧密度：80分，环比无变化，同比降低2分；
客户总数：100个，环比无变化，同比增加30个

客户数：100个
客户名称：×××，95分
客户名称：×××，88分
……

关系紧密度优等关系

我司

平均客户关系紧密度：46分，环比无变化，同比无变化；
客户总数：200个，环比无变化，同比增加110个。

客户数：200个
客户名称：×××，49分
客户名称：×××，46分
……

关系紧密度中等关系

平均客户关系紧密度：15分，环比无变化，同比无变化；
客户总数：50个，环比无变化，同比增加20个

客户数：50个
客户名称：×××，22分
客户名称：×××，20分
……

关系紧密度差等关系

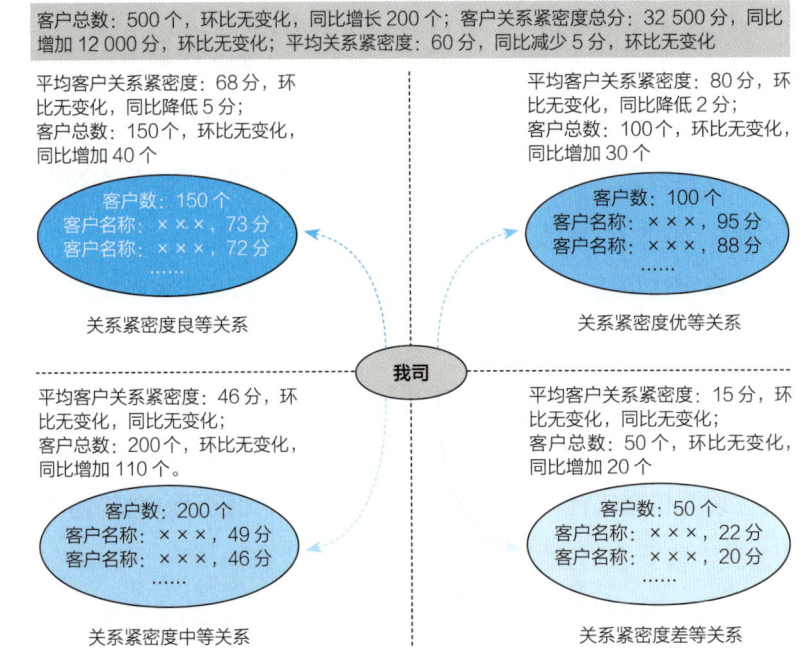

图5-10 我司客户关系紧密度量化示例

2. 根据上述整体分析，可自动生成行动计划建议

- 适当降低新客户获取速度，把更多的资源投入客户的运营，尤其是中等关系客户的提升；
- 充分利用我司员工私域人脉资源，针对中等关系客户关键人，进行攻关，设置任务列表，在短期内快速提升关系紧密度；
- 适当增加销售人员，完成客户关键人关系提升。

3. 我司客户关键人关系量化示例与分析

我司和客户关键人关系量化可以从三个维度分析：关系紧密度、方案认可度和价格接受度。

图5-11是我司客户关键人关系紧密度量化示例，方案认可度和价格接受度也有类似分析。

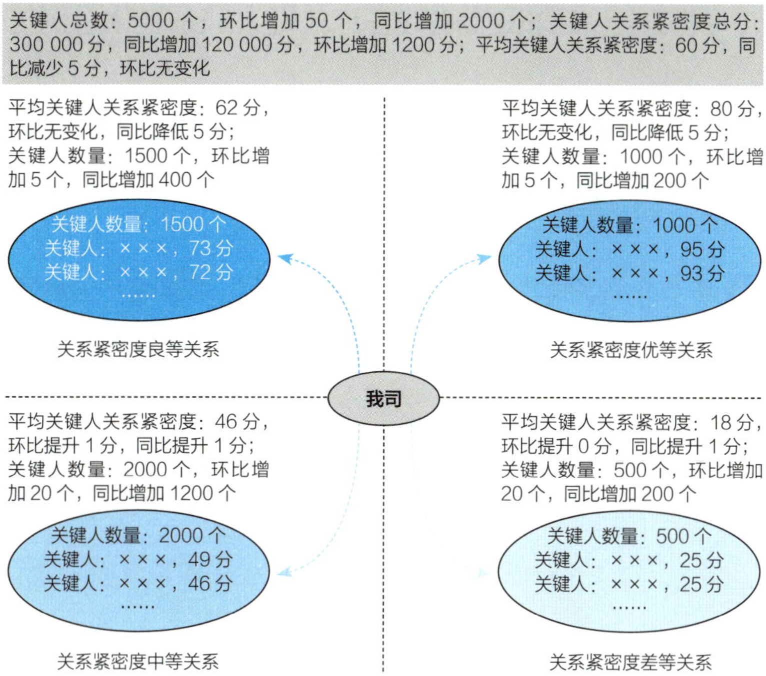

关键人总数：5000 个，环比增加 50 个，同比增加 2000 个；关键人关系紧密度总分：300 000 分，同比增加 120 000 分，环比增加 1200 分；平均关键人关系紧密度：60 分，同比减少 5 分，环比无变化

平均关键人关系紧密度：62 分，环比无变化，同比降低 5 分；关键人数量：1500 个，环比增加 5 个，同比增加 400 个

关键人数量：1500 个
关键人：×××，73 分
关键人：×××，72 分
……

关系紧密度良等关系

平均关键人关系紧密度：80 分，环比无变化，同比降低 5 分；关键人数量：1000 个，环比增加 5 个，同比增加 200 个

关键人数量：1000 个
关键人：×××，95 分
关键人：×××，93 分
……

关系紧密度优等关系

我司

平均关键人关系紧密度：46 分，环比提升 1 分，同比提升 1 分；关键人数量：2000 个，环比增加 20 个，同比增加 1200 个

关键人数量：2000 个
关键人：×××，49 分
关键人：×××，46 分
……

关系紧密度中等关系

平均关键人关系紧密度：18 分，环比提升 0 分，同比提升 1 分；关键人数量：500 个，环比增加 20 个，同比增加 200 个

关键人数量：500 个
关键人：×××，25 分
关键人：×××，25 分
……

关系紧密度差等关系

图 5-11　我司客户关键人关系紧密度量化示例

1. 整体分析

- 最近一年客户关键人数量大幅提升，增加了将近 70%；
- 客户关键人大幅增加后，整体客户关键人关系紧密下降明显；
- 中等关系客户关键人增量最大，说明新增的客户关键人运营得还不够。

2. 根据上述整体分析，可自动生成行动计划建议

- 适当降低新客户获取速度，把更多的资源投入客户关键人的运营，尤其是中等关系客户关键人的提升；
- 充分利用我司员工私域人脉资源，针对中等关系客户关键人，进行攻关，设置任务列表，在短期内快速提升关系紧密度；
- 适当增加销售人员，完成客户关键人关系提升。

三、我司员工能深度影响的客户关键人关系量化示例与分析

我司员工能深度影响的客户关键人关系量化就是**我司员工私域人脉分析**，这将会在后文"**私域人脉数字化管理**"中介绍，此处就不赘述了。

小结 本节介绍了我司关系数字化的三个维度：我司客户关系量化的指标、示例、分析与建议；我司客户关键人关系量化的指标、示例、分析与建议；我司员工能深度影响的客户关键人关系量化的指标、示例、分析与建议。

私域人脉数字化管理 [1]

何为企业员工的私域人脉？何为企业员工的公域人脉？

- **员工公域人脉：** 是指企业大客户中的所有关键人。这些关键人是公司通过分配给员工客户时带来的。

- **员工私域人脉：** 是指企业的所有员工（不仅指销售）所能深度影响的所有客户关键人。对这些客户关键人的深度影响力属于员工个人。

综上所述，员工私域人脉是员工公域人脉的一个子集，它与公域人脉最大的区别是私域人脉中的客户关键人是员工能深度影响的，资源掌握在员工个人手里，所以是员工的私域，但企业可以充分加以利用。

一、私域人脉与公域人脉的关系

如图5-12所示，企业私域人脉与公域人脉关系如下。

员工私域人脉是公域人脉的子集。 员工私域人脉就是指公域人脉中能被我司员工深度影响的客户关键人。

员工私域人脉占公域人脉的比重越大，说明我司员工人脉价值潜力越大。 在我司所有客户关键人中，能被我司员工深度影响的关键人越多，说明我司私域人脉潜在价值越大。

---

[1] 企业人脉资源管理数字化之一的"友商关系数字化管理"分为友商员工的关系量化和友商整体关系量化。其分析方法与我司员工关系量化和我司关系量化一样，不再赘述。

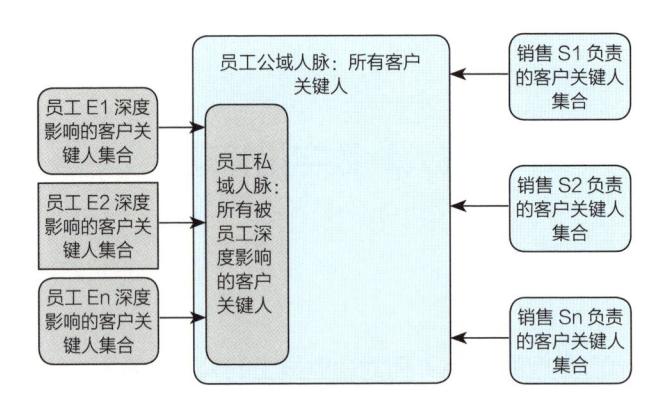

图 5-12　员工私域人脉与公域人脉的关系

通过私域人脉的员工协助提升客户关键人紧密度的比例越高，说明我司私域人脉利用率越高。

二、私域人脉的量化考核指标

以下是员工私域人脉的两个关键量化考核指标。

私域人脉价值潜力： 就是私域人脉的客户关键人在公域人脉客户关键人中占比的价值量化和货币化。占比越高，说明私域人脉的价值潜力越大。例如，私域人脉在公域人脉中占比 30%，公司每年的大客户销售额为 100 亿元，我们可以粗略地认为私域人脉的价值潜力为 30 亿元。

私域人脉贡献度： 就是员工提升自己能深度影响的私域人脉中客户关键人的关系紧密度，从而带来的业务价值增长。例如，一个商机决策链有 10 个关键人，通过私域大幅提升了 1 个关键人的关系紧密度。如果该商机赢单了，则能带来该商机合同额十分之一的贡献度。

三、我司私域人脉关系量化示例与分析

私域人脉关系量化可以从三个维度分析：关系紧密度、方案认可度和价

第 5 章
企业人脉资源数字化资产管理

格接受度。

图 5-13 是我司私域人脉关系紧密度量化示例，方案认可度和价格接受度也会有类似分析。

```
我司私域关键人总数：1000 个，私域占比 20%；环比数量和占比无变化，同比减少 500 个，
占比减少 10%；私域关系紧密度总分：50 000 分，环比无变化，同比减少 10 000 分；平均
关键人关系紧密度：50 分，环比无变化，同比减少 5 分
```

平均关键人关系紧密度：62 分，
环比无变化，同比降低 5 分；
关键人数量：400 个，环比无变化，同比减少 200 个

- 关键人数量：400 个
- 关键人：×××，73 分
- 关键人：×××，72 分
- ……

关系紧密度良等关系

平均关键人关系紧密度：80 分，
环比无变化，同比降低 5 分；
关键人数量：200 个，环比无变化，同比减少 100 个

- 关键人数量：200 个
- 关键人：×××，95 分
- 关键人：×××，93 分
- ……

关系紧密度优等关系

我司

平均关键人关系紧密度：43 分，
环比无变化，同比提升 1 分；
关键人数量：300 个，环比无变化，同比减少 150 个

- 关键人数量：300 个
- 关键人：×××，49 分
- 关键人：×××，46 分
- ……

关系紧密度中等关系

平均关键人关系紧密度：22 分，
环比提升 0 分，同比提升 1 分；
关键人数量：100 个，环比无变化，同比减少 50 个

- 关键人数量：100 个
- 关键人：×××，22 分
- 关键人：×××，20 分
- ……

关系紧密度差等关系

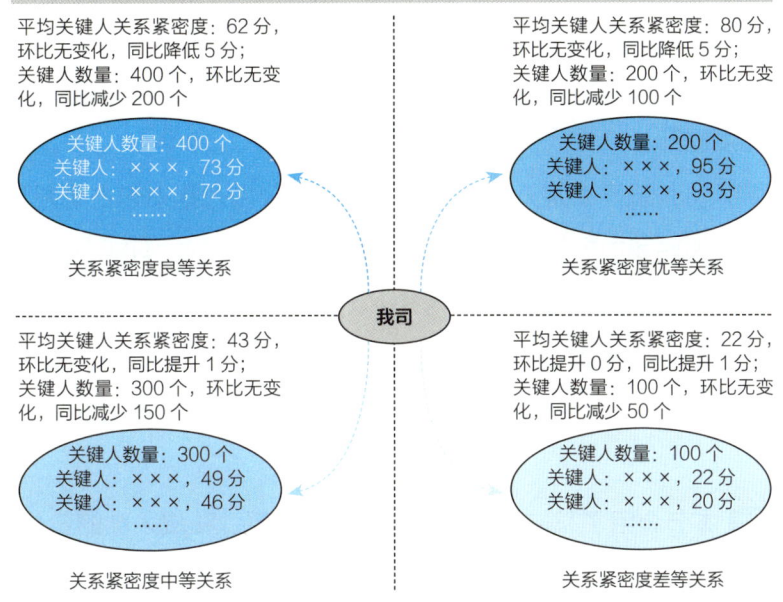

图 5-13　我司私域人脉关系紧密度量化示例与分析

● 最近一年来私域人脉大量下降，降幅为 33%，很有可能是因为大量核心销售人员流失所致。

● 私域里客户关键人的平均关系紧密度也下降不少，说明我司近一年通过私域人脉去提升客户关键人的关系紧密度做得不好。

● 减少的私域人脉客户关键人数量中 60% 的比例来自优等和良等关系，这给我们敲响了警钟，很可能未来一年的销售业绩会大幅滑坡。

根据以上分析，可自动生成如下行动计划建议。

● 扩充销售力量，迅速提升私域人脉中客户关键人的数量和在公域中的占比。

- 加大力度全面推动销售针对客户关键人的沟通和拜访，快速提升客户关键人的关系紧密度。
- 利用私域资源大幅提升与客户关键人的互动，提升整体关系紧密度。

四、私域人脉管理的价值体现

私域人脉管理的价值体现就是双提升，即私域人脉价值潜力提升和私域人脉贡献度提升。

私域人脉价值潜力提升： 提升私域人脉在公域人脉中的占比并货币化。占比越高，说明我司内部挖掘人脉关系潜力越彻底，我司有能力掌控的生意潜力越高。

私域人脉贡献度提升： 提升私域人脉贡献度并货币化。私域人脉贡献度越高，说明我司私域人脉关系利用得越彻底和越成功，带来的业务价值也越大。

小结 本节介绍了私域人脉与公域人脉的关系、私域人脉的量化考核指标、我司私域人脉关系量化示例与分析和私域人脉管理的价值体现。

练习 请把贵司私域人脉进行量化，同时对私域人脉价值潜力和私域人脉贡献度进行分析。

_____
_____
_____
_____

| 第 5 章 |
企业人脉资源数字化资产管理

企业人脉资源管理数字化赋能降本增效

下面我介绍一下如何通过企业人脉资源管理来帮助企业降本增效。

一、降本增效示例

1. 提升客户管理半径示例

如图 5-14 所示，假设 1 个大客户平均有 4 个关键部门，每个部门平均有 5 个关键人。则每个大客户平均有 20 个关键人。

```
传统大客户管理                    企业人脉资源大客户管理

1 天：初步接触和了解           30 分钟：初步接触和
一个关键人            ↔        了解一个关键人

1 月：初步接触和了解           1 天：初步接触和了解
一个大客户            ↔        一个大客户

10 个：大客户销售管            200 个：大客户销售管
理半径是 10 个        ↔        理半径是 200 个
```

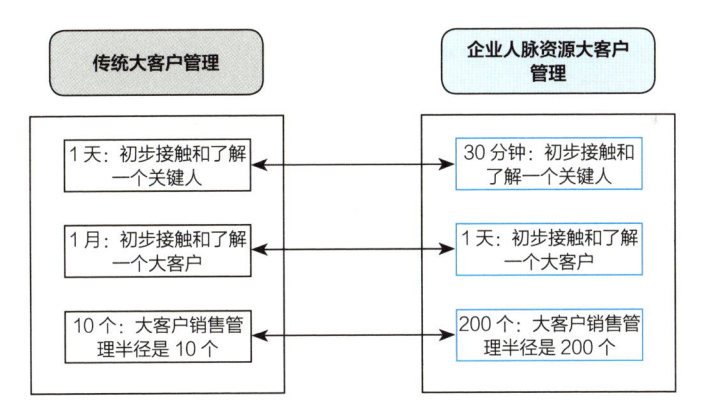

图 5-14　数字化提升客户管理半径示例

传统大客户管理

- 一天：要想初步了解一个关键人关系紧密度、方案认可度和价格接受度，得首先找到联系方法并通过见面了解，至少需要 1 天。

- 一月：一个大客户如有 20 个关键人，初步接触和了解一个大客户差

201

不多需要 **1 个月**。

- 10 个：初步接触和了解一个大客户差不多需要 1 个月，则一个大客户销售每年也就管理 10 个左右大客户，也就是大客户管理半径为 10 个。

企业人脉资源大客户管理

- 30 分钟：通过企业人脉资源管理工具可以马上了解一个关键人关系紧密度、方案认可度和价格接受度。如果需要，可以通过电话或聊天工具打声招呼，建立链接。这个过程只需要 30 分钟。
- 一天：一个大客户如果有 20 个关键人，初步接触和了解一个大客户差不多需要 1 天。
- 200 个：初步接触和了解一个大客户差不多需要 1 天，则一个大客户销售每年可以管理 200 个左右大客户，也就是大客户管理半径为 200 个。

注意： 管理半径提升多少取决于企业人脉资源数据的完整性和准确性，越完整、越准确，则管理半径提升得越高。

2. 提升客户总产出潜力示例

总产出潜力增长： 是指通过提升客户管理半径后，大客户对我司潜在的总产出增长量。

- 总产出潜力增长 = 当前大客户潜力产出之和 – 之前大客户潜力产出之和。
- 大客户 A 潜力产出 = 大客户 A 预期年度投入 * 客户关系紧密度得分 %* 关系紧密度权重 + 大客户 A 预期年度投入 * 客户方案认可度得分 %* 方案认可度权重 + 大客户 A 预期年度投入 * 客户价格接受度得分 %* 价格接受度权重。

基于前文降本增效示例中的介绍可知——

- 在没有企业人脉资源管理数字化工具的前提下，每个大客户销售管理 10 个大客户，假如每个大客户平均年度投入为 500 万元，关系紧密度、方案认可度和价格接受度得分都为 60 分，权重都一样，那么大客户潜力产出之和是：500万元*60%*10个=3000万元。

- 在有企业人脉资源管理数字化工具，且数据完善和准确后，每个大客户销售能管理200个大客户。假如每个大客户平均年度投入为500万元，关系紧密度、方案认可度和价格接受度得分都为60分，那么大客户潜力产出之和是：500万元*60%*200=60 000万元，是传统大客户潜力产出之和的20倍。在6亿元的产出潜力里去完成业绩的概率会远远大于在3000万元的产出潜力里挖掘。

二、企业人脉资源数据的收集和积累

下面我来介绍一下企业如何来收集人脉资源数据。

1. 全面收集企业人脉资源数据

企业人脉资源管理产生的业务价值取决于数据的完整性和准确性，所以要在各种过程和场景中收集以下数据。

- 公司往往会服务一个大客户很长时间，比如5~10年。所以，有足够长的时间获得客户全面和准确的企业人脉资源数据。
- 一个大客户往往是由公司一个团队负责，所以团队中每个成员都可以补充和完善相关企业人脉资源数据。
- 公司会和大客户在很多项目售前、售中和售后过程中有深度互动，在这些过程中我们可以补充和完善相关企业人脉资源数据。

2. 如何保障企业人脉资源数据收集

企业人脉资源数据收集的最大难点是大客户销售不愿意共享这些私密信息。那企业该如何做呢？

如图5-15所示，通过数据收集四保障可以确保全面和准确的企业人脉资源数据收集和积累。

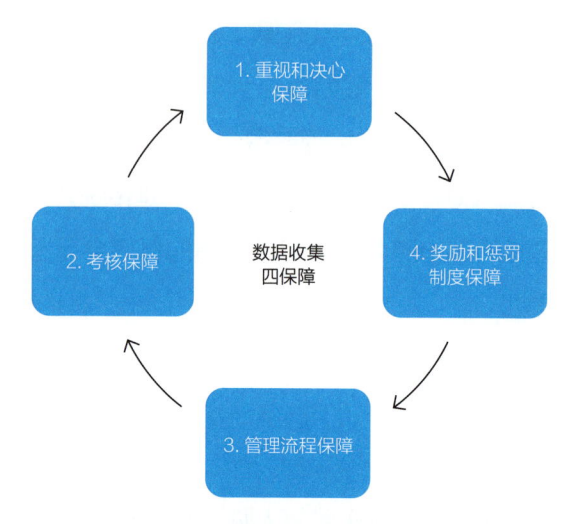

图 5-15　如何保障企业人脉资源收集和积累

企业最高层的高度重视和行动保障： 最高层必须认识到企业人脉资源数据是企业得以发展和传承的核心数字化资产，也是企业销售团队和个人必须完成的工作任务。企业最高层必须通过自己的实际行动来推进数据的收集和积累。

考核上保障： 必须把积累和完善企业人脉资源数据作为销售团队和个体的考核指标，作为绩效工资的一部分。

管理流程保障： 需要通过日常销售管理流程来固化数据的收集和积累。比如，每周销售例会上，销售主管除了问销售金额、赢单率、预计赢单日期，还要针对当前重点客户检查和分析企业人脉资源数据。

奖励和惩罚制度保障： 必须把完善和积累企业人脉资源数据的成果与奖惩挂钩，做得好的一定要奖励，做得差的一定要惩罚。例如，如果该大客户企业人脉资源数据完善和准确，那下一财年仍由原来大客户销售负责；如果数据不完善和不准确，下一财年则把大客户回收，由其他大客户销售负责。

小结 本节介绍了如何通过企业人脉资源数据提升客户管理半径和提升客户总产出潜力，此外还介绍了如何保障企业人脉资源数据的收集和积累。

练习 贵司是否收集和积累企业人脉资源数据？如果没有，计划如何实现？

第 6 章
项目行为规律 数字化资产管理

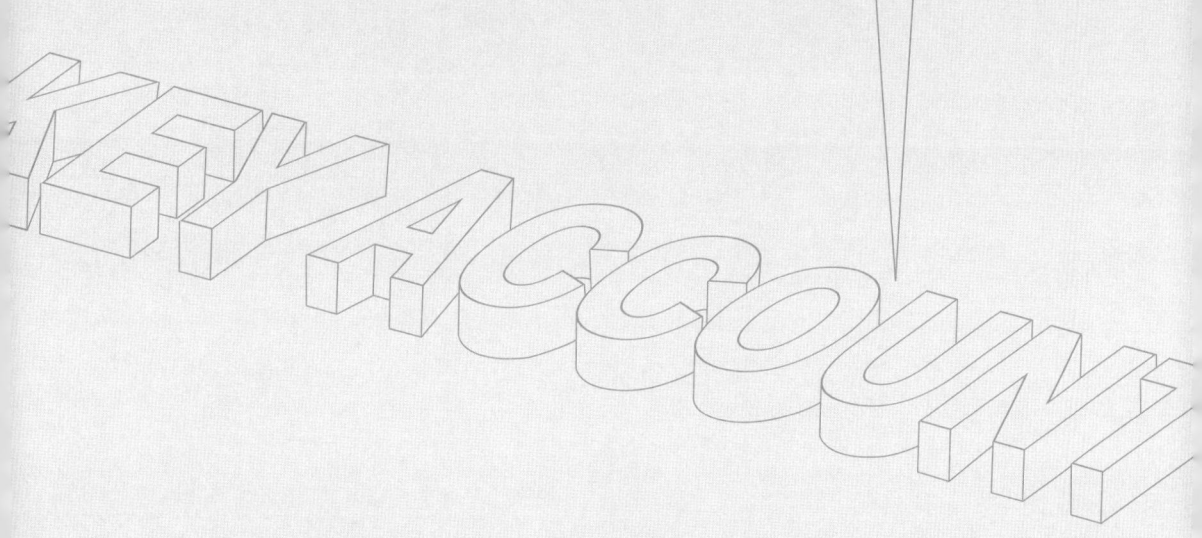

大客户销售和管理的十二字秘诀是：守正、出奇、蓄势、固本、培元、见微。对应的是大客户销售和管理的五条主线加客户服务，其中，项目行为管理是见微，是通过分析过去客户类似项目的行为规律，来对当前商机销售行为进行指导，也就是见微知著。项目行为管理属于商业关系管理领域，是除了企业人脉资源管理，通过数据人工智能来指导销售行为的另一个重要抓手。

项目行为管理概览

一、项目行为管理的核心要义

项目行为管理就是通过总结客户历史项目的要素和关键点，找到该客户商机的赢单规律，是销售过程中的律，也就是规律线管理。规律线管理的要义是洞察项目规律，顺势而为。以史为镜，可以知兴替，客户的项目是有生命的，你掌握了规律，顺着项目脾气，根据项目喜好做准备，就会顺风顺水；如果你逆着客户项目的规律去销售，就会步步惊心，举步维艰。

二、项目行为管理包括的内容

在销售过程中，只要我们找到该客户之前类似项目信息，比如，类似方案的项目或该项目前几期项目等，根据下面几个重要信息做一下对比和分析，就能清楚估算出当前项目赢单率和销售的下一步方向和行动计划。这些历史项目重要信息分别是：项目决策链和关键人态度、项目预算和中标金额、项目关键时点（项目节奏）、评标内容和打分标准、主要友商方案和报价、我司方案和报价，以及复盘（对项目输赢的分析和总结）。我把历史项目重要信息总结成五个主要方面：即人、财、物、情、节。

如图 6-1 所示，项目行为管理分成人、财、物、情、节五方面。

人： 分析历史项目决策链中该关键人的三维关系值（对我司的态度）和找到能深度影响该客户关键人的我司员工。

①	人：商机决策链（关键人三维关系分析 + 深度影响力分析）
②	财：项目预算和中标金额
③	物：关键时点、评标内容和打分标准
④	情：我情（技术方案、商务方案）、敌情（主要友商报价范围和方案）
⑤	节：输赢关键点的总结

图 6-1　项目行为管理五要素

财： 历史项目预算和中标额。

物： 历史项目关键时点、评标内容和打分标准。

情： 历史项目我司技术方案和商务方案，以及主要友商报价范围和大致技术方案。

节： 历史项目输赢关键点的总结。

接下来，我就对项目行为管理五要素做一个详细介绍。

小结 本节介绍了项目行为管理的核心要义和包括的内容。

项目行为管理五要素

一、人：决策链和关键人影响力数字化资产分析

人就是通过对类似历史项目的该关键人和客户关系图谱中该关键人的三维分析，来推导当前销售项目决策链中该关键人对我司的关系紧密度、方案认可度和价格接受度，以及通过私域人脉中能深度影响该关键人的我司员工，来提升这三维关系。

如图 6-2 所示，当识别出当前商机关键人后，我们可以通过三步，利用项目行为管理中人的数据，来提升当前项目的赢单率。

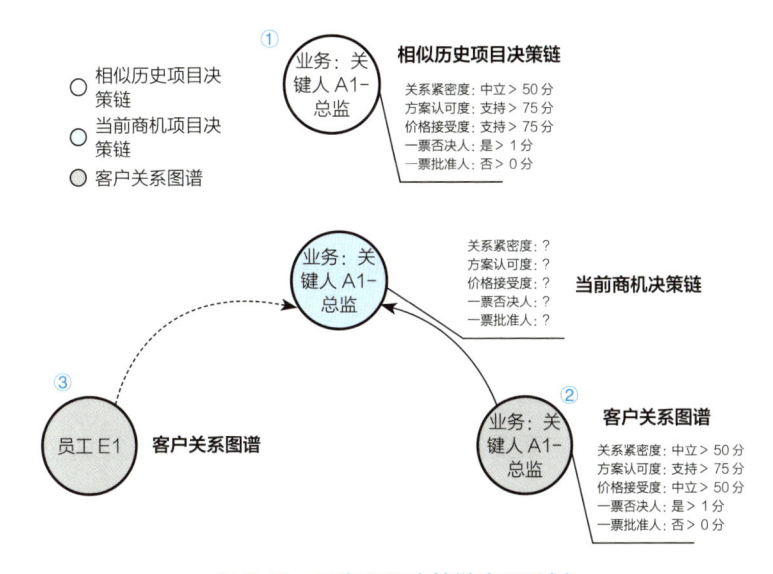

图 6-2 历史项目决策链应用示例

- 通过找到该关键人在相似历史项目的决策链中对我司的关系紧密度、

方案认可度和价格接受度，来推导和确认该关键人在当前项目上对我司的三维关系；

● 通过找到该关键人在客户关系图谱中对我司的关系紧密度、方案认可度和价格接受度，来验证该关键人在当前商机上对我司的三维关系；

● 通过在客户关系图谱中找到对该关键人可以深度影响的我司员工，来提升三维关系。

二、财：历史项目预算和中标金额数字化资产分析

通过分析客户相似历史项目中的预算金额和最终中标金额，为当前商机制定较精准的价格策略和销售策略。如图 6-3 所示。

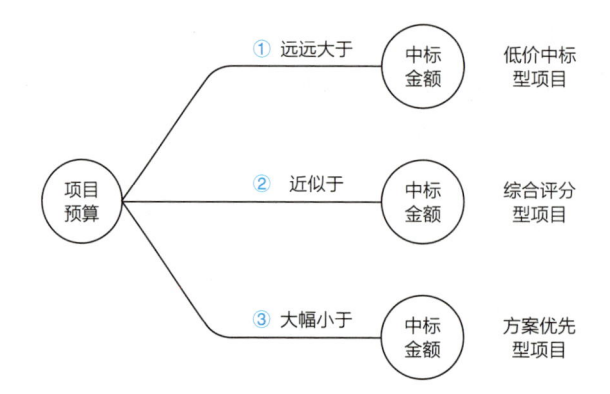

项目预算
① 远远大于 → 中标金额　低价中标型项目
② 近似于 → 中标金额　综合评分型项目
③ 大幅小于 → 中标金额　方案优先型项目

图 6-3　历史项目预算和中标金额差分析示例

● 如果类似历史项目，中标金额往往远小于预算金额，则可能该客户采用先选几家满足条件者入围，最终采用价低者中标的方式。如果是这样，在当前商机上，我们要将方案要做得接地气；同时要提前做好预案：如果最终价格比得知的预算费用低很多，我们是否在价格上拼得过友商？我们是否还要跟这个商机？

● 如果类似历史项目，中标金额往往接近预算金额，则可能该客户是在

第6章
项目行为规律数字化资产管理

满足预算的前提下，选择方案最佳的方案供应商。如果是这样，在当前商机上赢单，我们要先摸准预算，并且方案一定先进、要高端。

- 如果类似历史项目，中标金额往往远高于预算金额，则可能该客户看中的是方案，而且预算不严格管控，是可以随时追加的。如果是这样，在当前商机上，我们就要针对决策链中的关键人方案认可度和关系紧密度全力做工作和提升，方案做得越前沿、越高端，就越好。

三、物：关键时点、评标内容和打分标准数字化资产分析

物是指类似历史项目中的关键时点，评标内容和打分标准等数据。

1. 关键时点

关键时点是指描述出历史项目的关键里程碑和对应时间，从这些数据里读懂历史项目关键时点背后的故事，从而发现客户项目规律，把控当前项目节奏和轻重缓急。

项目也是有生命的，我们通过对相似历史项目的关键时点的解读，可以发现客户项目的内在规律。如图6-4示例的解读。

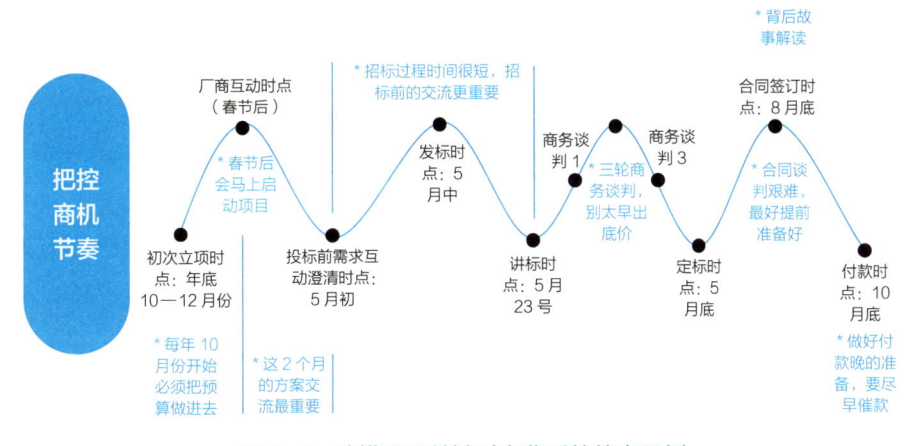

图6-4 读懂项目关键时点背后的故事示例

- 可以看出客户一般年底为明年的项目做预算，所以每年 10 月份开始必须把明年我司要做的项目预算做进去。

- 可以看出客户一过春节，就会马上开始推动新项目启动，所以我们要提前做好准备。

- 招投标过程时间很短，说明招投标之前客户很可能已基本有了比较倾向的目标供应商，所以春节后到招标前这两个月的交流最为重要。

- 客户招标出了短名单后，还会进行三轮商务谈判来议价，所以投标时别太早出底价，否则商务谈判时就没有降价空间了。

- 合同谈了三个月，说明对方法务以及项目管理方对细节审核得很细致，所以最好一通知我司中标就把合同模板发给对方法务和项目负责人，节省合同谈判和签署时间。

- 中标后，五个月后才付第一笔款，所以要做好付款晚的准备，看看资金是否支撑得住，另外要提早催款，全力促使对方尽早付款。

2. 评标内容和打分标准

如果我们不能事先掌握客户当前商机评标内容和打分标准，可能会投入大量资源和时间，在投标阶段才突然发现基本没有希望了。但我们不可能每个商机都有好的客户关系，事先得到该商机评标内容和打分标准。我们就可以从相似历史项目中得到过去项目评标内容和打分标准，以此来类推当前商机。

当我们事先得到或推导出当前项目评标内容和打分标准，我们就可以通过下面的评标标准优化五原则，使胜利天平一点点向我司倾斜。

- 去除屏蔽我司的条款和内容。
- 加上屏蔽主要友商的条款和内容。
- 去除不利于我司的条款和内容，至少降低评分权重。
- 增加有利于我司的条款和内容，或增加已有该类条款和内容的评分权重。

第 6 章
项目行为规律数字化资产管理

- 修改条款要站在客户角度上思考，理由要充分合理，站得住脚，条款发布后要经得起审计。

销售是一个动态变化的过程，化解每个风险点，利用每个机会点，一天进步一点点，就能成功。

如图 6-5 所示，假如我司是一家国际软件头部公司，左边是客户类似历史项目评标标准，即原评标标准。原评标标准分析如下。

```
原评标标准                          优化后标准

产品演示和使用体验——高权重         公司整体实力——高权重
不利于我方的标准——降低权重         合作伙伴生态——高权重
价格——高权重                       行业标杆案例——高权重
不利于我方的标准——降低权重         产品演示和使用体验——降低权重
自主可控——高权重                   价格——降低权重
屏蔽我方的标准——去除
```

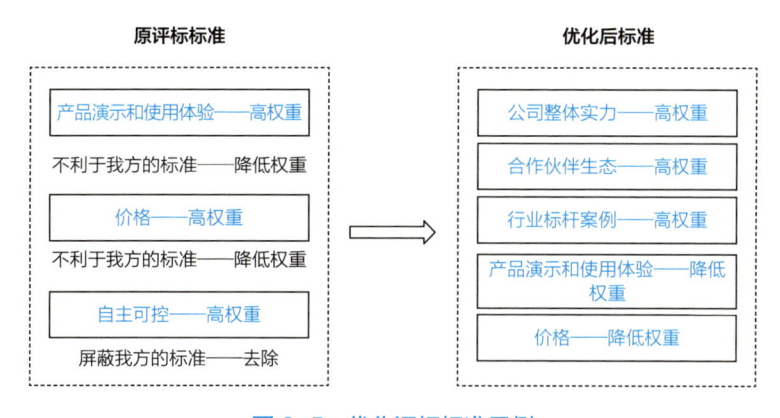

图 6-5　优化评标标准示例

- 产品演示和使用体验——高权重：因为是国际化标准软件，更聚焦通用性和普遍适应性，针对国内客户体验和方便性未必是最好的。这是不利于我司的标准，而且是高权重；但产品演示和使用体验的要求是合理的，不可能去除，所以我们要全力降低该指标权重。

- 价格——高权重：因为我司是大企业，成本高，价格相对也会比较高。这是不利于我方的标准，而且是高权重；但对成本的关注是合理的，不可能去除，所以我们要全力降低该指标权重。

- 自主可控——高权重：因为我司不可能为一个项目提供产品的底层代码，这是我司的核心竞争力，所以这违背我司标准，必须去除；如果去除不了，就不必花时间和资源跟这个项目了。

如果我们早知道上述客户标准评标标准，我们就可以试着看看能否对原评标标准进行优化。

- 公司整体实力——高权重：我司是国际软件头部公司，整体实力和每年投入研发的资金肯定是遥遥领先的，所以看看能否加入这一条，这是高权重。
- 合作伙伴生态——高权重：我司是国际软件头部公司，非常注重合作伙伴生态，也提供了很好的二次开发工具，所以看看能否加入这一条，这是高权重。
- 行业标杆案例——高权重：我司是国际软件头部公司，国内外有大量同行业类似成功案例，这一块也是遥遥领先的，所以看看能否加入这一条，这是高权重。
- 产品演示和使用体验——降低权重：正如前文所述，这一条是我司的弱项，但对客户需求来说，又非常合理，所以我们看看能否降低该指标权重。
- 价格——降低权重：正如前文所述，这一条是我司的弱项，但对客户需求来说，又非常合理，所以我们看看能否降低该指标权重。

如果我们能把评标标准优化成上述标准，那我们赢单的概率就大幅提升了。

四、情：我情和敌情数字化资产分析

我情是指在相似历史项目中我司的技术方案和商务方案。我们可以根据客户对方案的认可度，决定复用多少原来技术方案。我们可以根据客户对价格的接受度，制定合适的商务价格策略。

敌情是指主要友商在相似历史项目中的报价范围和大致技术方案。这些信息不可能太详细，有个大致范围即可。我们可以根据友商历史报价范围和大致技术方案，制定本项目中我司技术方案和商务方案策略。

五、节：历史项目输赢关键点总结数字化资产分析

节是项目输赢关键点的总结。需要总结的是冰山下我们无法一眼看穿的深层次原因，即本质原因，比如，这个项目输单是因为客户最高管理层与友商负责人有着很深的个人信任关系。

小结 本节介绍了项目行为管理五要素：人、财、物、情、节。

练习 请找到一个跟当前正在打的项目类似的历史项目，从人、财、物、情、节五方面分析项目规律，然后说一说对当前项目有什么指导意义？

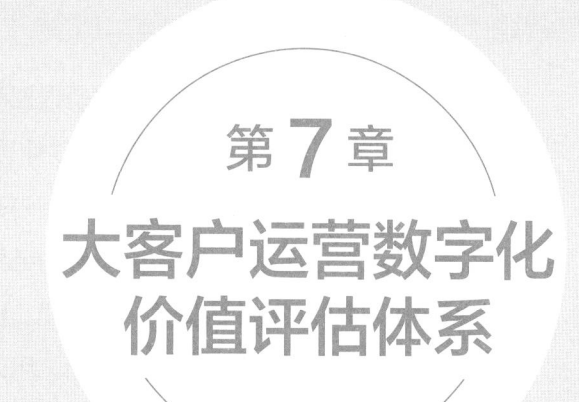

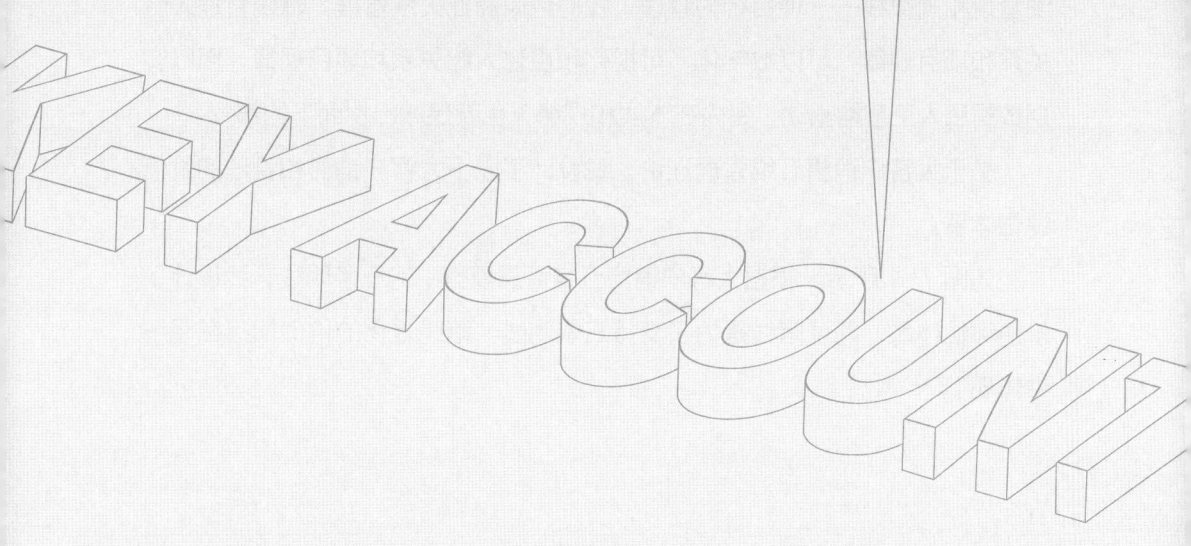

第7章
大客户运营数字化价值评估体系

很多做大客户生意的企业都是根据商机总金额和赢单总金额去评估大客户运营状态的，也就是根据客户潜力和贡献度去评估。但这种方法评估的是运营的结果，而不是评估运营过程和内在原因，知道结果的时候已经无法改变了，也无法确认是什么原因引起的结果。所以我们需要构建完善的大客户销售和管理的价值评估体系，一方面，监控大客户运营状态的健康度，随时采取措施来优化健康度；另一方面，用以发现导致大客户销售结果的底层原因，从而可以及时对症下药。

我设计了大客户销售五维管理理论，即大客户销售和管理是由三条明线和两条暗线组成。

三条明线是客户线——大客户管理、打单线——销售过程管理和支撑线——销售支持管理。明线管理大客户销售的模式、方法、流程和技巧等，是外在表象，也就是冰山水面上的部分。两条暗线是人脉线——企业人脉资源管理和规律线——项目行为管理，我们也叫商业关系管理。暗线管理人脉关系和项目规律，可以数字化、可视化和量化人脉关系和项目规律，用以实现数据和人工智能驱动，是内在本质和规律，也就是冰山水面下的部分。

基于大客户销售五维管理理论，我设计了以下大客户销售和管理的价值评估体系。

如图7-1所示，根据大客户销售五维管理模型中的三条明线，我设计了价值评估体系。两条暗线是为了支持三条明线，暗线量化的价值指标在明线中体现。

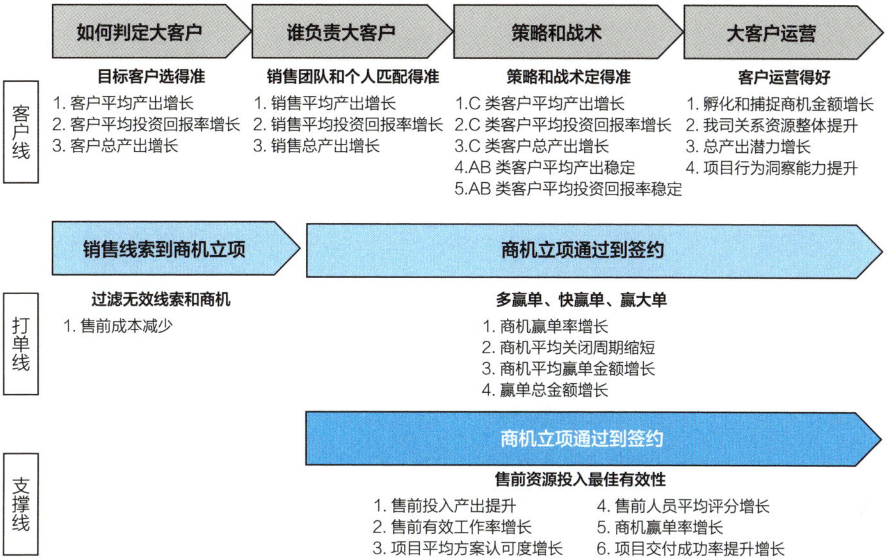

| 第 7 章 |
大客户运营数字化价值评估体系

客户线

如何判定大客户 → **谁负责大客户** → **策略和战术** → **大客户运营**

目标客户选得准
1. 客户平均产出增长
2. 客户平均投资回报率增长
3. 客户总产出增长

销售团队和个人匹配得准
1. 销售平均产出增长
2. 销售平均投资回报率增长
3. 销售总产出增长

策略和战术定得准
1. C 类客户平均产出增长
2. C 类客户平均投资回报率增长
3. C 类客户总产出增长
4. AB 类客户平均产出稳定
5. AB 类客户平均投资回报率稳定

客户运营得好
1. 孵化和捕捉商机金额增长
2. 我司关系资源整体提升
3. 总产出潜力增长
4. 项目行为洞察能力提升

打单线

销售线索到商机立项 → **商机立项通过到签约**

过滤无效线索和商机
1. 售前成本减少

多赢单、快赢单、赢大单
1. 商机赢单率增长
2. 商机平均关闭周期缩短
3. 商机平均赢单金额增长
4. 赢单总金额增长

支撑线

商机立项通过到签约

售前资源投入最佳有效性
1. 售前投入产出提升
2. 售前有效工作率增长
3. 项目平均方案认可度增长
4. 售前人员平均评分增长
5. 商机赢单率增长
6. 项目交付成功率提升增长

图 7-1 大客户运营价值评估体系

221

大客户管理——客户线价值数字化评估指标

客户线的价值量化指标根据大客户管理五步法中的前四步，分成四个阶段量化价值评估指标。

阶段一：如何判定大客户

这个阶段主要评估目标客户是否选得准。

客户平均产出增长： 是指我们选出的大客户平均产出增加，意味着我们目标客户选得准。产出既可以是大客户已达成的销售金额，也可以是在商机立项阶段或通过商机立项阶段的商机金额。

客户平均投资回报率增长： 是指我们选出的大客户平均投入产出增加了，既说明我们目标客户选得准，也说明客户增长不是通过加大投入引起的。投入是大客户商机售前投入金额。产出既可以是大客户已达成的销售金额，也可以是在商机立项阶段或通过商机立项阶段的商机金额。

客户总产出增长： 是指我们选出的大客户产出总量提升了，也就是我司整体业务量增加了，说明前面的增长指标不是通过大幅减少大客户数量引起的。产出既可以是大客户已达成的销售金额，也可以是在商机立项阶段或通过商机立项阶段的商机金额。

阶段二：谁负责大客户

这个阶段主要评估销售团队和个体与客户是否匹配得准。

销售平均产出增长：是指销售人员平均产出增加，意味着我们的销售与客户匹配得准。产出既可以是销售已达成的销售金额，也可以是销售负责的在商机立项阶段或通过商机立项阶段的商机金额。

销售平均投资回报率增长：是指销售人员平均投入产出增加了，既说明我们的销售与客户匹配得准，也说明销售人员业绩增长主要不是通过加大投入引起的。投入是销售在售前阶段投入费用。产出既可以是销售已达成的销售金额，也可以是销售负责的在商机立项阶段或通过商机立项阶段的商机金额。

销售总产出增长：是指销售人员总产出量提升了，也就是我司的整体业务量增加了，说明前面的增长指标不是通过大幅减少销售人员数量引起的。产出既可以是销售已达成销售金额，也可以是销售负责的在商机立项阶段或通过商机立项阶段的商机金额。

阶段三：策略和战术

这个阶段主要评估大客户资源投入策略、管理策略和战术是否定得准。至于A、B、C类大客户定义，请查看大客户管理中的资源投入策略部分，此处就不赘述。

C类客户平均产出增长：是指我们选出的C类大客户平均产出增加，意味着我们的C类客户选得准。产出既可以是大客户已达成的销售金额，也可以是在商机立项阶段或通过商机立项阶段的商机金额。

C类客户平均投资回报率增长：是指我们选出的C类客户平均投入产出增加了，既说明我们的C类客户选得准，也说明投入C类客户是值得的，其潜力大，回报高。投入是大客户商机售前投入金额。产出既可以是大客户已达成的销售金额，也可以是在商机立项阶段或通过商机立项阶段的商机金额。

C类客户总产出增长： 是指我们选出的C类客户产出总量提升了，也就是我司针对C类客户整体资源投入策略、管理策略和战术是正确的，说明前面的增长指标不是通过大幅减少C类客户数量引起的。产出既可以是大客户已达成的销售金额，也可以是在商机立项阶段或通过商机立项阶段的商机金额。

A、B类客户平均产出稳定： 是指我们选出的A、B类大客户平均产出稳定，意味着我们A、B类客户选得准，也就是它们的贡献大，但潜力不大，所以保持稳定产出即可。产出既可以是大客户已达成的销售金额，也可以是在商机立项阶段或通过商机立项阶段的商机金额。

A、B类客户平均投资回报率稳定： 是指我们选出的A、B类客户平均投入产出稳定，说明我们的A、B类客户选得准，也就是它们的贡献大，但潜力不大，投入产出已趋于稳定。投入是大客户商机售前投入金额。产出既可以是大客户已达成销售金额，也可以是在商机立项阶段或通过商机立项阶段的商机金额。

阶段四：大客户运营

这个阶段主要评估客户运营的效果。

孵化和捕捉商机金额增长： 是指大客户商机处在立项阶段或通过商机立项阶段的总金额增长。这个说明我司能提前布局，具备引导客户的能力。

我司关系资源整体提升： 是指我司整体资源能力是否提升，指标可参考前文中介绍的"我司关系数字化管理"：我司客户关系量化的指标，我司客户关键人关系量化的指标，我司员工与能深度影响关键人关系量化的指标。

总产出潜力增长： 是指通过大客户运营后，大客户对我司的潜在总产出增长量。增长量越大，大客户运营得越好。总产出潜力增长＝当前大客户潜力产出之和−之前大客户潜力产出之和。

- 大客户 A 潜力产出＝大客户 A 预期年度投入 × 客户关系紧密度得分％× 关系紧密度权重＋大客户A预期年度投入 × 客户方案认可度得分％× 方案认可度权重＋大客户 A 预期年度投入 × 客户价格接受度得分％× 价格接受度权重。比如，大客户 A 预期年度投入 1000 万元，我司与该客户关系紧密度、方案认可度和价格接受度皆为 60 分，权重都为 1/3，大客户 A 潜力产出＝1000 万元 ×60%×1/3+1000 万元 ×60%×1/3+1000 万元 ×60%×1/3=600 万元。

- 备注：预期年度投入是指预期该客户与我司业务相关项目的每年投入金额，大客户的关系紧密度、方案认可度和价格接受度定义见前文企业人脉资源管理中的企业关系量化部分。

项目行为洞察能力提升： 是指针对客户类似历史项目的人、财、物、情、节的了解情况是否有提升。例如，我们原来只了解了大客户项目行为的 10%，现在我们了解了 20%，那就是提升了 100%。

小结 本节主要介绍了大客户管理中"客户价值数字化评估指标"。它分为四个阶段，分别是：如何判定大客户，谁负责大客户，策略和战术，大客户运营。

销售过程管理——打单线数字化价值评估指标

◇

阶段一：销售线索到商机立项

这个阶段主要是评估过滤无效线索和商机的能力。过滤的方法可以查看销售过程管理赢单五步法中"值得赢吗""这是一个机会吗"以及"我们有竞争力吗"这三类判断方法。

减少无效线索和商机的能力，就是售前降本的能力。售前降本是指在商机立项通过前，被过滤掉的线索或商机如继续跟进的预计售前费用之和。

阶段二：商机立项通过到签约

这个阶段主要评估赢单能力，也就是多赢单、快赢单和赢大单的能力。

商机赢单率增长： 是指在商机立项阶段后，商机赢单率提升，也就是多赢单。可以从赢单金额与商机总金额以及赢单数量和商机总数量两方面进行评估。商机赢单率增长说明我司赢单能力的提升。

商机平均关闭周期缩短： 商机立项到关单阶段的平均周期，体现了我们控制商机过程和加快商机推进的能力，也就是快赢单。可以从赢单和输单两方面周期缩短进行评估。

商机平均赢单金额增长： 我们赢的单子的平均金额的增长，体现了我们在销售过程中对客户商机预算的控制力提升，也就是赢大单。

赢单总金额增长： 商机赢单总金额的增长，体现了我们的生意越做越大，也可以反映出我们在销售线索到商机立项阶段，没有误删过多的有效商机。

小结 本节主要介绍了销售过程管理中的"打单线数字化价值评估指标"，主要分为两个阶段：销售线索到商机立项，商机立项通过到签约。

销售支持管理——支撑线数字化价值评估指标

⬦

支撑线业务价值主要体现在售前资源投入产出高。商机立项通过后才会投入售前资源全力去开展销售，所以支撑线主要评估的是从商机立项通过到签约的过程。其评估指标如下。

售前投入产出提升： 用来评估售前投入和产出的提升，显示是否最合适的资源匹配了最合适的商机。售前投入产出 = 赢单金额 / 售前费用。

售前有效工作率增长： 用来评估售前人员有效工作时间的提升，从而实现售前降本增效。比如，售前有效工作率原来是 65%，现在提升到 75%。有效工作时间需要商机负责人确认。有效工作率 = 有效工作时间 / 法定工作时间。

项目平均方案认可度增长： 用来评估我们售前工作的效果。售前主要工作就是让客户认可我司的方案和产品。该评估指标可对比商机决策链的平均方案认可度的提升情况。商机决策链的平均方案认可度计算见企业人脉资源管理中商机决策链量化部分，此处就不赘述了。

售前人员平均评分增长： 用来评估销售过程中团队是否协同一致，紧密配合，就是商机负责人对团队中每一个成员的打分是否有提升。比如，去年同期平均打分是 60 分，今年是 80 分，表示团队协同一致性大幅提升。

商机赢单率提升： 指我司售前支持能力的提升带来的效果，就是赢单率提升。可以从赢单金额和赢单数量两方面去考核商机赢单率的提升，并与项目决策链平均方案认可度增长做对照。

项目交付成功率提升： 主要考核售前方案的落地性，避免销售阶段虚假承诺，交付阶段无法落地。交付成功率提升可以从交付项目利润额和交付成功项目数量两方面去考核。

小结 本章介绍了大客户销售和管理价值评估体系：基于五维管理中的三条明线（客户线、打单线和支撑线），定义了几十个量化指标，来对大客户管理、销售过程和售前支持的健康度和能力进行评估。

练习 请从上面介绍的大客户销售和管理价值评估体系中，找出贵司最关注的几个指标，对贵司进行现状评估，并给出改进建议和计划。

第 8 章

数字化时代大客户销售和管理最佳实践

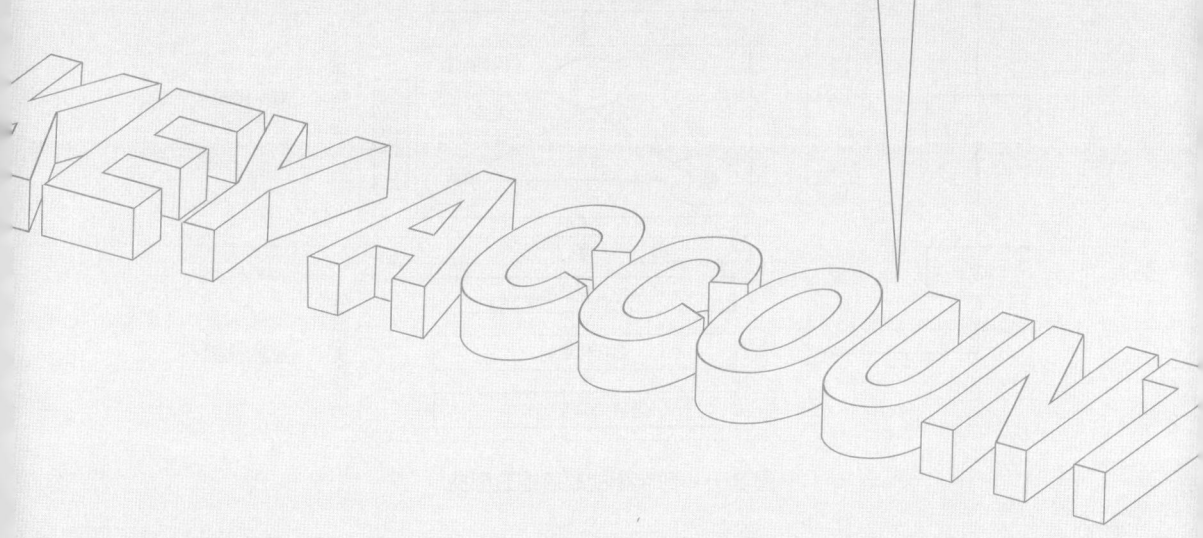

销售数字化战略如何落地及常见问题

◆

本节我将介绍：企业有了数字化战略后，各个业务单元如何落地，以及回答几个战略落地过程中常见的问题。

如图 8-1 所示，数字化战略和落地分成三个主要部分：数字化规划、数字化设计和数字化赋能；数字化落地主要体现在数字化设计和数字化赋能中，整个流程分为五个步骤，我称其为"战略落地五部曲"。

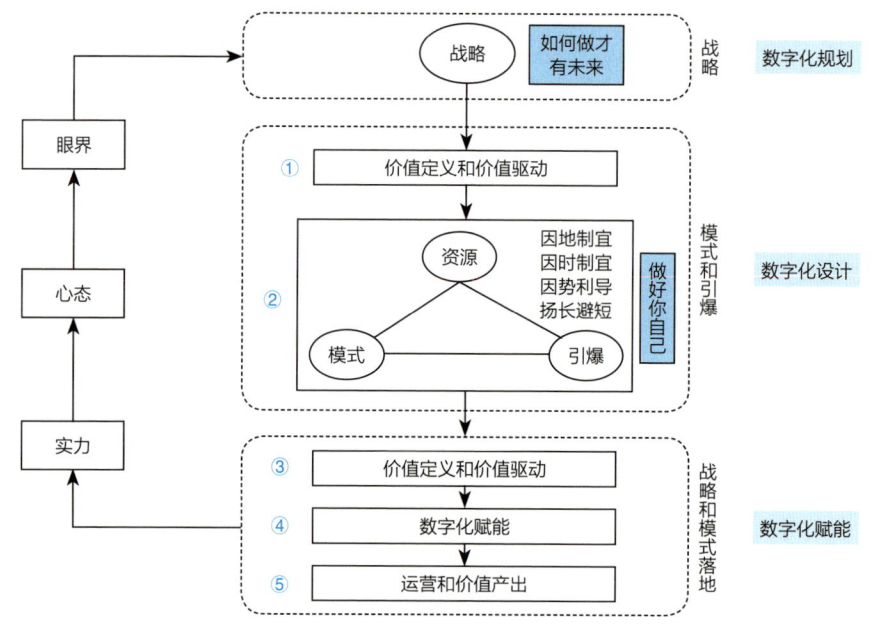

图 8-1 数字化战略落地五部曲

第 8 章
数字化时代大客户销售和管理最佳实践

一、价值定义和价值驱动

当数字化战略制定后,各个业务单元一定要和集团最高管理层清楚地定义本业务单元在集团战略中的价值定位和价值评估方法。根据讨论后的集团认可的价值定义和评估方法,去驱动后面的业务模式等的设计。

这一步是一定要做的,在这件事上一定不能自以为是。比如,集团把我们业务单元定义为成本中心,只需要我们把本职工作做好就行;但假如我们把自己定义成了利润中心,那后面所有的业务模式设计都会出现巨大的偏差。

二、通过 RMB[①] 方法定义模式和引爆点

在集团内部对价值定义达成共识后,我们基于当前数字化能力,开始设计模式和引爆点。

模式和引爆点设计原则是:做最好的自己,而不是盲目地模仿别人。我们提出的十六字方针是:因地制宜,因时制宜,因势利导,扬长避短。

资源。我们首先要盘点一下数字化技术可以与哪些资源相融合。比如,销售网络、服务网络、品牌知名度、资产、客户数量、客户触点、客户流量等。

模式。模式有很多种,比如,业务模式、盈利模式和运营模式等。这里最关键的一点,是我们要根据前面的价值定义来确认我们是要做模式转型还是模式优化。比如,原来我们业务单元是成本中心,现在要做利润中心,那就是要做模式转型。这会涉及大量的转变和创新,比如,盈利模式创新、业务方式创新、人员能力创新、组织架构创新等。如果我们的业务单元定位没

---

① 即资源(resource)、模式(mode)、引爆点(breakthrough)的英文首字母缩写。

233

有发生变化，仅是对效率和客户体验等提出了要求，那是模式优化，我们就聚焦在流程优化和数字化赋能上。

引爆点。引爆点是短期（比如1年）内可以带来的可量化的提升指标，而且这些衡量指标是得到集团最高层认可的。因为这么做可以保证转型或优化可持续下去。业务单元转型或优化最怕一些突发事件打乱进程，或我们定义的成功标准和集团领导的评估标准不一致。在这种情况下，即使转型或优化已经有了很大的成效，但集团领导从他的消息来源或视角看，会不认可，致使转型或优化半途而废。所以我们需要短期内达到和超越集团领导认可的评估标准，不断引爆，不断给集团领导以信心。这样才能得到更多的支持和帮助，消除不必要的杂音。

三、流程、组织、岗位和考核的制定

在模式和引爆点制定后，便开始设计流程、场景、组织、岗位和考核，我们称其为流程再造。

四、数字化赋能

就是选择数字化工具来支撑前面的模式、流程、场景、组织、岗位和考核等的落地。使用哪些数字化技术，应用哪些相关产品，这个因客户需求而定，存在着巨大的差异性。但交付的方法是有共性的，可以使用我在《营销和服务数字化转型：CRM3.0时代的来临》一书中介绍的全生命周期的交付方法，完成交付的三个转变：选型的转变——由聚焦软件选型到聚焦数字化创新；评估的转变——由聚焦软件功能到聚焦业务价值产出；预算和投入的转变——由一次性投入到几年一个周期持续投入产出。

五、持续运营和业务价值产出

在传统方法里,数字化系统上线和系统运营是分开来考虑的,而且重交付、轻运营。但这种"只管生,不管养"的方法造成系统上线,却无法产生业务价值的尴尬。我在全生命周期的交付方法里介绍了投入周期管理,其中介绍了系统上线后每年如何投入,来进行系统运维和业务运营。

当上述"五部曲"有效执行后,企业实力会不断增强;实力增强后,企业自然会更有信心;有了信心后,眼光也会更长远,自然也会反映在企业战略上。这样就形成了一个良性循环。

在介绍了"战略落地五部曲"之后,我先来回答几个在战略落地过程中常见的问题。

问题 1:战略落地过程中的重大风险点有哪些?

业务单元和集团对价值定义不在同一频道上。容易受突发事件影响,打乱所有进程,所以一定在第一步中与集团在价值定义和价值驱动方向上达成共识,在第二步中与集团在引爆点和评估标准上达成共识。

人走茶就凉。主要领导一变动,原先所做的所有转型和优化就慢慢停顿和渐渐淡化消失。所以一定要建立长效机制,把模式、流程、场景、组织、岗位以及考核等固化在数字化系统中,高层发生变动后,原先的转型和优化仍在系统中运转。

只管生,不管养。转型和优化一开始肯定不完美,需要持续运营,不断纠偏和优化。我们的转型和优化需要给予时间、空间和资源守护其成长。

问题 2:成本中心如何转为利润中心?

成本中心要想转为利润中心,一般要经过模式的转型,就是业务模式、盈利模式和运营模式等的转型。同时要对业务单元组织架构进行重大调整,把经营权、人事权和分配权赋予利润中心，才能做到自驱动、自组织、自演进和自盈利。

问题 3：在组织转型后，前、中、后台考核模式如何设计

前台。通过给客户带来高体验和高价值，从而使自身获得高收入。前台考核来自客户和市场，找到最合理和可量化的指标。

中、后台。由管理职能转变成运营和支撑职能，前台调用中后台资源，通过整体运营效果来考核中、后台。

问题 4：组织、流程、场景、岗位、考核的顺序是什么？先组织后流程，还是先流程后组织？

如果是做重大业务模式转型，可能需要先考虑组织变革，再看流程、场景等其他要素。就是看集团能不能满足对组织变革的要求，比如，提升业务单元等级，赋予人事权、经营权和分配权等。

如果业务模式不做转变，只做流程和场景优化的话，可以流程和场景优先，设计最佳流程和场景，再看组织、岗位和考核等如何配合优化后的流程和场景。

问题 5：价值流、业务流和数据流的前后顺序？

在设计、规划和落地阶段，可以按照价值流——业务流——数据流的顺序进行。

在运营阶段，价值流、业务流和数据流应该是相辅相成，循环向上的。

小结 本节介绍了企业战略落地五部曲：价值定义和价值驱动；通过 RMB 方法定义模式和引爆点；流程、场景、组织、岗位和考核的制定；数字化赋能；持续运营和业务价值产出。

第 8 章
数字化时代大客户销售和管理最佳实践

兵无常势，销售策略和数字化应用随市场而变

我在前文中介绍过数字化时代大客户销售和管理三条明线是守正、出奇和蓄势。"守正"是大客户管理，"出奇"是销售过程管理，"蓄势"是销售支撑体系管理。大客户管理是道，也叫客户线管理，更注重方向性、战略性，不追求短期目的；销售过程管理是术，也叫打单线管理，更注重短期效果，以是否赢单作为衡量标准，更讲究谋略；销售支撑体系是势，也叫支撑线管理，是在为企业建立系统性的优势，搭建企业的护城河。我在本节介绍一下在不同的市场环境中，如何选择和应用这些方法。

如图 8-2 所示，"兵无常势，水无常形"，我们需要针对不同的市场状况（新进入市场、平稳上升市场和成熟饱和市场），采用不同的销售策略，聚焦不同的销售领域。

一、新进入市场

如图 8-3 所示，在新进入市场里，一切从零开始，因为基数低，到处都是机会，抓住一个就可能成倍增长，所以我们更关注如何抓住机会和规避风险。

我们首先要关心如何做到出手快、准和重，以此来抓住市场机会。要想做到这一点，就得给销售负责人足够的权力，即三权合一——经营权、人事权和分配权合一。给了足够的权力后，再通过制度让每一个区域自组织、自驱动、自演进和自盈利。

237

	新进入市场	平稳上升市场	成熟饱和市场
市场描述	跑马圈地的市场，到处都是机会	已进入市场一定时间，但该市场容量还在扩张	市场容量已稳定，头部企业也基本排定
市场策略	抓得住机会，控得住风险	客户深度运营，培育大客户大单	在保证收入的前提下，降本增效，提高利润率
大客户管理	非重点。因为刚进入市场，还无法确定谁是大客户	重中之重。一般采用二八原则，大客户大单决定市场天平朝谁倾斜	重点。一般采用二八原则，大客户大单决定市场天平朝谁倾斜
销售过程管理	重点。通过销售过程管理来抓机会和控风险	重点。项目和销售人员越来越多，必须快速复制成功经验和进行有效管理	重点。提升管理可视性和销售人员销售技巧
销售支撑管理	非重点。进入新市场，往往靠几个人单打独斗	非重点。市场还在扩展，利润空间还大，降本增效还不是重点	重中之重。需要聚焦如何高效利用资源产生最大投资回报

图 8-2 不同市场状况采取不同市场策略和数字化应用

新进入市场的销售管理策略

如何抓住机会
1. 出手要快：决策权力
2. 出手要准：要有熟悉当地的人
3. 出手要重：有资源，可决策

三权合一：经营权、人事权、分配权

可持续发展：四自（自组织、自驱动、自演进、自盈利）

数字化系统支撑：
- 销售术语的统一
- 销售管理方法的统一
- 销售风险的管控
- 关键数据的收集
- 赢单技巧的分享

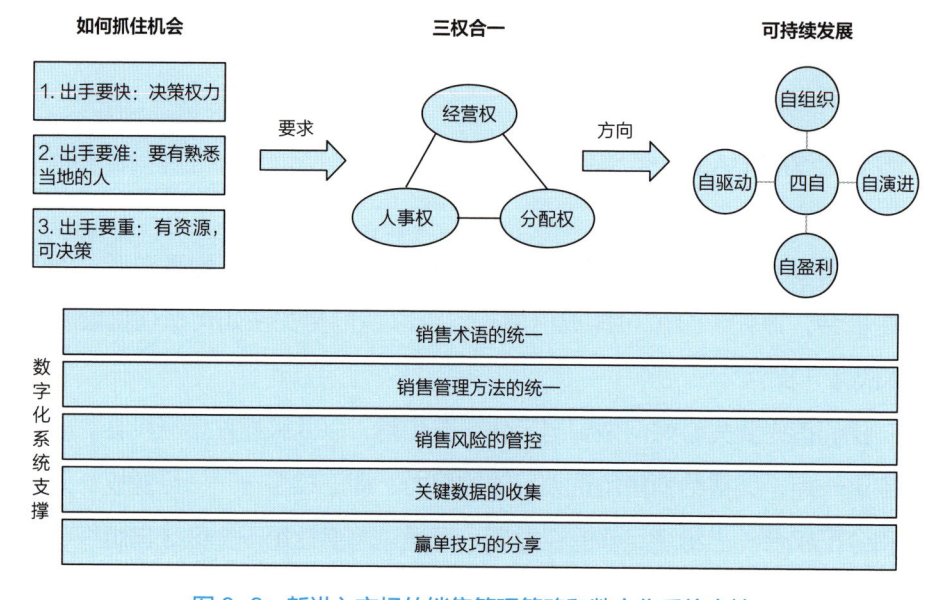

图 8-3 新进入市场的销售管理策略和数字化系统支持

在新进入市场中，领导人的个人能力和视野起到很大作用，管理往往是不完善的、粗犷的。那我们数字化系统又如何赋能销售管理呢？我认为从以下五方面入手。

1. 销售术语的统一

我们进入新的市场，就是为了使公司业务得到更大的成长。一旦成长起来，就会发现销售术语的不统一对我们的成长造成了极大束缚。同样一个词，如线索、商机、销售额、成本、大项目、大客户等，大家的理解完全不一样，导致不同的事业部、不同的地区、不同团队等根本无法有效沟通、协同、管理和考核等都难有效执行。所以，我们首先要通过数字化系统统一销售术语，以便不同员工、部门和组织在相同语境下交流。

2. 销售管理方法的统一

我们可以根据某地的特殊情况采用个性化的销售方法和个性化的销售流程。但是，针对某种类型的销售方法，如大客户直销，我们销售的框架要统一但允许各个地区或事业部可以在框架里的每个流程和功能中加入自己个性化的东西。如果我们没有一个基本框架，也无法做集团管控和数据驱动，那就只能考核结果。

3. 销售风险的管控

进入一个不熟悉的市场，我们必须了解和规避风险，比如，法律风险、税务风险、操作风险、道德风险、市场风险等。我们完全可以把规避风险的方法固化在数字化系统的流程和功能中，设置各种规则和提醒，来帮助新手规避风险。

4. 关键数据的收集

初入一个市场时，我们不可能让销售人员花太多时间在数字化系统操作上，但有些关键数据是必须收集的，比如，商机信息、客户信息、客户的关键人信息和决策链信息。这些信息完全可以在销售管理和售前资源申请过程中让销售人员主动录入真实数据。

5. 赢单技巧的分享

初入一个市场，很多员工可能都是新手，既不熟悉产品和方案，也不了解客户，更不知道如何销售。要让他们自己去摸索，可能一年时间都浪费过去了。所以我们必须快速培养员工的销售技巧，分享赢单经验，如前文中介绍的赢单五步法。

大客户管理、销售过程管理、销售支撑管理的应用建议如下。

大客户管理。非重点。因为刚进入市场，我们还在寻找机会，还没有大客户可以管理。

销售支撑管理。非重点。因为新进入的市场往往没有太多的销售支撑资源，往往靠几个人单打独斗，直接相互联系即可。

销售过程管理。重点。前面说的销售术语的统一、销售管理方法的统一、销售风险的管控、关键数据和赢单技巧分享的收集这五个主要任务就是在销售过程管理中实现的。

- 销售术语的统一：例如，商机分级、商机阶段。
- 销售管理方法的统一：例如，销售流程、打单四问。
- 销售风险的管控：例如，风险管控。
- 关键数据的收集：例如，商机决策链。
- 赢单技巧分享：例如，赢单五步法。

二、平稳上升市场

在平稳上升的市场里，虽然已进入一定时间，公司也具备一定规模。但因为每年还有很大市场增量空间出现，如何把已有客户做大（大客户管理），多赢单（销售过程管理）。这时对降本增效的需要（销售支撑管理）还不是很迫切。之所以大客户管理这么重要，是因为从已有客户身上提升份额要比获取一个新客户容易得多，而且基本上头部 20% 大客户会带来 80% 以上的收入，所以头部大客户的管理才是重中之重。

大客户管理、销售过程管理、销售支撑管理的应用建议如下。

大客户管理。重中之重。就是通过大客户管理五步法管理大客户：如何判定大客户，谁负责大客户，策略、战术和规划，如何运营大客户，整体评估。

完成六大核心任务中的三个：孵化捕捉商机，提升关系，掌握项目行为。

销售过程管理。重点。功能同"新进入市场"。项目和销售人员越来越多，必须快速复制成功经验和进行有效管理。

销售支撑管理。非重点。市场还在扩展，利润空间还大，降本增效还不是重点。

三、成熟饱和市场

当市场容量已稳定，行业头部企业竞争格局也基本明朗时，利润变得更加重要，也就是企业要练内功，要更健康地成长。企业降本增效的最好抓手是销售支持管理，即使每一份资源都产生最大回报。

大客户管理、销售过程管理、销售支撑管理的应用建议如下。

大客户管理。重点。这时候要保住已有市场份额和提升投入产出，大客户管理是重点。功能同平稳上升市场的大客户管理。

销售过程管理。重点。在竞争越来越激烈的市场中,要保证赢单率,就得提升管理可视性和销售人员销售技巧。也就是需要销售过程管理。功能同平稳上升市场中的销售过程管理。

销售支撑管理。重中之重。这个阶段需要聚焦如何高效利用资源产生最大投资回报,所以需要销售支撑管理。也就是在资源调度和使用过程中,进行资源匹配、过程协同和资源整合。

小结 "兵无常势,水无常形",我针对三类市场:新进入市场、平稳上升市场和成熟饱和市场,介绍了相应的市场策略,以及如何应用大客户管理、销售过程管理和销售支撑管理。

客户服务转型和数字化创新

大客户的服务可以分为：售前服务，就是销售服务，我前文介绍的销售支撑管理就是售前服务；售中服务，即交付服务，就是产品安装和项目实施服务；售后服务，我本节介绍的客户服务就是指售后服务。

数字化时代，企业对客户服务的期望和要求也发生了翻天覆地的变化。在竞争日益激烈的今天，企业不满足于客户服务成为成本中心，仅充当产品和方案销售后的收尾，而是赋予了客户服务更多内涵。很多企业都希望了解在服务过程中——

- 如何让客户感受产品价值，产生认同？
- 如何发掘客户的新需求，向客户推荐其他功能？
- 如何建立客户荣誉体系，培养更多的忠诚客户？

传统售后服务聚焦在解决客户产品使用问题上，不需要承担销售、客户留存和增长任务。我们要想解决上面三个问题，就得做出巨大改变。

如图 8-4 所示，我们需要从客户服务的定位、协作方式、产品、考核、员工能力、数字化平台六方面进行创新，才能使客户服务完成销售、客户留存和客户增长任务。

一、客户服务新定位

客户服务过程是最容易加深客户信任，孵化挖掘商机的时间点，如果我们不加以利用，那就是白白浪费了时间和金钱。在客户服务过程中的销

图 8-4　数字化时代新服务

售成功率要远远大于面向一个新客户的销售成功率，而成本又会低很多。原因如下。

有的放矢。客户服务过程中容易了解客户痛点，这时销售产品和方案最有针对性。

没有竞争。客户服务过程中竞争对手不会参与，时间充裕，没有竞争。

投入低。在服务过程中顺带介绍新产品和方案，节省大量差旅费用和时间。

易接受。服务过程是帮助客户解决问题的过程，客户对你有依赖感和感激之情，这期间介绍新产品和方案客户更容易被客户接受。

传统客户服务人员虽然天天接触客户，跟客户沟通需求和痛点，但往往只关注当前客户产品和方案中碰到的问题，希望尽快解决来关闭服务工单。新的销售机会与其考核无关，所以也不会关注和推进。因此，我们必须重新对客户服务定位。也就是客户服务不是销售的延伸和附庸，而是销售的开始，客户服务过程即最高效的销售过程。

客户服务除了解决客户产品和方案碰到的问题，还需要重新定位服务和销售的关系：服务和销售合二为一，即服务是销售，销售也是服务。客户服务定位要完成大客户销售和管理六大核心任务中的后三大任务。

- 孵化捕捉商机。
- 提升客户关系紧密度、方案认可度和价格接受度。
- 掌握项目行为规律。

客户服务新定位回答了前面三个问题的答案。

"如何让客户感受产品价值，产生认同"：如何提升客户的方案认可度和价格接受度。

"如何发掘客户的新需求，向客户推荐其他功能"：如何洞察客户项目行为规律，挖掘和孵化商机。

"如何建立客户荣誉体系，培养更多的忠诚客户"：如何提升客户的关系紧密度。

我们通过接下来的协作方式创新、产品创新、考核创新、员工能力创新和数字化平台创新来实现服务定位的创新。

二、客户服务新协作方式

客户服务的定位变了，客户服务的流程也需要随之改变，需要新流程协助销售和服务融为一体。

在传统客户服务中，销售团队和售后服务团队两者之间的诉求是矛盾的，这就导致在客户服务中实现销售、大客户留存和持续增长变为不可能完成的任务。两个团队的诉求和痛点如下。

1. 销售团队

诉求：想了解在服务中客户的新需求，想向客户推荐新的产品和方案。

痛点：对售后服务过程一无所知，客户也不会主动来沟通。

2. 售后服务团队

诉求： 只关心尽快解决售后问题，客户不投诉。

痛点： 了解新需求，推荐新产品会影响我的服务工作，对我的考核产生负面影响。

如上，销售团队的诉求是服务团队的痛点。要想解决，就得做客户服务协作方式的创新。也就是说，服务人员与销售人员如何相互协作配合去销售和提升客户关系。

首先要基于客户建立销服一体化虚拟团队。需要以大客户为基础单位，构建销售服务一体化虚拟团队，也就是，销售要参与到售后的服务过程中去。

通过新流程构建新的互动沟通机制。要通过新流程固化销售人员与售后服务人员的互动沟通机制。例如：

● 关键时点会议。在售后的关键时点，销售人员参与沟通。关键时点包括客户提交重大问题工单时点、重大问题工单解决关闭时点、客户投诉时点等。

● 定期会议。每隔一定时间周期（比如半月或一月），召开客户现状和需求分析会，销售人员和售后服务人员共同参与。

● 突发会议。当一些突发事件发生时，销售人员或售后服务人员都可随时发起会议邀请。突发事件如客户提出新需求、客户内部重大变动等。

三、客户服务新产品

售后服务人员一般没有意识自发去做感情升华和业务增值任务。我们必须给他们一个抓手，这个抓手就是服务产品化。让他们通过提供服务产品的方式，去实现大客户留存和增长。传统的服务产品化是服务部门找到成为利润中心的产品，服务部门自己去销售，但服务过程中过度销售产品会影响客

第 8 章
数字化时代大客户销售和管理最佳实践

户的满意度和信任感。所以，我们需要从另一个角度去设计服务产品化，也就是设计销售部门和服务部门一体的服务产品，用以在服务过程中销售人员和服务人员协作完成大客户销售和管理任务，而不是各自独立去销售产品和方案。两者并不是割裂的，不是销售部门卖销售部门的产品，服务部门卖服务部门的产品。

如图 8-5 所示，我们在设计服务产品化时不要仅从这个服务产品获利多少去设计，而是依据客户服务新定位中的三大核心任务去设计：孵化捕捉商机；提升客户关系紧密度、方案认可度和价格接受度，掌握项目行为规律。

客户服务三大类任务	1. 孵化捕捉商机类	①	②	⑦	⑧
	2. 掌握项目行为类	③			
	3-1. 提升价格接受度类	④	⑤	⑨	
	3-2. 提升方案接受度类	①	④	⑥	⑦
	3-3. 提升关系紧密度类	④	⑤	⑧	⑨
定义服务菜单	①项目回顾和效果评估　②头脑风暴　③私下拜会，了解项目行为规律 ④业务价值运营和提升服务　⑤带来新的赢利空间服务　⑥产品方案新功能推荐 ⑦最新案例介绍和参观　⑧服务定期例会　⑨特别预算解决客户重大体验问题

图 8-5 新服务产品化示例

1. 依据这三大核心任务去设计服务产品菜单

- 项目回顾和效果评估。
- 头脑风暴。
- 私下拜会，了解项目行为规律。
- 业务价值运营和提升服务。
- 带来新的赢利空间服务。

247

- 产品方案新功能推荐。
- 最新案例介绍和参观。
- 服务定期例会。
- 特别预算解决客户重大体验问题……

所有这些服务产品需要我们设计好服务流程、定价（如果有）、服务执行人和考核等。

2. 把服务产品菜单中的服务项按三大核心任务去归类

有的服务项会同时属于几个任务大类。

孵化捕捉商机类

- 项目回顾和效果评估。
- 头脑风暴。
- 最新案例介绍和参观。
- 交付和服务定期例会。

掌握项目行为类

- 私下拜会，了解项目行为规律。

提升价格接受度类

- 业务价值运营和提升服务。
- 带来新的赢利空间服务。
- 特别预算解决客户重大体验问题。

提升方案接受度类

- 项目回顾和效果评估。
- 业务价值运营和提升服务。
- 产品方案新功能推荐。
- 最新案例介绍和参观。

提升关系紧密度类

- 业务价值运营和提升服务。
- 带来新的赢利空间服务。
- 交付和服务定期例会。
- 特别预算解决客户重大体验问题。

在上文归类中，我把提升客户关系这一核心任务分成三个子任务去分析：客户关系紧密度、方案认可度和价格接受度。

四、服务人员新考核

客户服务团队的考核除了传统的解决问题的工单数量、有效工作时长和客户满意度等指标，还要加上销售、客户留存和增长的考核指标，并基于以下三个核心任务制定考核指标：挖掘孵化商机的质量和数量；关系紧密度、方案认可度和价格接受度提升程度；项目行为规律掌握的提升度。

具体指标定义可以参考前文"大客户运营数字化价值评估体系"里的大客户运营指标，此处就不赘述了。

五、团队成员新能力

就是要求销服一体化团队中每个成员由单一技能型人才向销服一体化复合技能型人才转型。

如图 8-6 所示，销售人员和售后服务人员需要重新赋能，向销服一体化复合型人才转型。

销售人员。 除了深度掌握销售知识，还必须掌握基础的售后服务知识。至少是要掌握售后服务的整体流程和步骤、关键节点、客户服务产品内容等。

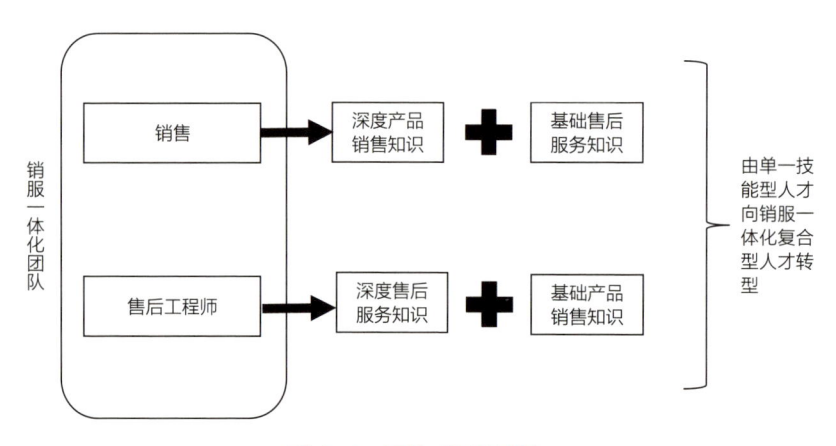

图 8-6　团队成员新能力

售后服务人员。除了深度掌握售后服务知识，还必须掌握基础的销售知识。至少是掌握有多少种产品在卖，标准价格是多少，哪种是主推产品等。

六、新数字化平台

传统大客户沟通往往是线下多对多的沟通，这会导致大量信息不对称。例如，在售后服务中客户对售后服务人员提出一个新需求，其实我司是有产品和方案能满足的，但很多时候售后服务人员也仅是听听而已。客户也不知道该找谁去咨询，机会也就白白错失了。所以，最好的方式就是通过数字化平台来实现客户需求的可视化。

通过数字化平台把客户关键人和我司客户销服一体化团队汇聚在一起，为客户提供线上一站式管家式服务的同时，赋能客户服务的三大新核心任务的达成：孵化和捕捉商机，提升关系紧密度、方案认可度和价格接受度，掌握项目行为规律。

如图 8-7 所示，客户数字化互动平台功能如下。

提供服务并互动。为每个客户提供个性化社区，提供全方位服务并互

```
销服一体化团队-              客户A数字化社区                 客户A
    客户A
                    ┌─────────────────────────────────┐
                    │  我司动态和活动      我司最新爆款   │    关键人1
      销售          │                                  │
                    │  产品方案介绍        服务产品介绍  │
                    │                                  │    关键人2
                    │  客户A项目交付情况   客户A项目运营情况│
                    │                                  │
     售后服务       │  客户A问题解决情况   客户A需求互动 │    ……
                    │              ……                  │
                    └─────────────────────────────────┘
         针对客户A：1. 孵化捕捉商机；2. 提升关系紧密度、方案认可度和价格接受度；
                   3. 掌握项目行为规律
```

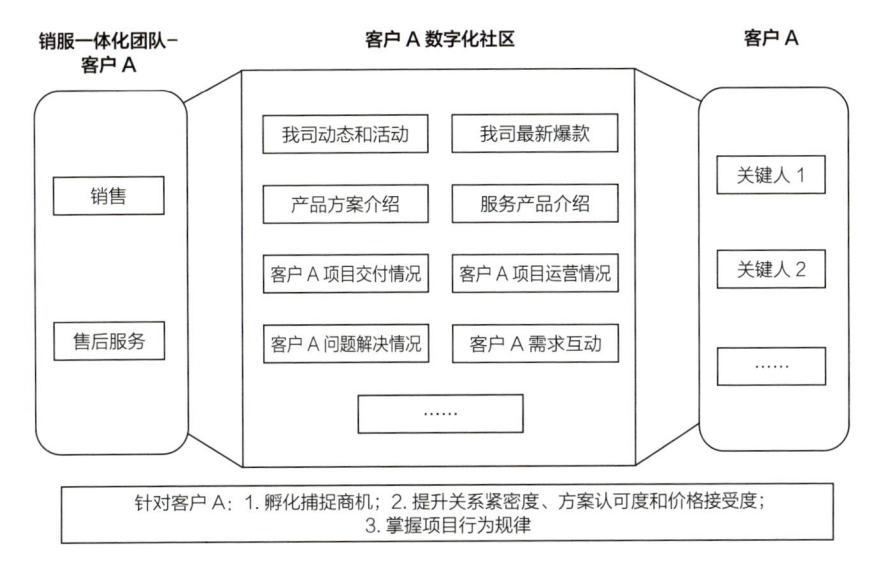

图 8-7　客户数字化互动平台功能示例

动，例如，为客户 A：

- 我司动态和活动。
- 我司最新爆款。
- 产品方案介绍。
- 服务产品介绍。
- 客户 A 项目交付情况。
- 客户 A 项目运营情况。
- 客户 A 问题解决情况。
- 客户 A 需求互动。
- ……

共享需求和反馈。客户 A 销服一体化团队通过这个数字化平台为客户提供服务的同时，也能共享客户关键人实时和准确的需求和反馈。

获得服务和支持。客户 A 关键人通过这个数字化平台可以获得最及时和全面的服务和支持。

完成客户服务三大新核心任务。针对客户 A 关键人的行为、需求和反馈，数字化互动平台可以完成客户服务三大新核心任务：孵化捕捉商机，提升关系紧密度、方案认可度和价格接受度，掌握项目行为规律。

七、六类创新汇总

如图 8-8 所示，六类模式创新的汇总和关系如下。

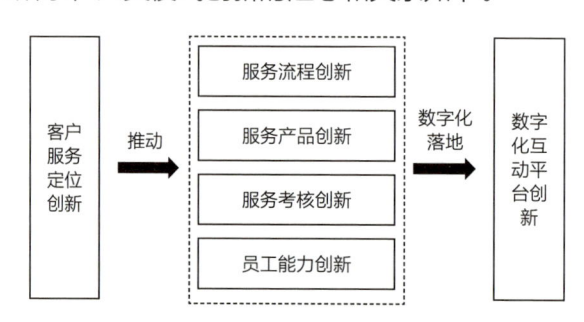

图 8-8　六类创新的汇总和关系

客户服务定位创新。通过重新定位服务，把服务和销售合二为一，即服务是销售一部分，服务也要完成大客户销售和管理中的三大核心任务。这就给服务的转型和创新指明了方向，推动了后面的四类创新。

服务协作创新。服务重新定位需要建立销售人员和服务工程师销服一体化团队，并且定义销服一体化团队新协作方式。

服务产品创新。服务重新定位必须有抓手，就是在合适的场景下推广合适的服务产品，而不能靠个人的自发行为。所以我们需要建立基于客户服务三大核心任务的服务菜单。

服务考核创新。为了支持服务定位的变化，服务考核也要随之变化。客户服务团队除了传统的考核指标，如解决问题的工单数量、有效工作时长和客户满意度等，还要加上销售、客户留存和增长等考核指标。

员工能力创新。为了使员工能适应服务新定位，销售人员和售后服务人员需要重新赋能，向销服一体化复合型人才转型。

数字化互动平台创新。为了使前面五类创新落地，可以通过数字化互动平台把客户关键人和我司客户销服一体化团队汇聚在一起，为客户提供线上一站式管家式服务的同时，赋能客户服务的三大新核心任务的完成。

小结 本节介绍了大客户售后服务在六方面的创新：定位、协作方式、产品、考核、员工能力和数字化平台，以及六类创新之间的关系。

三轮驱动体系助力数字化系统赋能销售人员

◇

大客户销售和管理的工具是客户关系管理系统。客户关系管理产品从诞生之初就面临着一个巨大困境，公司管理层可能对客户关系管理趋之若鹜，认为它是解决销售问题的一剂良方，但一线销售人员非常抵触，要么不愿使，要么录入很多无效信息。我从 1999 年开始踏足客户关系管理领域，基本上每个客户都在问如何让一线销售人员把客户关系管理使用起来。到 20 多年后的今天，这个问题仍然是客户必问问题之一。

当客户问类似问题时，我们过去总是跟客户说，要加强考核，保证使用率，存在既有理，只要员工在用，就表示客户关系管理有价值，等等。比如，我们经常鼓励客户把员工客户关系管理使用率计入考核，使用率低，扣绩效。但其实这是一种负激励方式，以罚代管，客户关系管理使用率并不是和客户关系管理产生业务价值画等号。

之所以出现这样的问题，是和我们的客户关系管理设计思想有关。从客户关系管理诞生之初，针对销售功能，就采用两轮驱动的模式，即以员工工作为中心和以客户需求为中心的设计方法。但我们从来没有认真考虑过销售人员，尤其是一线销售人员真正的需求。

如图 8-9 所示，传统的客户关系管理聚焦在以下几点。

- **以员工工作为中心**。也就是销售经理如何围绕客户需求来完成自己的工作，常见的功能如活动、线索、商机、合同、报价、回款等。
- **以客户需求为中心**。也就是洞察客户需求，通过各种场景和触点给客户提供最好的体验，从而提高赢单率。

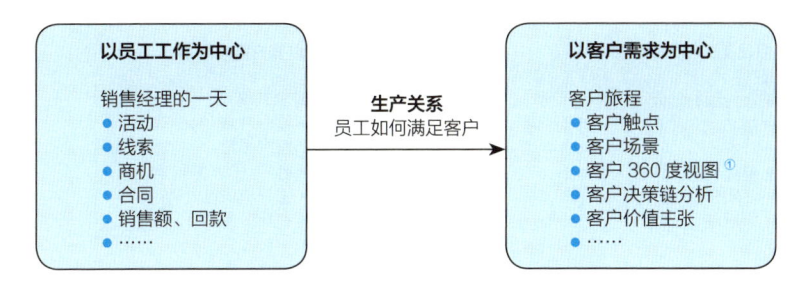

| 第 8 章 |
数字化时代大客户销售和管理最佳实践

```
以员工工作为中心              以客户需求为中心
销售经理的一天    生产关系      客户旅程
● 活动          员工如何满足客户  ● 客户触点
● 线索                        ● 客户场景
● 商机                        ● 客户 360 度视图①
● 合同                        ● 客户决策链分析
● 销售额、回款                  ● 客户价值主张
● ……                         ● ……
```

图 8-9　传统 CRM 的两轮驱动模式

这种模式的问题就是聚焦在销售如何满足客户，即建立了一种员工和客户的生产关系：也就是以客户为中心，销售如何通过每日的工作来满足客户需求，以达成销售任务。

但这里忽视了生产力的问题。员工是生产力的源泉，生产力的发展和变化，决定着生产关系的发展和变革。只有提升了生产力，才有可能真正改善生产关系，从而提升公司整体的销售能力。不开心的销售是很难给客户带来高满意度的，所以我们不能只关注客户的需求，而忽略了销售的需求。

一、建立三轮驱动模式，通过提升生产力来完善生产关系

如图 8-10 所示，我们需要为客户关系管理建立第三个板块（以员工需求为中心），这样才能使客户关系管理销售体系达到平衡，从而使销售对客户关系管理产生热情和依赖。

很多客户关系管理产品为员工提供了知识库、线上培训等功能，这算不算以员工需求为中心？算，但是这还远远不够。

就像在"以客户需求为中心"模式中，我们以客户的生命周期去管理客户，在以"员工需求为中心"模式中，我们要以员工的生命周期去管理员工。

---

① 即让企业能够全方位地建立客户认知，消除客户生命周期所有的信息脱节。

255

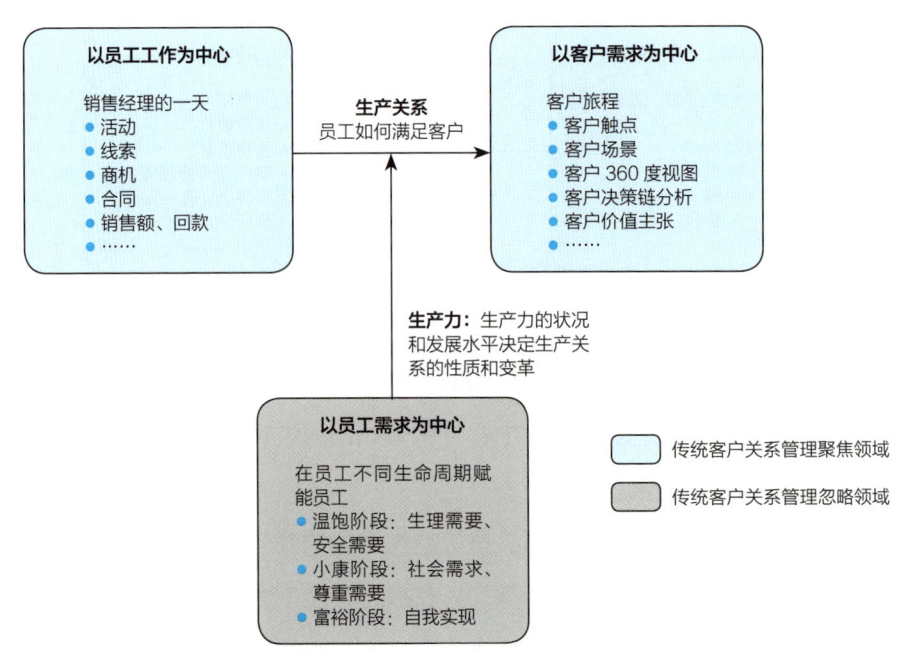

```
┌─────────────────────┐                    ┌─────────────────────┐
│  以员工工作为中心    │                    │  以客户需求为中心    │
│                     │     生产关系       │                     │
│  销售经理的一天      │ ─────────────────▶ │  客户旅程           │
│  ● 活动             │  员工如何满足客户   │  ● 客户触点         │
│  ● 线索             │                    │  ● 客户场景         │
│  ● 商机             │                    │  ● 客户360度视图    │
│  ● 合同             │                    │  ● 客户决策链分析   │
│  ● 销售额、回款      │                    │  ● 客户价值主张     │
│  ● ……               │                    │  ● ……               │
└─────────────────────┘                    └─────────────────────┘
                             ▲
                             │
                    生产力：生产力的状况
                    和发展水平决定生产关
                    系的性质和变革
                             │
                    ┌─────────────────────┐
                    │  以员工需求为中心    │
                    │                     │
                    │  在员工不同生命周期赋 │
                    │  能员工             │          ▢ 传统客户关系管理聚焦领域
                    │  ● 温饱阶段：生理需要、│
                    │    安全需要          │         ▣ 传统客户关系管理忽略领域
                    │  ● 小康阶段：社会需求、│
                    │    尊重需要          │
                    │  ● 富裕阶段：自我实现 │
                    └─────────────────────┘
```

图 8-10　客户关系管理三轮驱动模式

二、实现"以员工需求为中心"的客户关系管理功能

如图 8-11 所示，员工的生命周期不是指销售人员在公司中的工作年限，也不是指他的职位上升路径，而是指他在公司中的生存和需求状态。有的人会在一个阶段停留很久，有的人可能会迅速通过每一阶段。一般来说，销售人员会处在以下三个阶段之一。

温饱阶段。往往是销售刚入职不久阶段，此阶段的状态是缺单子，缺对方案的理解，还缺相关的支持资源。

小康阶段。往往是销售有了稳定的客户阶段，此阶段的状态是每年会有持续的单子进来，完成业绩的压力不大，进入了良性循环。

富裕阶段。这是个大部分销售无法企及的阶段。这个阶段的销售完成业绩指标往往已不是问题，他在行业中也有了很多积累和沉淀。此阶段他更关注自己在业内的知名度和大家对他的认可度，就是力争成为业内的影响力

第 8 章
数字化时代大客户销售和管理最佳实践

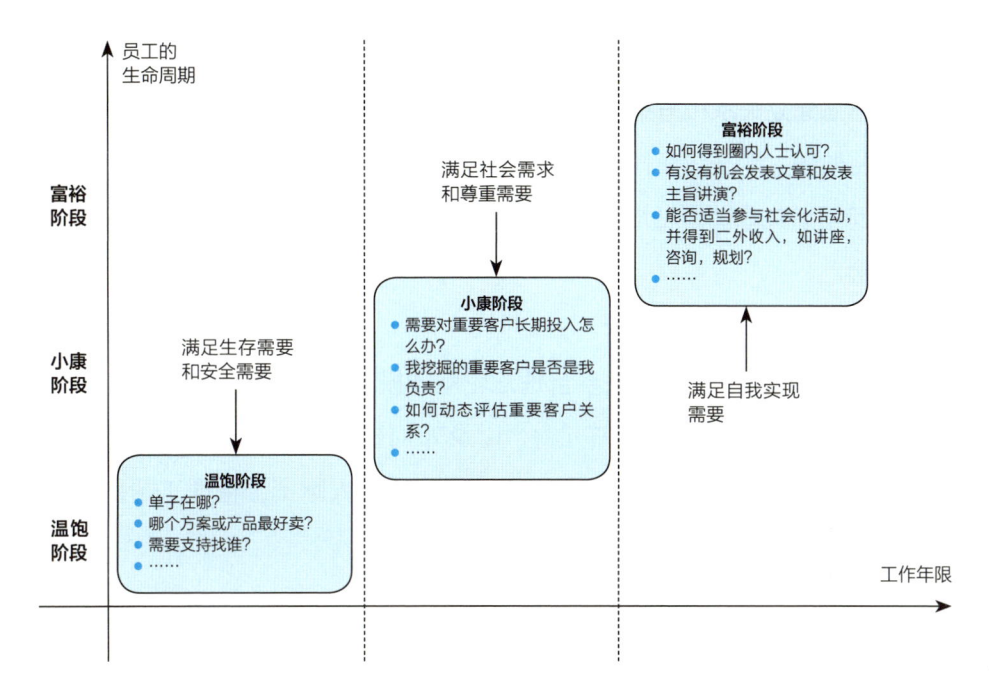

图 8-11 按员工成长阶段满足员工需要

中心。

当销售处于这些阶段时，我们如何设计客户关系管理来满足他的需要呢？在温饱阶段，要帮助销售存活下去，即通过客户关系管理帮助销售找到商机，推荐最合适的方案，在销售过程中提供最好的售前支持和赢单经验分享；在小康阶段，要提供各种资源帮助销售维系一些重要客户，在关系和方案上取得优势，加快商机的推进；在富裕阶段，要帮助销售与内部组织和社会化资源对接，用以体现销售的自身价值，帮助其成为业内名人和影响力中心。

把大客户销售和管理的五维管理功能融入客户关系管理系统中，能够帮助公司实现以员工为中心的第三轮驱动。

温饱阶段。我们可以在销售过程管理商机分配的节点更合理地分配商机给新员工，以及通过客户关系管理系统为其推荐最匹配的主流方案；我们也可以通过销售支撑体系为新销售提供资源倾斜。

小康阶段。 我们可以在大客户管理中提前布局，通过建立方案引导团队等各种方法建立关系和方案优势，从而加速商机的推进。

富裕阶段。 对于这个阶段的销售，我们应该通过企业人脉资源管理在集团内部跨组织共享销售私域人脉资源和专长，给其成为业内名人和影响力中心的机会。

小结 本节介绍了客户关系管理三轮驱动模式（以客户需求为中心、以工作为中心和以员工需求为中心），以及如何根据销售成长阶段，通过销售过程管理、销售支撑体系、大客户管理和企业人脉资源管理来帮助员工成长。

| 第 8 章 |
数字化时代大客户销售和管理最佳实践

数字化驱动的销售组织建设

◇

销售部门一般既重要又传统。说它重要是因为销售部门给公司带来了收入，保证公司生存；说它传统是因为一般销售部门就看业绩，靠人治，在数字化技术的应用上普遍比较滞后。接下来就讨论一下如何通过组织和岗位建设来常态化销售部门的数字化转型和创新。

一、驱动销售部门数字化建设的岗位设置

图 8-12 所示就是驱动销售数字化建设的转型岗位设定示意图。其岗位职责如下。

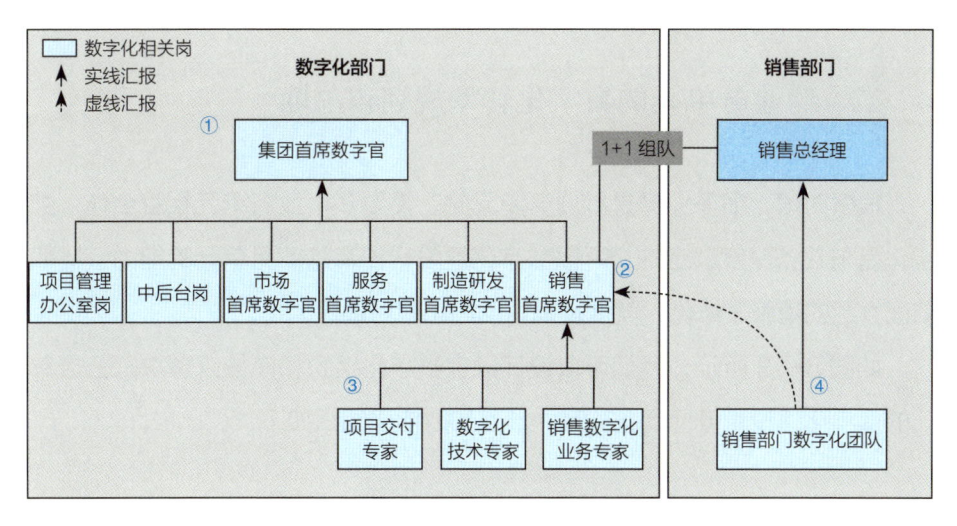

图 8-12　驱动销售数字化建设的转型岗位设定

集团 CDO[①]。拥有数字化领域决策权、分配权、人事权这三权；在由公司最高管理者，各条业务线一把手和首席数字官组成的数字化战略委员会上拥有重要话语权；通过数字化考核部门把各业务条线数字化转型过程和成果指标化和量化。

销售首席数字官。销售领域也要有自己的首席数字官，他汇报给集团首席数字官，与销售总经理一对一组队。销售领域的首席数字官是政委，销售总经理是司令，相互配合共同完成销售领域数字化转型和创新。销售领域的首席数字官得具备足够多的业务知识和信息技术知识，得有能力做销售总经理的朋友和导师，对销售领域数字化做整体规划。

销售数字化团队。销售首席数字官下面要有自己的数字化团队，他们可以做数字化项目，也可以做流程数字化赋能优化，应用推广最前沿数字化技术。

销售部门数字化团队。销售业务部门一般也都会有自己的数字化团队，这个团队建议直接向销售首席数字官汇报，这样销售首席数字官才能更好地了解销售业务现状和推进落实数字化创新和转型。

二、跨业务单元的数字化转型规划和落地

很多时候，很多业务是跨业务单元的，需要多个业务单元相互合作。数字化是与业务深度绑定的，所以数字化建设也要有跨业务单元的能力。比如前面介绍的**销服一体化**，就涉及销售部门和服务部门。

如图 8-13 所示，我们可以设计以上数字化组织和岗位来解决跨业务单元的数字化建设和落地问题。其中涉及的数字化组织如下。

---

① 首席数字官（Chief Digit Officer）。——编者注

第 8 章
数字化时代大客户销售和管理最佳实践

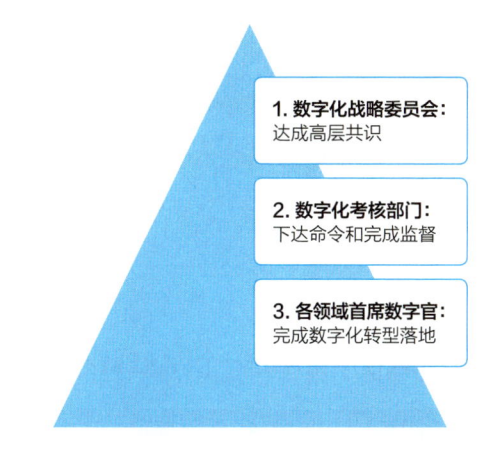

1. 数字化战略委员会：达成高层共识

2. 数字化考核部门：下达命令和完成监督

3. 各领域首席数字官：完成数字化转型落地

图 8-13　跨业务单元的数字化转型规划和落地

数字化战略委员会。没有最高管理者的参与和支持，很多事是推进不了的。所以，要成立数字化战略委员会，由公司最高管理者、各条业务线一把手和集团首席数字官组成。这个委员会的目的就是要设定短期和长期的数字化战略，以及协调跨业务单元的数字化转型和创新。在最高管理者的督导下，各个业务线一把手去推进。针对跨业务单元的数字化转型和创新，先在该委员会高层达成共识和制定方向。

数字化考核部门。可以在经营管理部下设立数字化考核部门，给各个业务条线设置数字化转型考核指标，并督促监管。之所以放在经营管理部下面，而没有成立新的部门，是因为经营管理部最有能力、最有经验和最有效率管理各条业务线。

各领域首席数字官。在数字化部门设立各领域首席数字官岗位。各领域首席数字官针对涉及自己领域的跨业务单元的数字化转型和创新，共同制定具体落地方案，通过数字化项目共同完成落地。

小结 本节介绍了数字化驱动的销售组织如何建设，其中包括销售业务单元内部的数字化岗位建设和跨业务单元的数字化岗位建设。

案例分析：用APPFI五步规划法[1] 规划大客户销售和管理

下面是咨询公司有关大客户管理的一个传统规划模板（图8-14）。

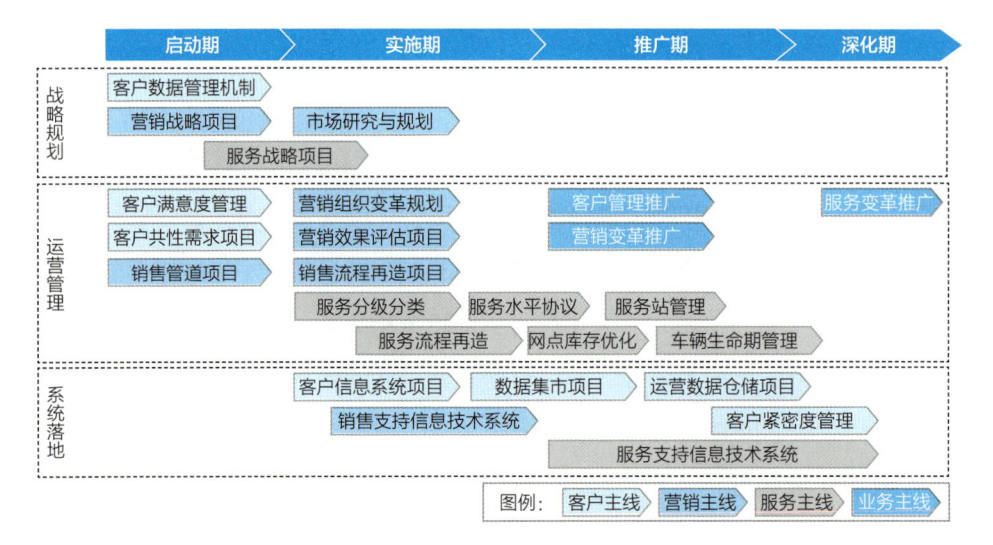

图8-14 传统大客户管理规划示例

该规划模板采用的是非常经典的客户关系管理规划方法，即水平客户关系管理规划方法。按战略规划、运营管理和系统落地三个维度，从客户、营销、服务和业务四条主线进行规划。

水平规划方法的优点是考虑全面，放之四海而皆准。但这种方法的问题也很突出。

---

[1] 即通过四问（Ask）、RMB 规划（Plan）、痛点汇总（Pain-Point）、功能汇总（Function）、创新汇总（Innovation）五个部分进行规划。

第 8 章
数字化时代大客户销售和管理最佳实践

- 不是业务价值驱动，没有业务价值引导，为了做而做，很多功能不知道做的意义，也产生不了价值。
- 因为从一开始就不知道自己想得到什么，所以无从判断规划是否有用，经常会导致一个咨询做完了又接着再做一个咨询的结果。

通过管理工具，以业务价值为引导，融合 CRM3.0 的大客户销售五维管理理论，既能帮企业规划数字化项目和设计数字化功能，也能帮企业沉淀数字化经验。为此我设计了 APPFI 方法，并通过思维导图进行分析。

如图 8-15 所示，右边是我之前介绍过的企业如何通过数字化规划、数字化设计和数字化赋能来落地一个数字化项目，这是一个方法论；左边是我为了右边方法论落地而设计的 APPFI 五步规划法。

APPFI 五步规划法既能一步步协助企业规划数字化项目和设计数字化功能，也能帮助企业不断积累和沉淀数字化经验，并加以利用和提升。APPFI 规划法分成五个部分。

四问。通过四问，找到本期业务价值引领方向。对应图 8-15 右边方法论中的"找出价值驱动点"。

RMB 规划。通过 RMB 法（资源、模式、引爆点），根据当前资源，找到本期模式和短期引爆点。对应图 8-15 右边方法论中的"做好你自己"。

痛点汇总。以四问和 RMB 规划的输出为前提，找到本期要解决的重点和痛点。痛点汇总、功能汇总和创新汇总整体对应图 8-15 右边方法论中的③④⑤。

功能汇总。以四问、RMB 规划输出和重点要解决的痛点为前提，找到本期要实现的重点功能。

创新汇总。以四问、RMB 规划输出、重点要解决的痛点和重点要实现的功能为前提，找到本期要实现的重点创新。

下面我通过一个 10 年前我亲自主导的大客户销售和管理项目的复盘，讲解如何使用 APPFI 五步规划法来应用和落地大客户销售五维管理理论。

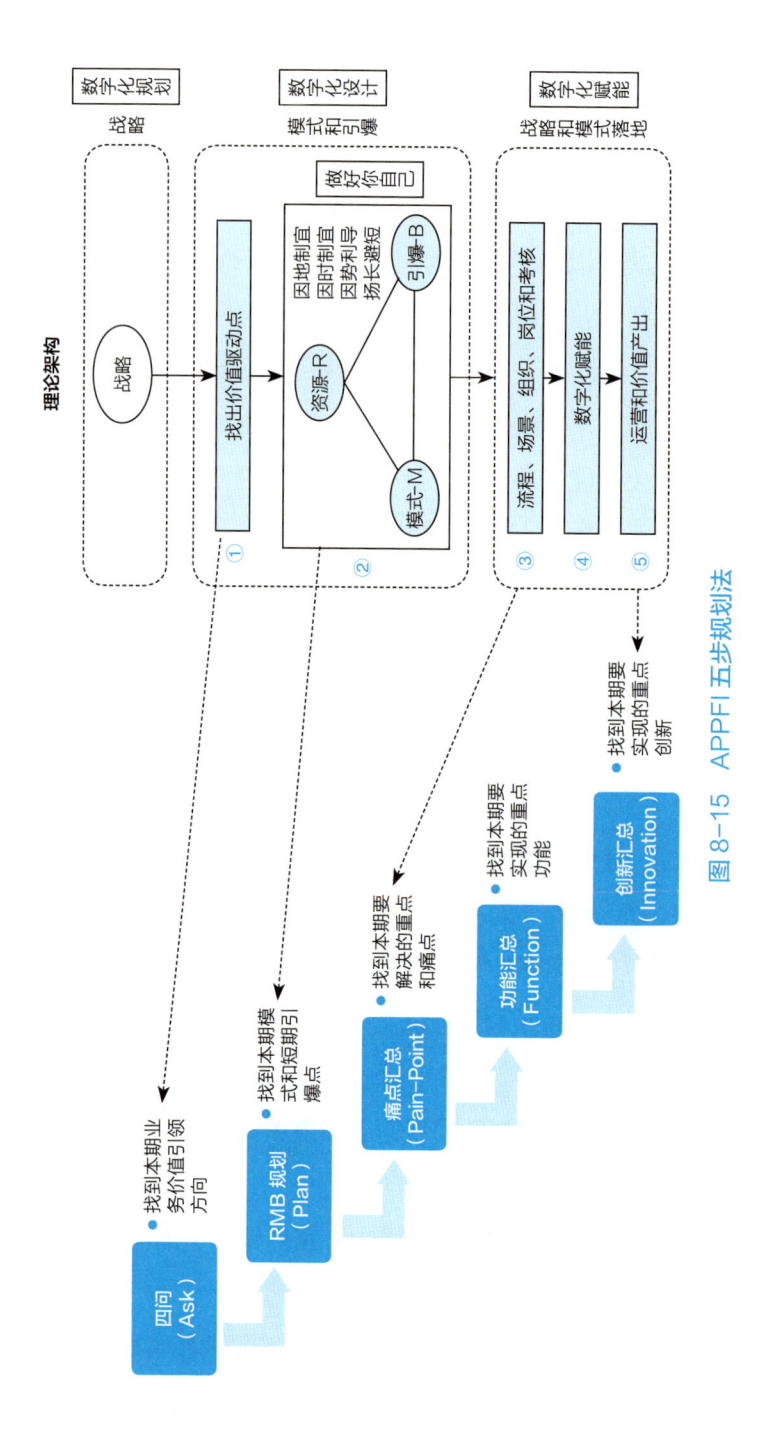

图 8-15 APPFI 五步规划法

第 8 章
数字化时代大客户销售和管理最佳实践

一、项目背景

1. A 企业介绍

- 一家视频会议和视频监控厂商，集研发、制造、销售、服务于一体，目前有员工 2000 人。
- 在全国设有 26 个办事处。
- 主要销售额来自行业客户，销售模式以准直销方式为主。
- 希望在保持原有行业客户优势的基础上，能向渠道分销方式转型，虽然已经做了多年的努力，但并不成功。希望能找一家业务咨询公司，帮助其实现转型。

2. 主营产品

- 视频会议：以高清视频会议市场为主，主要应用于政府、大型企业两大类客户。
- 视频监控：以高清视频监控为主，逐步替代传统模拟监控，目前处于关键切换期。

3. 目标市场

重点行业市场

- 指公、检、法、司、军等 13 个行业客户的视频会议产品和视频监控产品销售，采用准直销模式覆盖到用户的选型过程，成交由集成商完成，厂商控制力度较大。
- 在各行业总监的指导下，各办事处由主要领导 + 行业客户经理承担落地销售工作。
- 目前为主要销售收入来源（占比 70% 左右）。

通用行业市场

- 除 13 个重点行业客户之外的所有政府客户（含央企）的视频会议产品销售，同样采用准直销模式覆盖到客户的选型过程，成交由集成商完成，厂商控制力度一般。
- 主要由各办事处的主要领导 + 通用行业客户经理承担落地销售工作。
- 目前在主要销售收入来源中占比较小（12% 左右）。

通用分销市场

- 指除 13 个重点行业客户之外的所有客户的视频监控产品销售，采用代理制模式，目前计划一手抓分销商体系建设，一手抓工程商的项目推动。
- 主要由各办事处的渠道销售经理（渠道经理、分销经理）承担落地销售工作。
- 目前在主要销售收入来源中占 18% 左右。

4. 主要竞争对手

- 视频会议产品：宝利通，2012 年销售收入突破 20 亿元。
- 视频监控产品：海康、大华，2012 年销售收入分别突破 30 亿元、20 亿元。

5. 相关组织架构

A 企业与大客户销售和管理最相关的有 3 个部门：营销中心、监控产品线和视讯产品线。黄色背景标出的部门是组织架构不合理的子部门。具体分析见后面规划部分。

- 营销中心：26 个直属办事处、大客户部、渠道管理部、售前测试部、大客户服务部……
- 监控产品线：通用解决方案部、公安解决方案部、教育解决方案部、监控产品线硬件部、监控产品线制造与质量部、新技术预研部、项目管理部、售后服务部……

● 视讯产品线：行业业务部、企业业务部、制造与质量部、解决方案部、终端产品部、硬件部、测试部、产品市场部……

6. 项目期望

销售相关

● 建立统一的销售线索管理机制。

● 建立规范的销售过程管理方法。

● 建立复杂销售体系管理和销售流程自动化。

● 建立特有规格讨论、报价及样品的管理流程。

● 提供商机实施情况及报告，建立统一的销售方法指导及评估。

● 考虑客户关系管理与 K3[①] 的集成，提高信息完整度。

● 实现客户关系管理与 PLM[②] 的信息集成，提高市场/客户对产品信息的及时反馈。

● 实现销售预测，为供应链决策提供辅助支持。

● 移动客户关系管理功能，实现全面的客户信息/渠道信息的集中管理。

服务相关

● 建立适合不同客户群的差异化服务体系。

● 端到端的服务流。

● 呼叫中心功能，有效支撑各方的业务实时互动。

---

① 金蝶 K3 是一款 ERP 软件，ERP 系统集供应链管理、财务管理、人力资源管理等业务管理组件为一体，以成本管理为目标，计划与流程控制为主线，通过对成本目标及责任进行考核激励，推动管理者应用 ERP 等先进的管理模式和工具，建立企业人、财、物、产、供、销科学完整的管理体系。

② PLM，是一个英文缩写，表示产品生命周期管理（Product Lifecycle Management, PLM）。

- 建立完善的知识库。
- 灵活的服务派工功能。
- 规范的服务过程管控功能。
- 支持移动服务解决方案。
- 以服务工单管理为核心的备品备件管理。
- 整合的服务组织结构。
- 服务活动与财务信息的关联。

二、项目四问——找到本期业务价值引领方向

绝大多数项目上来就对标，就研究具体功能和创新，从而忽略了项目方向。项目四问（图8-16）就是帮助项目组找到本期业务价值引领方向的。

图 8-16　项目四问模板

项目四问包括以下四个问题：

- 老板和你达成共识的项目价值是什么？
- 少则多，多则惑。本项目一定要实现的最核心价值是什么？

- 一线员工为什么要使用该产品？
- 管生管养，项目上线后 3~5 年内公司决定如何投入？

通过项目四问，可以得出本项目要实现的引领价值，从而得出本期业务规划的重点。下面是我复盘后的示例。

1. 四问回答

老板和你达成共识的项目价值是什么？

- 提升视频会议、视频监控销售额和市场份额。

少则多，多则惑。本项目一定要实现的最核心价值是什么？

- 大客户销售额提升和整体关系提升。
- 短期见效。

一线员工为什么要使用该产品？

- 强制要求。
- 提升赢单率。
- 保留有价值大客户。
- 更高收入。

管生管养，项目上线后 3~5 年内公司决定如何投入？

- 取决于一期效果。

2. 价值引领总结

基于上述四问回答的分析，引领的业务价值就是：短期内提升销售额和市场份额。

3. 业务规划重点

基于这个业务价值总结的要求，业务分析和业务规划重点如下。

聚焦大客户和重点行业。因为重点行业市场占销售收入的 70%，所以我们聚焦在重点行业大客户的突破，会带来立竿见影的效果。

项目期望出了偏差。 之前项目中提出，希望实现的销售功能是为了便于分析和管控，以及打通销售全流程；希望实现的服务功能是为了提升服务能力。但这两方面的建设都不可能立竿见影地提升销售额。所以，基于前面价值引领，项目期望应该是如何管理好大客户，如何赢大单。

必须进行销售组织和模式再造。 目前的销售组织和准直销模式无法适配重点行业大客户的销售。

A 企业的销售和方案相关的组织属于麻雀虽小，五脏俱全。26 个办事处、大客户部、视频监控部门和视频会议部门都有自己的大客户销售、渠道销售、售前、测试、售后服务等团队。这种销售组织和准直销模式是无法适配重点行业大客户销售的，必须建立纯直销模式和完善的大客户销售组织。纯直销模式和大客户销售组织需要考虑以下原则：

- 由依赖合作伙伴合作做大客户关系的准直销模式，变为自己亲自主导大客户关系运营的直销模式。

- 大客户销售、中小企业销售、渠道销售、方案销售、方案交付和售后服务的管理方法、工作流程、对人员的要求是完全不同的，不要混在一块管理，要分成独立的管理条线。

- 大客户大单销售打的是大规模兵团战役，不是游击战。所以需要集中全公司优势兵力，全局统筹，取得整体优势，才能获得战役的胜利，所以一定要资源整合在一起。以一个办事处资源独立去打大客户大单，往往是心有余而力不足。此外，针对大客户销售，把资源散落在公司各个子部门内，也非常不利于资源的有效调用和能力提升。

三、RMB 规划——定位本期项目模式变化和短期引爆点

RMB 规划就是在项目四问中找到的本期业务价值引领下，通过资源分

析，找到本期模式变化和短期引爆点。

针对客户现状，通过 RMB 规划进行分析。

资源。A 企业拥有一些局部优势，但不具备整体优势，所以必须聚焦，再聚焦，也即聚焦重点行业大客户和大项目。

- 视频会议市场占有率有优势。
- 视频监控技术上有一些优势。
- 善于做项目和复杂方案。
- 重点行业有几个重要大客户。

模式。通过组织的重构提升经营大客户和大项目的能力。具体方法见下文功能部分的大客户管理。

- 大客户经营管理模式的建立。
- 销售组织与大客户的适配。

引爆。聚焦在重点行业大客户量化产出指标。

- 重点行业销售额的提升。
- 重点行业已有客户中我司方案份额占比提升。
- 重点行业赢取新的大客户突破。

四、痛点汇总

要解决的痛点很多，我们可以通过调研汇集全部痛点，但不是所有痛点都要本期解决。所以，我们要在四问和 RMB 规划输出的前提下，定位本期要解决关键痛点。

聚焦大客户销售和管理领域，从中找到以下痛点。

1. 销售问题

- 大项目都是提前一两年布局，之前不参与，只参与投标，如今机会已经不大了。

- 很多老销售只是到处找关系，但连自己公司方案都介绍不清楚。
- 销售额过度依赖办事处主任，很难培养出新的人才，主任又精力不够。
- 每个办事处主任关注点不同，致使重点行业、通用行业、通用分销在办事处发展程度良莠不齐。

2. 资源调度问题

- 资源申请路径过长（销售—办事处主任—主管领导—产品线领导—方案负责人），申请是否成功，不确定资源到位时间。
- 售前费用使用随意性大，无法评估投入产出。
- 售前人员、工程开通人员工作是否饱和、能力是否胜任不透明，无法判断。

3. 过程协同问题

- 销售、售前（产品线和办事处）、研发、工程开通、测试各环节配合不畅，对新方案和复杂方案，售前能力不足。
- 公安行业解决方案相关的服务请求占了技术支持部门一半的工作量，设计新方案需要进行重复协调工作。

4. 资源能力问题

- 售前和工程开通里包含大量系统集成类工作。
- 工程开通不了解新方案，致使项目周期无限延长，部门人员无限扩张，且容易遗忘已有技能，造成人员流动。
- 验收过程中新产品大量突发性功能改动。
- 往往项目越大，赢下来后亏得越多。

仔细分析一下就知道，上面的痛点是表面现象，真正深层次原因是目前的销售组织无法有效地支持大客户销售和管理，需要进行重构。

五、功能汇总

大客户销售和管理功能的分析基于五维管理中的三条明线，即大客户销售管理，销售过程管理和销售支撑管理的具体功能。两条暗线（企业人脉资源管理和项目行为管理）功能会融合在三条明线中。A 企业主要聚焦在两个核心业务：视频监控是一个新进入市场，所以应该聚焦在销售过程管理，既要抓得住机会，也要把控得住风险；视频会议是一个平稳上升市场，所以应该聚焦在大客户管理，也就是赢得头部大客户大单，迅速扩大市场份额。所以本期项目的重点功能应该是大客户管理和销售过程管理。

大客户管理五步法中后三步应用示例我在前文"数字化赋能大客户管理"中有过详细案例分析，销售过程管理应用示例我在前文"数字化赋能赢单五步法"中有过详细案例分析，本节就不再赘述。

在 RMB 规划中模式里，我介绍过本期应该聚焦在：大客户经营管理模式的建立，销售组织与大客户的适配。这两步正好是大客户管理五步法中"如何数字化判定大客户"和"谁负责大客户"解决的，所以我下面介绍一下这两步的具体功能。

1. 如何数字化判定大客户

因为有历史数据做支撑，所以采用综合积分法，而不用经验推算法。

因为视频监控是新进入市场，视频会议是平稳上升的市场，所以采用综合销售额 + 综合潜力权重选择基础大客户，再通过指定来选择个别示范作用的大客户。

因为没有企业人脉资源管理工具赋能，所以每个销售管理半径为 10。目前大客户销售有 50 人左右，则大客户数量咱们就选前 500 个。

2. 谁负责大客户

在前面四问中我分析过，A 企业目前针对大客户销售和管理的最大问题就是销售组织不适配。原先麻雀虽小，五脏俱全的销售组织，也就是销售资源分布在各个销售单元中（如 26 个办事处）的组织，是无法高效统一调度和协调资源的。所以这样的销售组织只能打游击战，打不了大的战役。我们需要进行以下组织调整。

● 办事处、大客户部、方案销售部、渠道部、交付和开通部和售后服务部互不隶属，相互平行，都属于营销中心。

● 办事处专注中小企业销售，剥离大客户销售、渠道销售、售后等职能。

● 充实壮大大客户部，把办事处剥离的重点行业销售资源调入大客户部。先把重点行业整合成四五个主行业，再把大客户销售按行业划分，然后再按大区分，每人负责 10 个左右大客户。个别战略大客户可以由专人负责。同时每个大客户销售配备 1 名专业的售前方案专家。

● 建立方案销售部，分成视频会议和视频监控两个子单元。每个单元里的销售可按大区划分，并配备方案售前专家。销售和方案售前专家可从视讯和监控产品线剥离。方案销售团队人数不用多，和大客户销售采用分成分利模式，方案销售和大客户销售共同负责大客户。方案销售可以一人负责上百家大客户，指定 10 家左右为其核心大客户，其他以大客户销售为主负责。

● 充实壮大大渠道部，把办事处剥离的渠道资源调入渠道部。

● 充实壮大交付和开通部，把办事处剥离的交付和开通资源调入交付和开通部。

● 充实壮大售后服务部，把办事处剥离的售后服务资源调入售后服务部。

六、创新汇总

大客户销售和管理一直缺乏对赢单至关重要部分的数字化创新，也就是商业关系管理的创新。商业关系管理由企业人脉资源管理和项目行为管理组成，是五维管理中的两条暗线。通过这两条暗线的管理和数据资产的支持，就能使企业经营长治久安，越干越好。

企业人脉资源管理包括：关键人关系量化，决策链关系量化，客户关系量化，员工关系量化，我司关系量化，友商关系量化。项目行为管理包括人、财、物、情、节。具体内容请见企业人脉资源管理和项目行为管理章节，此处就不再赘述。

"不积跬步，无以至千里；不积小流，无以成江海。"通过 APPFI 五步规划法，配以思维导图，我们不断积累、丰富和沉淀需求、模式、引爆点、功能、数字化创新等内容，从而形成企业的数字化资产。今后的项目可以基于之前项目 APPFI 分析和数据资产不断迭代创新。

小结 本节通过一个大客户销售项目的案例，介绍了数字化项目规划和经验沉淀工具——APPFI 五步规划法的使用。APPFI 五步规划法包括五个步骤：四问，RMB 规划，痛点汇总，功能汇总，创新汇总。

练习 请找一个大客户销售类的项目，用 APPFI 五步规划法进行分析。